财政部规划教材
全国中等职业学校财经类教材

会计基本技能

（第 四 版）

黎旭坚 主编

中国财经出版传媒集团
中国财政经济出版社
· 北京 ·

图书在版编目（CIP）数据

会计基本技能／黎旭坚主编．--4版．--北京：中国财政经济出版社，2024.10

财政部规划教材　全国中等职业学校财经类教材

ISBN 978-7-5223-1016-9

Ⅰ．①会…　Ⅱ．①黎…　Ⅲ．①会计学-中等专业学校-教材　Ⅳ．①F230

中国版本图书馆CIP数据核字（2021）第255154号

责任编辑：樊　闽　　　　责任校对：张　凡

封面设计：卜建辰　　　　通　　读：杨　波

会计基本技能

KUAIJI JIBEN JINENG

中国财政经济出版社 出版

URL：http：//www.cfeph.cn

E-mail：cfeph@cfeph.cn

社址：北京市海淀区阜成路甲28号　邮政编码：100142

营销中心电话：010-88191522

天猫网店：中国财政经济出版社旗舰店

网址：https：//zgczjjcbs.tmall.com

北京密兴印刷有限公司印刷　各地新华书店经销

成品尺寸：185mm×260mm　16开　18.25印张　411 000字

2024年10月第4版　2024年10月北京第1次印刷

定价：53.00元

ISBN 978-7-5223-1016-9

（图书出现印装问题，本社负责调换，电话：010-88190548）

本社质量投诉电话：010-88190744

打击盗版举报热线：010-88191661　QQ：2242791300

编写 说明

会计基本技能是中等职业学校财经类及相关专业的一门实用性较强的专业主干技能课程。

本教材根据“创新思政教育，坚持立德树人”理念，结合会计基本技能课程教学要求，坚持“必须、够用、可行”的原则，注重学用结合，理论联系实际，突出校企合作双方共同培养技术技能型人才的特点，着力培养学生掌握适应各种经济业务特点的计算方法与操作技巧，使学生掌握中级专门人才所必需的会计数字和文书书写、电子计算工具的操作与应用、点钞与验钞、会计资料的整理与装订、会计计算基本操作、会计计算实务操作等会计基本技能和专业基础知识，为学生适应职业变化和继续学习打下良好的基础。

本教材以实务内容为导向，突出易读、易理解、易操作性，以活动为引领，以实际操作为切入点；着重提高学生的实际操作能力的培养，充分体现理论知识够用、技能训练为主的思路。教材中的每一模块都是以活动为主线组织教材内容，每一项目都是以深入浅出的活动实例引导教学过程，体现教学的趣味性和互动性，培养和锻炼学生的自学能力、理解能力及动手操作能力。

本教材语言精练，讲解透彻，通俗易懂，活动实例充实，强化实践训练，重视能力培养，表现形式活泼多样，充分发挥学生的主体作用，便于学生理解和掌握；可作为财政、审计、税务、统计、电子商务、金融、贸易、营销等专业的学历教育教学使用，也可作为在职财会人员继续教育和岗前培训教材。

根据本课程教学基本要求，建议教学课时计划分配如下：

目录	序号	课程内容	学时数
第一篇 会计数字和文字书写技能	项目一	会计数字书写规范	22
	项目二	会计文字书写规范	6
第二篇 电子计算工具的操作与应用技能	项目三	电子计算工具的操作与应用	6
第三篇 点钞与验钞操作技能	项目四	点钞与鉴别人民币真伪技术	18
第四篇 会计资料的整理和装订技能	项目五	会计资料的整理和装订技术	4

续表

目录	序号	课程内容	学时数
第五篇 会计计算基本操作技能	项目六	珠算基础知识	6
	项目七	珠算加减法操作技术	12
	项目八	珠算乘法操作技术	8
	项目九	珠算除法操作技术	20
第六篇 会计计算实务操作技能	项目十	会计计算实务操作技术	12
总　计		114	

上述课时安排建议，在执行中各学校可根据不同专业，结合本校实际情况适当调整教学方案，使用项目时各有所侧重。

本教材由广西梧州财经学校高级讲师黎旭坚担任主编。参加编写的人员有黎旭坚（编写项目一、二、五、六、七、九、十和项目三之模块一以及项目四之模块二）、重庆市财政学校高级讲师赵红蓓［编写项目四之模块一及项目三之模块二、三］、武汉市财政学校高级讲师韩林［编写项目三之模块二、三］、武汉市财政学校高级讲师张建强（编写项目八）。黎旭坚负责制订大纲并对全书总纂定稿。

本教材配套资源请以电子邮件的形式向中国财政经济出版社索取（请注明：学校、全书名、版次），E－mail：caijingjiaocai@163.com。也可请登录如下网址下载：http：//jiaocai.cfeph.cn。

本教材在编写过程中得到有关学校领导、专家和老师的大力支持并提出宝贵的意见与建议，在此我们表示诚挚的谢意。

由于编写时间仓促，编写水平有限，书中疏漏与不足之处在所难免，恳请专家和同仁及广大读者批评指正，以便在使用中不断修改完善。

编　者

2024年10月

目　录

第一篇　会计数字和文字书写技能

第二篇　电子计算工具的操作与应用技能

第三篇　点钞与验钞操作技能

第四篇　会计资料的整理和装订技能

第五篇 会计计算基本操作技能

第六篇 会计计算实务操作技能

第一篇

会计数字和文字书写技能

项目一　会计数字书写规范

项目描述	本项目主要介绍会计数字的书写规范与书写方法。通过对本项目的教学和学习，使学生熟悉会计数字书写技能的基本知识，认识规范书写数字的重要性，培养学生对数字的敏感性；熟练掌握大小写金额数字的书写规则和规范写法
项目内容	模块一　小写金额数字书写规范 活动一　阿拉伯数字的书写 活动二　小写金额数字的书写 模块二　汉字大写金额数字书写规范 活动一　汉字大写金额数字书写的种类和要求 活动二　汉字大写金额数字书写技巧 活动三　正确填写支票和发票等票据的开票日期 活动四　正确填写支票和发票等票据中的大小写金额数字 活动五　审查结算凭证时应注意的问题 模块三　会计数字书写错误更正方法 活动一　会计数字书写错误的类型和更正要求 活动二　小写金额数字书写错误的更正方法 活动三　在分位格及账簿中小写金额数字书写错误的更正方法 活动四　汉字大写金额数字书写错误的更正方法
知识目标	知道阿拉伯数字书写的基本要求 知道汉字大小写金额数字书写的基本要求 了解会计数字错误更正方法
能力目标	熟练掌握阿拉伯数字的书写技巧 熟练掌握汉字大小写金额数字的读法及书写技巧 熟练掌握会计数字错误更正技巧
德育目标	1. 培养学生的数感，让学生感知数码字的美，提高对会计数字书写的认识 2. 培养学生优美情感和高尚的情操 3. 培养学生认真严谨的会计工作作风和工作态度 4. 培养学生良好的创造思维和职业行为习惯，培养强烈的工作责任心和正确的职业道德观 5. 培养学生精益求精、严肃认真、一丝不苟、严谨治学、追求完美、耐心专注的工匠精神 6. 阿拉伯数字在中国广泛推广和应用，进一步印证了我们要倡导交流互鉴，注重汲取不同国家、不同民族创造的优秀文明成果，取长补短，兼收并蓄。“文明因交流而多彩，文明因互鉴而丰富”，是推动人类文明和世界和平发展的重要动力，人类历史就是一幅不同文明相互交流、互鉴、融洽的宏伟画卷
建议学时数	22

模块一　小写金额数字书写规范

【任务导入】

金威利贸易有限公司财务部，因工作需要面向社会公开招聘财经商贸类专科以上学历，应、历届毕业生2名（特别优秀者，学历可放宽至中专），担任财务部会计和出纳工作。在招聘现场，该公司老会计对50多名毕业生应聘者进行会计基本技能考核，主要考核财会专业所必需的会计数字书写、点钞、识钞、验钞、小键盘数字录入、珠算等基本技能和技巧。从中挑选出15名基本功扎实、操作能力突出的应聘者参加第二天的最终考核。最后，浙江金融学院毕业生郭姗和广西梧州财经学校毕业生陈静在候选人中脱颖而出。据了解，这两名佼佼者均在各自省、市、学校各级会计基本技能比赛中多次获一等奖荣誉称号。聘任后，财务部主任安排郭姗（化名，以下同）为会计岗位，陈静（化名，以下同）为出纳岗位。

活动一　阿拉伯数字的书写

在当今世界各国的会计记录中，通常采用的金额数字的记录几乎全部使用阿拉伯数字。在有金额分位的凭证和账表上，尤其是在账簿上，阿拉伯数字的书写方法和一般普通写法不同，有特定的书写规格和要求。凭证和账表上阿拉伯数字的书写要求非常重要，书写技能训练不仅体现在填制会计凭证中，而且体现在以后的记账、算账及编制报表过程中，财会人员必须十分重视和认真对待。

一、阿拉伯数字规范书写

阿拉伯数字规范书写是指要符合财会数字手写体书写的规范要求。

阿拉伯数字规范书写字样见图1－1。

图1－1

提示：按照符合财会数字书写规范要求，数字书写要掌握正确的笔顺，一定的书写体和字间距。书写时握笔要正确，握笔姿势正确与否直接影响数字书写的速度。

二、阿拉伯数字书写要求及书写方法

财会工作离不开阿拉伯数字书写，在有金额分位格的账表凭证上，有特定的书写要求，形成一定的特殊式样。因此，阿拉伯数字也称标准数码字。阿拉伯数字的手写体与印刷体是不同的，书写时要遵循总体的书写要求和各个数字的具体书写要求。

下面讲解阿拉伯数字书写要求和方法。

（一）阿拉伯数字书写的总体要求

提示：阿拉伯数字的书写，必须坚持长期不懈地认真训练，才能达到理想效果。初学阿拉伯数字书写时，应对照标准要求，仔细观察数字的高度、斜度和运笔顺序，不能连笔书写，应放慢速度，切勿求快。

1. 字体（字形）要求。阿拉伯数字书写要求正确、规范、清晰、美观、流利，整体效果好。书写时，手必须平行移动，动作连贯，写出的数字大小均称，高低一致，笔画流畅，独立有型。每个数字应一个一个地认真书写，不得连笔写，数字之间要清晰可见，要让使用者一目了然。不要出现跳跃或时停时动的动作，同时要避免混用，防止篡改。

相关链接

财政部颁布的《会计基础工作规范》（财会字［1996］19号）中规定：阿拉伯数字应当一个一个地写，不得连笔写。

2. 书写顺序。在凭证和账表上，对阿拉伯数字的书写要求很严格。在凭证和账表上书写阿拉伯数字时，应将数字与位数结合在一起书写，书写顺序应是自上而下、由高位到低位、从左到右依次写出各位数字，不能潦草，不能回笔，各自独立；数字之间不能模棱两可和连写，以免分辨不清。

3. 高度要求。书写每个数字时，数字的底部都要紧贴横格底线书写，不要悬空在横格中间，其高度不得超过全格的1/2位置，这样既美观，又为改错更正数字留有余地。在高度上，除6、7、9数字外，其他数字高低要一致，“6”“7”“9”三个数字较特殊，其中“6”的上端比其他数字要略高出约1/3，“7”和“9”的下端比其他数字要低出约1/3，而且底部要破底线。

4. 角度要求。书写数字时，每个数字的倾斜度要一致，自右上方向左下方倾斜45～60度为宜，这样可避免上下数字重叠。

5. 间距要求。每个数字要大小一致，数字排列应保持同等距离，每个数字上下左右要对齐。

提示：在印有数位线的凭证、账簿及报表上，每一格只能写一个数字，不得几个数字挤在一个格里，也不得在数字中间留有空格。

6. 墨水要求。用蓝黑色墨水或碳素墨水书写，字迹要规范、清楚。

相关链接

财政部颁布的《会计基础工作规范》中规定：登记账簿要用蓝黑色墨水或者碳素墨水书写，不得使用圆珠笔（银行的复写账簿除外）或者铅笔书写。

（二）阿拉伯数字书写的具体方法

书写数字时，要保持个人的独特字体和书写特色，以防止人为模仿或涂改。除“4”和

“5”以外的数字，必须一笔写成，不能人为地增加数字笔画。

1. “1”的书写方法。写“1”时，其竖要写直，上下要一样粗细，下端应紧靠分位格的左下角的底线上，要保持倾斜度，将格子占满。

提示：书写阿拉伯数字时，“1”不能写太小太短，不出底线，不能上下带钩，下部勿拐尾，避免写得像分节号，更不能写成印刷体。要合乎斜度要求，以防止改写为“2”“4”“6”“7”“9”。

2. “2”的书写方法。写“2”字时，起笔时上半圈要略大一点，收笔时下半圈稍小一点，且下部要绕圈并相连。

提示：写“2”字时的绕圈不要超过字的一半，不能写成类似英文字母“Z”的形状。

3. “3”的书写方法。“3”和“8”为上下对称的数字，书写时应上半圈略小于下半圈，且上、下半圈中点基本保持在一条倾斜的直线上，在横向1/2处起笔，使数字结构看上去更为稳固。

提示：“3”上半部分略小，下半部分略大，或上下部分相等，上下半圈中间一笔回锋不能过长，且末笔收笔时不能下垂，以防“3”改写为“8”的可能。

4. “4”的书写方法。写“4”字时，其顶部不封口，两竖要平行，左边一条竖是最关键的一笔，右边一条竖线略长一点，并穿过左边竖线折过来的横线，即上至上半格右边线，下至下半格的1/4处。也就是说，右边的竖线在横线上下部分的分配比例为：上半部分约占字的3/4，下半部分占字的1/4。

提示：“4”的顶部不能封口，不能写成印刷体的“4”。斜度应为45～60度左右，否则“4”就写成正体了，并防止改“1”为“4”。

5. “5”的书写方法。写“5”字时，起笔时要有一定的倾斜度，类似于画小括弧的形状，即“（”；末笔顺势向左边上挑弯一点即可。

提示：在10个阿拉伯数字中，“5”字是最难写的。因此，在书写时，上端的一横要平，不能封顶，要与起笔相连，不留空隙，也不能穿过起笔。右横略高出，以防改写为“8”。

6. “6”的书写方法。写“6”字时，其上半部分比其他数字的高度向右上方约高出1/4的高度。起笔时要写成一个斜竖；斜竖下再向右画圈，收笔时与左侧的斜竖圈成向左倾斜的椭圆。

提示：写“6”字时要顶满格子，下部的斜椭圆要明显，不能穿过左侧的斜竖，也不能与左侧斜竖之间留下空隙。以防改“6”为“8”，改“1”为“6”。

7. “7”的书写方法。写“7”字时，其上端比其他数字低约1/3，落笔要超出底线，下端要比其他数字伸出约1/3。

提示：“7”起笔时要注意与其他数字的宽窄基本一致，宽度要写够，末笔收笔不能带钩拐尾，以防“7”改写为“2”。

8. “8”的书写方法。写“8”字时，上边稍小，下边稍大，起笔从右向左转圈，然后向右下运笔，再向左转圈，笔顺类似于英文字母成斜“S”型，最后向上运笔收笔，要弯圆圈连接。

提示：写“8”字时，注意上圈略小，下圈略大，收笔不能出头或留下空隙；终笔与起笔交接处应略微成棱角，以防将“3”改写为“8”的可能性。

9. “9”的书写方法。与“7”一样，起笔比其他数字略低1/3，末笔出底线约为字的1/3，上部写圈后向下划一斜竖，使斜竖与左侧圆圈相接。

提示：“9”字写圈时不要露头，写完后向左下侧弯时要圆滑，不能有棱角，底线部分不能拐尾，以防改“9”为“8”，“9”的上部应是封口的“0”，以防改“9”为“5”。

10. “0”的书写方法。写“0”字时，起笔后应由左向右转圈，写成上下倾斜的扁椭圆形。起笔和收笔要封口。其高度宽度和斜度与其他数字相同，但“6”“7”“9”除外。

提示： 在连写几个“0”时，不要加连档线，不要写得太小，不能长角和有缺口及留有尾巴，更不要张开口和写成扁长型；不得偏高或偏低和出现连接线，以防改写为“2”“3”“6”“8”“9”。

小贴士

在书写阿拉伯数字时，对于易混淆且笔顺相近的数字，尽可能地按标准字体书写，区分笔顺，避免混同，以防涂改。写“6”“8”“9”“0”时，都必须把圆圈笔画写顺，且一定要封口；写“2”“3”“5”“8”时，应自成体，避免混同，不要把“0”与“6”“1”与“7”“3”与“8”“7”与“9”写混。

总之，书写每个数字时，字体、笔顺、宽窄与长短比例要匀称，字形要一致，不要多笔或少笔，圆直相接要吻合、自然。

课后活动考评

- 0～9十个阿拉伯数字反复书写30遍，且符合会计书写规范标准。要求会计专业达到三级标准，非会计专业达到四级标准。试试看你达到了几级？
- 一级2分钟以内完成；二级3分钟以内完成；
- 三级3分钟以内完成；四级4分钟以内完成。

活动二　小写金额数字的书写

小写金额数字的书写除具有与一般阿拉伯数字书写相同点之外，还有其特殊要求。如小写金额前应冠以货币币种符号，小数点后的角位和分位没有数额时要用0补位等。

一、认识人民币符号“¥”的使用

“¥”是人民币基本单位“元”的代表符号。它有两个意义：一是说明金额的币制，既表示了人民币币制，又表示了人民币元的单位；二是为了防止增添和涂改数字。

相关链接

财政部颁布的《会计基础工作规范》中规定：阿拉伯金额数字（以下简称“小写金额”）前面应当书写货币币种符号（如人民币符号“¥”）或者货币名称简写和币种符号。币种符号与阿拉伯金额数字之间不得留有空白。凡阿拉伯数字前写有币种符号的，数字后面不再写货币单位（如人民币“元”）。

【案例】

陈某常年与宏威贸易有限公司有经济业务往来。2023年3月18日，宏威贸易有限公司付给陈某广西北部湾银行转账支票一张。该支票在交付时只记载了小写金额1,186元，收款人及大写金额均未记载。同年3月21日，陈某在未补记收款人及大写金额的情况下，将支票交给他人。期间该支票几经转手，在填写大写金额人民币柒仟肆佰捌拾陆元整且小写金额被改成7,486元后，于2023年5月31日由冯某持有。冯某将支票交于银行，银行在宏威贸易有限公司账户上划款7,486元至冯某的账户。

宏威贸易有限公司财务部发现银行划款后，于是将银行及陈某告上法庭，要求他们承担连带责任，返还不当得利款6,300元及利息。

法院判决：从查明的事实情况来看，陈某并未变造小写金额，冯某提交的支票大小写金额齐全，而银行系正常办理结算业务，法院驳回宏威贸易有限公司诉讼请求。

1. 当填制凭证时，如填写支票、发票、收据和借据、报销单及记账凭证等，在小写金额数字前应冠写货币币种符号，人民币符号用“¥”；美元用“$”；英镑用“£”等。

提示：人民币符号“¥”主要应用于填写支票、发票等票证的小写金额，在登记账簿和编制报表时，不能使用“¥”符号。因为在账簿和报表上不存在金额数字被涂改而造成损失的情况，如账簿和报表上使用“¥”符号，反而会增加出现错误的可能性。在草写“¥”时，要特别注意其与阿拉伯数字有明显的区别，不要写成像阿拉伯数字的“7”或“9”，以防被篡改。

公元500年前后，天文学家阿叶彼海特简化了数字符号：他把数字记在一个格子里，如果第一个格子里有一个符号，如一个代表1的圆点，那么第二格里的同样圆点就表示10，而第三格里的圆点就代表100。这样，不仅数字符号本身，而且它们所在的位置次序也同样拥有重要意义。后来，印度学者又发明作为0的符号。这些符号和表示方法就是阿拉伯数字的祖先。

公元三世纪，古印度科学家巴格达发明了阿拉伯数字。最古老的计数目大概至多到3，为了设想“4”这个数字，就必须把2和2又加起来，“5”是2加2加1，“3”是2加1得来的，用于五指表示“5”和用双手的十指表示“10”。后来，古印度人在这个基础上加以改进，发明了表达数字1、2、3、4、5、6、7、8、9、0十个符号。

公元八世纪末，印度计数传入阿拉伯国家。印度数字经阿拉伯人改进后传入欧洲，被称为阿拉伯数字。

从此，阿拉伯数字逐渐在各国流行，成为世界各国通用的数字。

课堂活动考评

- 为什么填制凭证时小写金额前面要写上人民币符号“¥”，而在登记账簿和编制报表时不能使用“¥”符号呢？

【实例1-1】汉字大写金额数字读成：人民币柒仟玖佰伍拾捌元肆角伍分，其小写金额数字应写为：¥7,958.45。

提示：小写金额前填写人民币符号“¥”后，小写金额数字¥7,958.45之后就不必再写人民币单位“元”了。

课堂活动考评

- 根据实例1-1的读写方法，请同学们自己试一试，看谁说的正确。汉字大写金额数字读成：人民币捌万陆仟伍佰玖拾捌元贰角捌分，其小写金额数字应写为：¥86,598.28元。对吗？为什么？

【实例1-2】汉字大写金额数读成：人民币柒仟玖佰伍拾捌万零壹佰元伍角整，其小写金额数字应写为：¥79,580,100.50。

提示：实例 1－2 中小写金额数字不能写为 79,580,100.50，也不能写为 79,580,100.50 元。

课堂活动考评

● 根据实例 1－1 和实例 1－2 的读写方法，请同学们自己试一试，看谁说的正确。汉字大写金额数字应读成：人民币壹拾捌万柒仟伍佰贰拾捌元玖角捌分，小写金额数字应写为：187,528.98。对吗？为什么？

2. 在书写小写金额数字时，应按照《会计基础工作规范》的规定，在人民币符号“¥”与数字之间不得留有空位，也不能任意添加冒号，主要是防止金额数字被人增添涂改。

【实例 1－3】汉字大写金额数字读成：人民币伍拾玖万捌仟陆佰柒拾叁元整，其小写金额数字应写为：¥598,673.00。

提示：实例 1－3 中的小写金额数字不能写为：598,673.00。

课堂活动考评

● 根据实例 1－3 的读写方法，请同学们自己试一试，看谁说的正确。汉字大写金额数字读成：人民币壹仟叁佰捌拾捌万伍仟捌佰零伍元零捌分，其小写金额数字应写为：¥13,885,805.08。对吗？为什么？

【实例 1－4】汉字大写金额数字为：人民币伍万柒仟元整，其小写金额数字应写为：¥5,700.00；但不能写为¥：5,7000。

课堂活动考评

● 根据实例 1－4 读写方法，请同学们自己试一试，看谁说的正确。汉字大写金额数字为：人民币壹拾玖万捌仟元整，其小写金额数字写为：¥：198,000.00。对吗？为什么？

二、小写金额数字用三位分节制的规范读写法

写数时，每一个数字都占据一个位置，每一个位置分别表示不同的单位。数字所在的位置表示的单位称为“数位”。数位按照个、十、百、千、万、十万、百万、千万、万万的顺序由小到大、从右向左的顺序排列。但读数的习惯顺序却是由大到小、从左到右的顺序进行。

国际上不用“,”号，而是以空位代替；我国会计工作中通常采用分节号“,”的办法。分节号“,”的使用，对财会人员的珠算定位和读数等十分必要。当财会人员遇到一些大数目，采用分节制能很快辨认数的数位，方便读数，而且有利于数字的书写、阅读和计算工作，提高准确性和工作效率。四位及四位以上的整数部分，可采用国际通行的“三位分节制”，即从个位起，向左每三位数作为一节，节与节之间用分节号“,”分开，也可以用空位分开。分节号、小数点是阿拉伯数字书写必不可少的组成部分，绝不能错写和漏写。只要记住第一个分节号左边是“千位”（右边是“百位”），第二个分节号左边是“百万位”（右边是“十万位”），第三个分节号左边是“十亿位”（右边是“亿位”）就可以了。

我国的数位排列见表 1－1。

表 1－1

数位	万万万位	千万万位	百万万位	十万万位	万万位	千万位	百万位	十万位	万位	千位	百位	十位	个位	十分位	百分位	千分位	万分位	十万分位	百万分位
读法	兆	千亿	百亿	十亿	亿	千万	百万	十万	万	千	百	十	个	分	厘	毫	兰	忽	微

提示：分节号是个逗点，不能标高，否则被误认为“1”；也不能标成小数点，以免引起混乱。一般账表凭证的金额栏内由于印有分位格，元位前每三位之间印有一粗线代表分节号，元位与角位之间的粗线代表小数点。因此，记数时不需要再另加分节号或小数点。

1. 对于万位（含万位）以下的小写数额中，从最高位读起，顺着位次每读一个数字就接着读出这个数字所对应的数位名称。

【实例 1－5】

万位	千位	百位	十位	个位	十分位	百分位	
8	5,	2	9	6 .	0	0	（用分节号）
8	5	2	9	6 .	0	0	（用空位）

汉字大写金额数字应读成：人民币捌万伍仟贰佰玖拾陆元整，其小写金额数字规范写法为：¥85,296（用分节号）或¥85 296（用空位）。

课堂活动考评

十万位	万位	千位	百位	十位	个位	十分位	百分位	
7	9	0,	3	8	5 .	0	0	（用分节号）
7	9	0	3	8	5 .	0	0	（用空位）

根据实例 1－5 的读写方法，请同学们自己试一试，看谁读写正确规范。其汉字大写金额数字应怎样读？其小写金额数字的规范写法应怎样写？

2. 对于万以上到亿以下的小写数额中，只读出数字和数位上开头的第一个字，数位名称的第二个字可以省略不读。

【实例 1－6】

十万位	万位	千位	百位	十位	个位	十分位	百分位	
7	8	8,	6	9	4 .	0	0	（用分节号）
7	8	8	6	9	4 .	0	0	（用空位）

汉字大写金额数字应读成：人民币柒拾捌万捌仟陆佰玖拾肆元整，其小写金额数字规范写法为：¥788,694（用分节号）或¥788 694（用空位）。

课堂活动考评

十万位	万位	千位	百位	十位	个位	十分位	百分位	
9	3	5,	6	0	8 .	0	0	（用分节号）
9	3	5	6	0	8 .	0	0	（用空位）

根据实例 1－6 的读写方法，请同学们自己试一试，看谁读写正确规范。其汉字大写金额数字应怎样读？其小写金额数字应怎样写？

3. 在同一个数额中，若中间有零时，只读出数字的“0”，而不读出数位的名称。

【实例1-7】

					十	百
万	千	百	十	个	分	分
位	位	位	位	位	位	位
8	0,	0	6	5.	0	8（用分节号）
8	0	0	6	5.	0	8（用空位）

汉字大写金额数字应读成：人民币捌万零陆拾伍元零捌分整，其小写金额数字规范写法为：¥80,065.08（用分节号）或¥80 065.08（用空位）。

课堂活动考评

十						十	百
万	万	千	百	十	个	分	分
位	位	位	位	位	位	位	位
7	5	0,	0	0	9.	0	5（用分节号）
7	5	0	0	0	9.	0	5（用空位）

根据实例1-7的读写方法，请同学们自己试一试，看谁读写正确规范。其汉字大写金额数字应怎样读？其小写金额数字应怎样写？

4. 若同一个小写数额中最后有一个零或连续有几个零时，既不读“0”也不读出数位的名称。

【实例1-8】

十						十	百
万	万	千	百	十	个	分	分
位	位	位	位	位	位	位	位
5	8	8,	0	0	0.	0	0（用分节号）
5	8	8	0	0	0.	0	0（用空位）

汉字大写金额数字应读成：人民币伍拾捌万捌仟元整。其小写金额数字规范写法为：¥588,000（用分节号）或¥588 000（用空位）。

课堂活动考评

十						十	百
万	万	千	百	十	个	分	分
位	位	位	位	位	位	位	位
1	8	0,	0	0	0.	0	0（用分节号）
1	8	0	0	0	0.	0	0（用空位）

根据实例1-8的读写方法，请同学们自己试一试，看谁读写正确规范。其汉字大写金额数字应怎样读？其小写金额数字的规范写法应怎样写？

三、小写金额数字角位和分位的书写

在金额计量中，所有以元为单位的小写金额数字，一般只保留两位小数，即角位和分位。无论小写金额数字的最后一位有效数字在分位以前或者在分位以后，一律写到分位为止。

在填制会计凭证时，在无金额分位格的凭证上，所有以元为单位的阿拉伯数字，除表示单价等情况外，一律写到角、分。在以元为单位的小数点后面，如果没有分位或分位和角位都没有1~9的金额数字，不能让它空位，应用0占位。

提示：在印有数位分隔线的凭证或账表上书写小写金额数字时，只有角和分位金额的，在“元”位上不写“0”字；只有“分”位金额的，在元和角位上均不写“0”字；对于有“角”无“分”的，在分位上写“0”；对角和分位均无金额的，即角位和分位均无有效数字，在角和分位均写一个“0”字。

1. 到元为止、无角分的金额数字，角位和分位可写“00”或用符号“－”表示。

【实例1－9】汉字大写金额数字为：人民币伍万柒仟玖佰捌拾元整，其小写金额数字应写为：“￥57,980.00”；也可以写为：“￥57,980.－”。

课堂活动考评

- 根据实例1－9的书写方法，请同学们自己试一试，看谁说的正确。如汉字大写金额数字为：人民币玖拾伍万柒仟捌佰陆拾叁元整，其小写金额数字写为：￥957,863.－。对吗？

2. 有角无分的金额数字，分位应当写“0”，不得用符号“－”代替。

【实例1－10】汉字大写金额数字为：人民币捌拾肆万伍仟陆佰肆拾伍元叁角整，其小写金额数字应写为：“￥845,645.30”；不能写为：“￥845,645.3－”或“￥845,645.3”。

课堂活动考评

- 根据实例1－10的书写方法，请同学们自己试一试，看谁说的正确：如汉字大写金额数字为：人民币伍佰零玖万肆仟捌佰叁拾柒元捌角整，小写金额数字写为：￥5,094,837.8－。对吗？写为￥5,094,837.8呢？如不对，应怎样写？

四、小写金额数字在分位格中的书写方法

在分位格中书写小写金额数字时，应从最高位起，后面各分位格数字必须写完整。

1. 如果是在印有金额分位格的账表凭证上书写，一般金额栏内已经标出了数位及金额单位。因此，在书写小写金额时，只需将数字填入相应数位栏中即可，不需要书写分节号及小数点。

2. 小写金额数字后几位是零的，在金额的最后一位有效数字之后，一律用“0”补齐，不能留有空格，而且无论任何情况，均不能用短横线即“－”代替。

3. 如果是填写票据或凭证的小写金额合计栏，还应在金额数字前第一个分位格中写人民币符号“￥”。如果是记账凭证或会计分录，则在凭证分录借贷方合计金额前填写人民币符号“￥”。

提示：若登记账簿或编制报表，在分位格中不需要书写人民币符号“￥”，但报表的表头应该注明金额单位（如元、万元）。

【实例1－11】小写金额数字为￥85,004,950.00，其票据分位格合计栏中正确的填写方式见表1－2。

表1－2

	亿	千	百	十	万	千	百	十	元	角	分
正确书写	￥	8	5	0	0	4	9	5	0	0	0
错误书写	￥	8	5	0	0	4	9	5	0	0	
错误书写	￥	8	5	0	0	4	9	5	0		

课堂活动考评

● 根据实例1－11的书写方法，请同学们自己练一练：在表1－3票据分位格合计栏中填写小写金额数字￥20,580,070.00。

表1－3

亿	千	百	十	万	千	百	十	元	角	分

【实例1－12】小写金额为￥39,000.00，在票据分位格合计栏中正确的填写方式见表1－4。

表1－4

	亿	千	百	十	万	千	百	十	元	角	分
正确书写				￥	3	9	0	0	0	0	0
错误书写				￥	3	9	0	0	0		
错误书写			￥		3	9	0	0	0	0	0

课堂活动考评

● 根据实例1－12的书写方法，请同学们自己练一练：在表1－5票据分位格合计栏中填写小写金额数字￥456,000.00。

表1－5

亿	千	百	十	万	千	百	十	元	角	分

● 请按下列要求书写下列金额数字：

（1）在表1－6票据分位格合计栏中填写小写金额数字￥98,050,000.00。

表1－6

亿	千	百	十	万	千	百	十	元	角	分

（2）在表1－7票据分位格合计栏中填写小写金额数字￥30,068,000.00。

表1－7

亿	千	百	十	万	千	百	十	元	角	分

（3）在表1－8账簿或报表分位格中填写小写金额数字￥30,068,000.00。

表1－8

亿	千	百	十	万	千	百	十	元	角	分

● 按表1－9中汉字大写金额数字的读法，写成正确规范的小写金额数字，并加注三位一节的分节号。

表 1-9

序号	应读成的汉字大写金额数字	小写金额数字
1	人民币伍仟捌佰陆拾柒万壹仟捌佰玖拾叁元整	
2	人民币壹拾陆万零壹佰零伍元零捌分	
3	人民币柒仟玖佰陆拾肆万玖仟捌佰柒拾贰元整	
4	人民币壹亿叁仟伍佰零伍万柒仟叁佰玖拾伍元捌角整	
5	人民币玖万捌仟伍佰零陆元零肆分	
6	人民币柒仟元零玖分	
7	人民币捌仟叁佰贰拾壹万陆仟伍佰肆拾元整	
8	人民币贰仟叁佰柒拾捌元零伍分	
9	人民币玖仟零贰万零柒佰零伍元零陆分	
10	人民币肆仟伍佰陆拾柒万玖仟捌佰零伍元叁角整	

课后活动考评

1. 练习小写金额数字的书写。

¥8,569,267.15	¥7,358,219.82	¥8,906.34	¥59,816.00	¥76,835.25	¥9,580,283.60

2. 将下列汉字大写金额数字写成小写金额数字。

(1) 人民币叁仟捌佰陆拾壹万零贰拾肆元伍角贰分　　应写成________

(2) 人民币玖亿伍仟贰佰万叁仟玖佰肆拾捌元整　　应写成________

(3) 人民币陆亿柒仟万零贰拾元整　　应写成________

(4) 人民币壹拾捌万零伍拾肆元整　　应写成________

(5) 人民币贰亿伍仟玖佰万零伍元陆角捌分　　应写成________

(6) 人民币陆亿柒仟零玖万肆仟伍佰零贰元捌角伍分　　应写成________

(7) 人民币陆仟玖佰零贰万叁仟壹佰元零伍角整　　应写成______

(8) 人民币壹亿陆仟捌佰贰拾肆万零捌佰零壹元零叁分　　应写成______

(9) 人民币柒万玖仟壹佰伍拾元零壹分　　应写成______

(10) 人民币玖亿壹仟叁佰贰拾伍万零陆佰元整　　应写成______

3. 按下列汉字大写金额数字的读法，写为正确规范的小写金额数字，并加注三位一节的分节号。

序号	应读成的汉字大写金额数字	小写金额数字
1.	人民币玖仟捌佰零伍万叁仟贰佰陆拾壹元整	
2.	人民币壹拾贰万零叁佰零陆元零捌分	
3.	人民币贰仟玖佰陆拾肆万捌仟捌佰陆拾贰元整	
4.	人民币叁亿壹仟伍佰零陆万柒仟贰佰叁拾伍元捌角整	
5.	人民币壹佰捌拾万陆仟贰佰零贰元零叁分	
6.	人民币玖亿贰仟壹佰零叁万柒仟元零捌分	
7.	人民币陆仟叁佰贰拾壹万陆仟叁佰肆拾元整	
8.	人民币柒仟伍佰零肆万贰仟叁佰柒拾捌元零伍分	
9.	人民币玖仟零伍万零捌佰零贰元零叁分	
10.	人民币壹亿贰仟伍佰陆拾柒万玖仟捌佰零叁元贰角整	

模块二　汉字大写金额数字书写规范

【任务导入】

郭姗和陈静分别作为新上岗的会计和出纳员，严格按照财政部颁布的《会计基础工作规范》规定，认真书写汉字大写金额数字，提高运用会计基本技能的水平，达到学以致用的目的。

汉字大写数字笔画繁多，可防止篡改伪造和造成经济损失。它用于防止涂改的信用凭证的填制。如支票、汇票、合同书等。

活动一　汉字大写金额数字书写的种类和要求

会计人员在编写记账凭证、登记账簿和编制会计报表书写大写金额数字时，应用正楷或行书填写，不得自造简化字，应注意“零”“壹”“整”三个字在大写数字中的用法，不能将“零”写成“另”“贰”写成“两”“圆”写成“园”等，特别是行书，一定要符合公认的规范化笔画和笔顺。

知识链接

为了预防涂改数字情况的发生，财政部颁布的《会计基础工作规范》规定：汉字大写金额数字如零、壹、贰、叁、肆、伍、陆、柒、捌、玖、拾、佰、仟、万、亿、元、角、分等，一律用正楷或者行书体书写，不得用〇、一、二（两）、三、四、五、六、七、八、九、十、千、毛、另（或〇）、园等简化字代替，不得任意自造简化字。如果金额数字中使用繁体字，如陸、萬、億、圆，也可以受理。

一、汉字大写数字的种类

（一）汉字大写数字包括数量用字和数位用字

1. 用于表示数量（数值）用字的有：壹、贰、叁、肆、伍、陆、柒、捌、玖。
2. 用于表示数位用字的有：拾、佰、仟、万、亿。

知识链接

汉字大写数字是我国劳动人民在长期实践中发明的，武则天承袭了民间写法，大量使用了大写数字，使之广泛化，普及化；朱元璋出于国家对经济的整饬，实施完整的大写数字，完善并规范了大写数字的应用，下令在全国范围内大规模强制性使用大写数字。如在银行票证、流动支票等各类经济文本中必须标明大写数字，已成为“约定俗成”的规则。

公元四世纪（东晋末年），人们已开始有意识地在券契上使用大写数字，到了公元五世纪、六世纪进一步得到普及。到宋代，官府文书所用的计数数字都要使用汉字大写数字，距今已有1600年历史。

明朝洪武十八年（公元1385年），发生了一起“郭桓贪污案”，贪官们利用空白账册做文章，各部串通一气，大做假账，欺骗皇帝，鱼肉百姓。郭桓勾结刑、礼、兵、工等六部小官员及各省官僚、地主，贪污税粮及鱼盐等，折米二千四百余万石。这个数字差不多和全国秋粮实征总数持平。此外，还大量侵吞宝钞金银。

明太祖朱元璋对此龙颜大怒，下令把郭桓等六部的12名高官及左右侍郎以下同案犯数万人处死。为此，朱元璋制定了惩治经济犯罪的严格法令，并在财务管理上进行技术防范，实施了一些行之有效的措施。把记载钱粮小写数目字“一、二、三、四、五、六、七、八、九、十、百、千”，改为汉字大写数字“壹、贰、叁、肆、伍、陆、柒、捌、玖、拾、佰（陌）、仟（阡）作为记载钱粮的统一数目字。这项规定，有效地堵塞了财务管理上的漏洞。

从此，汉字大写数字一直沿用至今。

（二）用于表示金额用字的类型

1. 用于表示金额辅助单位的用字有：元、角、分。
2. 用于表示金额类别的用字有：人民币、港元、英镑、欧元、日元等。
3. 用于表示截止符号的用字有：整（正）。

对于数量用字，每个字单独存在时能表示一定意义；而数位用字单独存在时往往不能完整和准确地表达其意义。

知识链接

汉字大写数字是中华文化中特有的数字书写方式，用于正式文书中的金额表达。我国会计制度规定，在开具支票、发票、汇款、账目、股票、国债、结算票据和收付款凭证等重要票证时，除把小写金额写成阿拉伯数字外，还必须写上汉字大写数字。使用汉字大写数字可以避免使用阿拉伯数字时可能产生的歧义，同时也可以防伪、防弊、防止篡改等欺诈行为发生。因此，在大额交易或重要文件中常常使用汉字大写数字表示金额。在有金额分位的凭证和账表上，尤其是在账簿上，汉字大写数字的书写方法和一般普通写法是不同的，结合记账规则的需要，有特定的书写规格和要求。

汉字大写数字在现代社会中具有重要地位，它不仅提高了数字的可读性和正式性，而且在各个领域有广泛的应用。正确地掌握和使用汉字大写数字的规则和技巧，可以确保准确性和一致性，有助于避免歧义和计算错误。

二、汉字大写数字的文字书写要求

1. 汉字大写金额数字的文字书写一定要规范，以正楷或行书体为宜，字迹整齐、清晰、正确，书写流畅、美观、大方，不可随意简化汉字及擅自造字。

2. 靠左线、贴底线书写，一般是行文的1/2或2/3，并预留改错的空间。

3. 账簿的书写应循序进行，不得跳行、空格。

三、用行楷或行书体书写汉字大写数字的书写规范

在书写汉字大写数字时，数量用字和数位用字是结合在一起使用的。书写顺序是由高位到低位，先写数量用字，再写数位用字。但数的位数不同，其写法也不同。用行楷和行书体书写汉字大写数字的规范写法见图1－2、图1－3。

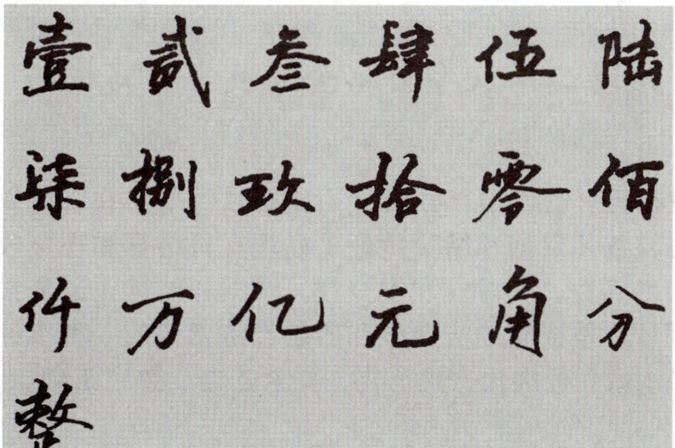

图1－2 行楷书写汉字大写数字

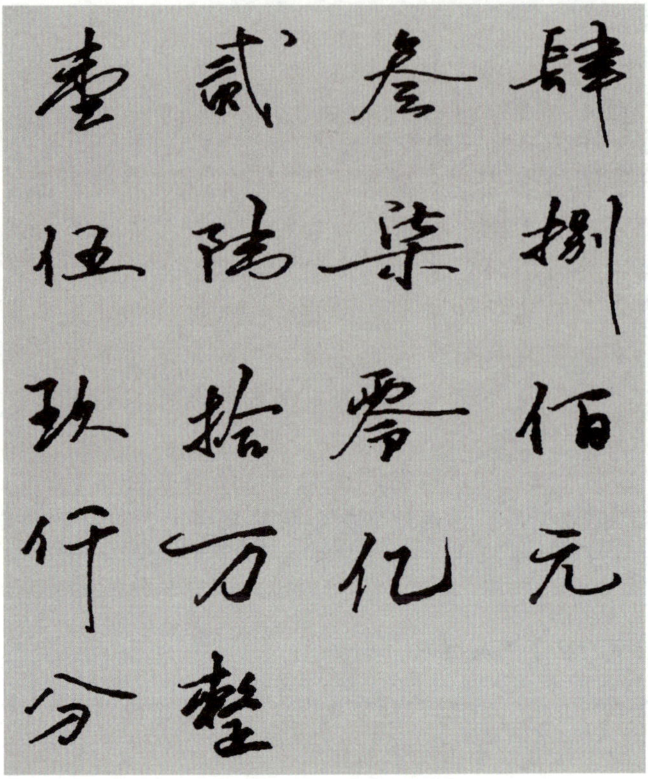

图 1－3　行书书写汉字大写数字

课堂活动考评

- 汉字大写数字的文字书写有哪些要求？
- 将汉字大写金额数字从零到拾和佰、仟、万、亿、元、角、分、整（正）书写 20 遍，要求做到正确、清晰、整齐、流畅、标准、规范和美观。试试看 40 分钟以内你写完了吗？（分别用行楷和行书两种字体书写）

活动二　汉字大写金额数字书写技巧

中国人民银行发布的《支付结算办法》中正确填写票据和结算凭证的基本规定，银行、单位和个人填写的各种票据和结算凭证是办理支付结算和现金收付的重要依据，直接关系到支付结算的准确性、及时性和安全性。票据和结算凭证是银行、单位和个人凭以记载账务的会计凭证，是记载经济业务和明确经济责任的一种书面证明。因此，填写票据和结算凭证，必须做到标准化、规范化，要素齐全、数字正确、字迹清晰、不错漏、不潦草，防止涂改。

一、“整”（正）字的写法

1. 金额数字是以“0”结尾的，汉字大写金额数字末尾必须写“整”（正）字。

【实例1－13】 小写金额数字为：¥945,000.00，其汉字大写金额数字应写为：人民币玖拾肆万伍仟元整（正）。

课堂活动考评

● 根据实例1－13的书写方法，请同学们自己试一试，看谁写的正确规范，字迹清晰、美观大方。小写金额数字为：¥3,150,800.00，其汉字大写金额数字应怎样写？

2. 汉字大写金额数字到元或者角为止的，在“元”或者“角”字之后应当写“整”字或者“正”字；大写金额数字有“分”的，“分”字后面不写“整”或者“正”字。

【实例1－14】 小写金额数字为：¥60,543.00，其汉字大写金额数字应写为：人民币陆万零伍佰肆拾叁元整（正）。

课堂活动考评

● 根据实例1－14的书写方法，请同学们自己试一试，看谁写的正确规范。小写金额数字为：¥930,752.00，其汉字大写金额数字应怎样写？

【实例1－15】 小写金额数字为：¥48,900.50，其汉字大写金额数字应写为：人民币肆万捌仟玖佰元零伍角整（正）。

提示： 若小写金额有“分”，则分字后不写“整”（正）字。小写金额如为：¥48,900.56，其汉字大写金额数字应写为：人民币肆万捌仟玖佰元零伍角陆分；不能写为：人民币肆万捌仟玖佰元零伍角陆分整（正）。

课堂活动考评

● 根据实例1－15的书写方法，请同学们自己试一试，看谁写的正确规范。小写金额数字为：¥35,006.20，其汉字大写金额数字应怎样写？小写金额数字如为：¥35,008.28，其汉字大写金额数字应怎样写？

知识链接

借条上大小写金额不一致，应如何认定？

现实生活中借贷是常见的，而借条是普遍用于证明借贷关系的证据。人们习惯同时用阿拉伯数字和中文大写数字，以确保金额不被恶意伪造涂改。那么问题来了，当两种写法不一致时，以哪个为准？法律对此如何认定？

【案例】

民间借贷具有灵活性强、周转方便等特点。因此，很多人选择民间借贷的方式进行资金融通。

张某因自营生意出现问题，资金链断裂，向陈某借款，2022年10月8日，张某出具一张借条交由陈某收执，借条主要载明：

本人张某（借款人）因需要资金周转，今向陈某（出借人）借入人民币（小写）¥35,000元，人民币（大写）叁拾伍万元整，借期一年，利率为每年按10%计算，到期还本付息。落款：张某和陈某分别在借款人和出借人处签字摁手印，双方在借条上各自填写身份证号码、联系电话和“2022年10月8日”。借条背面记录有2023年8月8日，张某向陈某已偿还人民币贰万元整。

后张某因经营不善，张某的欠款到期未还，陈某多次追索要求还款。张某仍未履行还款义务，并称只借入人民币（小写）¥35,000元，张某却说是人民币（大写）叁拾伍万元整，双方各执一词，争执不下。后陈某遂向法院起诉要求张某偿还人民币叁拾伍万元本金及利息。

法院判决：

本案中张某作为生意人，对金钱交易再熟悉不过，其向陈某借款，对借款数额的大写理应可以做到小心谨慎，借入人民币（小写）¥35,000 元与人民币（大写）叁拾伍万元整在书写上相差甚远，张某辩称系其醉酒导致笔误的主张，因无证据证实，不符合常理，法院不予采纳。法院判决认定借款金额为人民币叁拾伍万元整。扣除已偿还部分张某还应偿还陈某人民币叁拾叁万元及利息。

实践中，对于大小写金额不一致时，法院一般根据双方当事人提供的证据及日常生活经验和逻辑推理，通常是按大写金额确定借款数额。主要是因为人们在金钱交易时，一般都会书写大写金额，大写金额数字较为复杂，不容易被改动，而小写数字容易存在多一个“0”，少一个“0”。

近年来，因借条书写不规范或借条约定内容不明确等情况引发的矛盾纠纷层出不穷，导致借款金额、利率等难以认定。因此，大家在签订借条时需谨慎，在借条中要载明双方约定的利率、借款期限、出借人及借款人的个人信息，借条应表述清楚明确，没有歧义。书写形式规范，特别是大小写金额一致、内容明确的借条，才能更好地保护借贷双方的合法权益。

二、“零”字的写法

关于小写金额数字中的“0”字，汉字大写金额的书写要根据“0”所在的位置来确定。汉字大写应按汉语语言规律和金额数字构成及防止涂改要求进行书写。

1. 对于数字结尾是“0”时，不管是一个还是连续几个“0”，汉字大写到非零数位后，用一个“整”（正）字结尾，不需用“零”字来表示。

【实例 1－16】 小写金额数字为：¥6,359.70，其汉字大写金额数字应写为：人民币陆仟叁佰伍拾玖元柒角整。

提示： 实例 1－16 的汉字大写金额数字不能写为：人民币陆仟叁佰伍拾玖元柒角零分。

课堂活动考评

- 根据实例 1－16 的书写方法，请同学们自己试一试，看谁说的对并写的正确规范。小写金额数字为：¥367,895.20，其汉字大写金额数字写为：叁拾陆万柒仟捌佰玖拾伍元贰角零分，正确吗？若不对，应怎样写？

【实例 1－17】 小写金额数字为：¥908,200.00，其汉字大写金额数字应写为：人民币玖拾万捌仟贰佰元整，或者人民币玖拾万零捌仟贰佰元整。

提示： 实例 1－17 的汉字大写金额数字不能写为：人民币玖拾万零捌仟贰佰元；也不能写为：人民币玖拾万零捌仟贰佰元零分。

课堂活动考评

- 根据实例 1－17 的书写方法，请同学们自己试一试，看谁说的对并写的正确规范。小写金额数字为：¥82,630.00，其汉字大写金额数字为：人民币捌万贰仟陆佰叁拾元零分，对吗？若写为：人民币捌万贰仟陆佰叁拾元，对吗？若不对，应怎样写？

2. 小写金额中间连续有几个“0”时，汉字大写金额中只写一个零字，而且不用写出其所在数位（包括小数部分的“0”字）。

【实例 1-18】 小写金额数字为：¥80,002.03，其汉字大写金额数字应写为：人民币捌万零贰元零叁分。

提示： 实例 1-18 的汉字大写金额数字不应写为：人民币捌万零零贰元零叁分。

课堂活动考评

- 根据实例 1-18 的书写方法，请同学们自己试一试，看谁写的正确规范。小写金额数字为：¥7,009,008.05，其汉字大写金额数字应怎样写？

3. 如果连续几个“0”同时在元位和角位时，不能漏写人民币单位“元”字，且在“元”后，再写上“零”字。

【实例 1-19】 小写金额数字为：¥850,000.08，其汉字大写金额数字应写为：人民币捌拾伍万元零捌分。

提示： 实例 1-19 的汉字大写金额数字不能写为：人民币捌拾伍万零捌分。

课堂活动考评

- 根据实例 1-19 的书写方法，请同学们自己试一试，看谁写的正确规范。小写金额数字为：¥919,000.03，其汉字大写金额数字应怎样写？

4. 小写金额数字元位是“0”或者数字中间连续有几个“0”，元位也是“0”，但角位不是“0”时，汉字大写金额数字可以只写一个“零”字，也可以不写“零”字。

【实例 1-20】 小写金额数字为：¥590,000.20，其汉字大写金额数字应写为：人民币伍拾玖万元零贰角整；或者写成：人民币伍拾玖万元贰角整。

课堂活动考评

- 根据实例 1-20 的书写方法，请同学们自己试一试，看谁写的正确规范。小写金额数字为：¥4,009,000.80，其汉字大写金额数字应怎样写？

5. 小写金额数字角位是“0”，而分位不是“0”时，汉字大写金额数字“元”后应写“零”字。

【实例 1-21】 小写金额数字为：¥1,856.05，其汉字大写金额数字应写为：人民币壹仟捌佰伍拾陆元零伍分。

课堂活动考评

- 根据实例 1-21 的书写方法，请同学们自己试一试，看谁写的正确规范。小写金额数字为：¥59,600.08，其汉字大写金额数字应怎样写？

6. 小写金额数字万位是“0”，但千位不是“0”时，汉字大写金额可以写“零”，也可以不写“零”。

【实例 1-22】 小写金额数字为：¥51,804,953.25，其汉字大写金额数字应写为：人民币伍仟壹佰捌拾万零肆仟玖佰伍拾叁元贰角伍分；或者写为：人民币伍仟壹佰捌拾万肆仟玖佰伍拾叁元贰角伍分。

提示： 如果亿位（或兆位）是“0”，且千万位（或千亿位）不是“0”，则中间的“0”可以写“零”，也可以不写。

课堂活动考评

- 根据实例 1-22 的书写方法，请同学们自己试一试，看谁写的正确规范。小写金额数字为：¥3,509,006.85，其汉字大写金额数字应怎样写？

7. 印有大写金额万、仟、佰、拾、元、角、分位置的凭证，在书写大写金额数字时，金额前如有空位，可划“⊗”注销，阿拉伯金额数字中间有几个“0”（含分位），汉字大写金额数字就要写几个“零”字。

【实例1-23】 小写金额数字为：¥9,000.05，在印有大写金额万、仟、佰、拾、元、角、分位置的凭证上书写大写金额数字时，其汉字大写金额数字应写为：人民币⊗万**玖**仟**零**佰**零**拾**零**元**零**角**伍**分。

课堂活动考评

- 根据实例1-23的书写方法，请同学们自己试一试，看谁写的正确规范。小写金额数字为：¥580,000.03，在印有大写金额拾、万、仟、佰、拾、元、角、分位置的凭证上书写大写金额数字时，其汉字大写金额数字应写为：人民币 拾 万 仟 佰 拾 元 角 分。

三、“壹”字的书写

汉字大写金额数字中的最高位是阿拉伯数字“1”的，汉字大写金额加写“壹”字。由于人们习惯把“壹拾几、壹拾几万”说成“拾几”“拾几万”，所以在书写大写金额数字时很容易将“壹”字漏掉。但“拾”字仅代表数位，不代表数字。“壹拾”既代表位数，又代表数字。因此，壹拾几的“壹”字必须写上而不能遗漏，因为数位字前必须有数量字。汉字大写金额“拾”“佰”“仟”“万”等数位字前必须冠有数字壹、贰、叁、肆、伍、陆、柒、捌、玖等，不能省略。

【实例1-24】 小写金额数字为：¥160,000.00，其汉字大写金额数字应写为：人民币壹拾陆万元整；而不能写为：人民币拾陆万元整。

提示： 如在数位前不加“壹”字，既不符合书写要求，又容易被改成“贰拾几”“叁拾几”等；如果书写不规范，“人民币”与金额数字之间留有空位，就很容易被改成“人民币叁（肆、伍……）拾陆万元整”等。

课堂活动考评

- 根据实例1-24的书写方法，请同学们自己试一试，看谁写的正确规范。小写金额数字为：¥190,000.00，其汉字大写金额数字应怎样写？

四、“人民币”符号在固定格式凭证中的大写金额书写

1. 银行结算凭证的大写金额栏内，按规定不得预印固定的大写金额数位，一般只印有“人民币”字样。在有固定格式的重要凭证，汉字大写金额数字必须冠以“人民币”字样。书写时，金额数字应紧接在“人民币”后面，写数与读数顺序要一致，不得留有空格或添加冒号。大写金额栏没有印“人民币”字样的，应在大写金额数字前填写“人民币”符号三个字。凡数字前写有币种符号的，数字后不再写货币单位。

【实例1-25】 小写金额数字为：¥51,802,679.25，其汉字大写金额数字应写为：人民币伍仟壹佰捌拾万贰仟陆佰柒拾玖元贰角伍分，或者写为：人民币伍仟壹佰捌拾万零贰仟陆佰柒拾玖元贰角伍分；不能写为：“人民币 伍仟壹佰捌拾万零贰仟陆佰柒拾玖元贰角伍分”，也不能写为“人民币：伍仟壹佰捌拾万零贰仟陆佰柒拾玖元贰角伍分”。

课堂活动考评

● 根据实例 1－25 的书写方法，请同学们自己试一试，看谁写的正确规范。小写金额数字为：¥58,068,100.57，其汉字大写金额数字应写为：“人民币：伍仟捌佰零陆万捌仟壹佰元零伍角柒分”，对吗？或写为：“人民币　伍仟捌佰零陆万捌仟壹佰元零伍角柒分”，对吗？为什么？

2. 在支票、发票、收据等凭证的大写金额栏内，一般印有“人民币”字样和固定的大写金额数位，即“拾、万、仟、佰、拾、元、角、分”字样。填写大写金额时，只需填入数量用字即可。

【实例 1－26】晋江美登鞋服有限公司于 2023 年 11 月 15 日购买空调机 2 台，单价 5,300 元，共 10,600 元，增值税专用发票上注明进项税额为 1,378 元（见表 1－10）。

表 1－10

福建增值税专用发票

发票联

3500163130　　　　No. 38053970

开票日期 2023 年 11 月 15 日

购货单位	名　　称：晋江美登鞋服有限公司 纳税人识别号：91350582082682278F 地 址 、电 话：晋江青阳新华街 0595－82007110 开户行及账号：农行晋江支行 531401888816005	密码区	50 + * <731246 * −88 <2 */5 < +054 * <28 * 815 <17 >785182 +054 * <28 * 815 <17 >78596 +5 >52 * 471 + >104 * 7182523 */96 +5 >52 * 471 + >104 * 75946 > >2 +82523 * * 87 >510 >46/96 >46996 +5 >52 * 471 +

货物或应税劳务名称	规格型号	单位	数量	单价	金额	税率	税额
科华打印机		个	2	5300.00	10600.00	13%	1378.00
合计					¥10600.00		¥1378.00
价税合计（大写）	⊗壹万壹仟玖佰柒拾捌元整					（小写）	¥11978.00

销货单位	名　　称：一品文化用品有限公司 纳税人识别号：913508245520201535 地 址、电 话：晋江市新华街 88 号　85628718 开户行及账号：建行新华支行 38100024019855416	备注	一品文化用品有限公司 913508245520201535 发票专用章

现金付讫

第三联　发票联　购货方记账凭证

收款人：　　复核：　　开票人：张飞　　销售方：（章）

课堂活动考评

● 晋江美登鞋服有限公司于 2023 年 11 月 28 日，以存款购买专利权 435,000 元，增值税专用发票上注明进项税额为 56,550 元，请为该公司开具一张发票，如表 1－11 所示。

表 1－11　　**福建增值税专用发票**

3500102531　　发票联　　No. 01580262

开票日期：2023 年 11 月 28 日

购货单位	名　　称：晋江美登鞋服有限公司 付款方识别号：91350582082682278F 地 址 、电 话：晋江青阳新华街 0595－82007110 开户行及账号：农行晋江支行 531401888816005			密码区	8<2* －7348/1</56<8*8*15<17>8+12*<* 47857*717－7*75*87>510>2+*282+5>>5*47* 466</431087#2*15<1+8*8*15<17>847857*71828 *835*<946>80>2*/96		
货物或应税劳务名称	规格型号	单位	数 量	单 价	金 额	税率	税 额
合　　计							
价税合计（大写）					（小写）¥		
销货单位	名　　称：石狮市华阳科技有限公司 纳税人识别号：913505810258910359 地 址 、电 话：石狮市南岸路 901 号 52270216 开户行及账号：建设银行南区 38002200555014101			备注	石狮市华阳科技有限公司 913505810258910359 发票专用章		

收款人：　　复核：　　开票人：　　销售方：（章）

第三联 发票联 购买方记账凭证

提示：如果金额数字中含有“0”，则应该在大写相对应数位处填写“零”，并在大写金额栏前端未用部分用规定符号划销。

3. 关于记账单位的书写要求。汉字大写金额数字中，应在个位数字后写明人民币单位“元”；如有小数在金额计量中，一般只保留两位小数，小数部分不仅要写出数字，还必须写出相应数位的金额单位，即人民币单位中的“角”和“分”。

【实例 1－27】 小写金额数字为 ¥2,678.58，其字大写金额数字应写成：人民币贰仟陆佰柒拾捌元伍角捌分。

提示：实例 1－27 中小写金额数字为 ¥2,678.58，其汉字大写金额数字不能写成：人民币贰仟陆佰柒拾捌点伍捌元。

课堂活动考评

- 根据实例 1－27 的书写要求，小写金额数字为 ¥10,785,008.25，其汉字大写金额数字写成：人民币壹仟零柒拾捌万伍仟零捌元点贰伍，对吗？如写错，应怎样写？
- 小写金额数字为 ¥500,003,006.08，其汉字大写金额数字写成：人民币伍亿零叁仟零陆点捌，对吗？如写错，应怎样写？
- 将表 1－12 中的小写金额数字加注三位一节分节号后，改写为正确的汉字大写金额数字。

书写要求：（1）汉字大写金额数字前加“人民币”字样，并且与第一个大写数字之间不能留有空格。

（2）写数与读数顺序要一致。

表 1－12

序　号	小写金额数字	小写金额加注分节号	汉字大写金额数字
1	￥478500.00		
2	￥8005100.08		
3	￥2089005.70		
4	￥180000.06		
5	￥3500820.00		
6	￥6720005.35		
7	￥73500080.00		
8	￥4894568.53		
9	￥315007.09		
10	￥90060503.16		

课后活动考评

练习汉字大写金额数字书写。

（一）练习目的

掌握汉字大写金额数字的标准写法，做到要素齐全、数字正确、字迹清晰、不错漏、不潦草。

（二）汉字大写金额数字的标准写法

汉字大写金额数字（包括数位）：零、壹、贰、叁、肆、伍、陆、柒、捌、玖、拾、佰、仟、万、亿、元、角、分、整（正）。

（三）汉字大写金额数字的书写要求

1. 正确运用“整”字

汉字大写金额到“元”为止的，应当写“整”或“正”字。

练习：￥15,680.00，应写成：

____

2. 中文大写金额到“角”为止的，可以在“角”之后写“整”或“正”字，也可以不写。

练习：￥7,689,521.60，应写成：

____

3. 汉字大写金额到“分”位的，不写“整”或“正”字。

练习：￥873,946.78，应写成：

____

4. 正确书写中间“零”

（1）汉字大写数字中间有“0”时，汉字大写金额也要写“零”字。

练习：￥28,905.68，应写成：

____

（2）汉字大写数字中间连续有几个“0”时，汉字大写数字只写一个“零”字。

练习：￥190,008.34，应写成：

____

（3）汉字大写数字万位或元位是“0”，或者数字中间连续有几个“0”，万位、元位也是“0”，但千位、角位不是“0”时，汉字大写金额中可以只写一个“零”字，也可以不写“零”字。

练习：¥705,100.29，应写成（三种写法）：

____

____

____

¥805,000.63，应写成（两种写法）：

____

____

（4）汉字大写数字角位是“0”，而分位不是“0”时，汉字大写金额元后面应写“零”字。

练习：¥89,168.02，应写成：

____

¥70,508.01，应写成：

____

5. “壹”开头的别丢“壹”。

当汉字大写数字首位是“1”时，前面必须写上“壹”字。

练习：¥18.52，应写成：

____

¥180,000.00，应写成：

____

活动三　正确填写支票和发票等票据的开票日期

票据和结算凭证上的金额、出票或签发日期、收款人名称不得更改，更改的票据一律无效。票据和结算凭证以汉字大写数字和小写数字同时记载的，二者必须一致，否则票据无效，银行不予受理。票据和结算凭证上一旦写错或漏写了数字，必须重新填写单据，不能在原凭单上改写数字，以保证所提供数字真实、准确、及时、完整。

相关链接

根据银行的有关规定，若票据出票日期是用小写填写的，银行不予受理。大写日期未按要求规范填写的，银行可予受理，但由此造成损失的，由出票人自行承担。作废的支票不得撕去，应由签发单位自行注销，并与存根一起保存。

为防止变造票据的出票日期，支票、发票等票据的出票日期必须使用汉字大写，在填写年、月、日时，应按下列要求进行书写：

1. 年。年份应按阿拉伯数字表示的年份所对应的汉字大写数字书写。

2. 月。1 月和 2 月前“零”字必写，3 月至 9 月前零字可写也可不写；10 月必须写成

“零壹拾月”，拾壹月和拾贰月必须写成“壹拾壹月”和“壹拾贰月”（其前面多写了“零”字也认可，如零壹拾壹月）。

3. 日。日为1日至9日、10日、20日、30日的，前面应加“零”字，11日至19日必须写为“壹拾壹日或壹拾×日”（其前面多写了“零”字也认可，如零壹拾叁日），21日至29日必须写成“贰拾壹日或贰拾×日”，31日必须写成“叁拾壹日”；日为1日至19日的，应在其前面加“壹”字，如“壹拾捌日”等。

【实例1－28】支票出票日为2月20日，应写成：零贰月零贰拾日。

【实例1－29】支票发票出票日为10月10日，应写成：零壹拾月零壹拾日。

【实例1－30】支票发票出票日为1月30日，应写成：零壹月零叁拾日。

课堂活动考评

● 要求：采用会计规范的书写方法写出支票的签发大写日期，年份为2023年，请同学们自己在课堂上练一练，练习内容见表1－13。

表1－13

序　号	日　期	汉字大写出票日期			
1	1月19日	出票日期	年	月	日
2	2月11日	出票日期	年	月	日
3	3月25日	出票日期	年	月	日
4	4月28日	出票日期	年	月	日
5	5月31日	出票日期	年	月	日
6	6月17日	出票日期	年	月	日
7	7月21日	出票日期	年	月	日
8	8月15日	出票日期	年	月	日
9	9月27日	出票日期	年	月	日
10	10月31日	出票日期	年	月	日
11	11月29日	出票日期	年	月	日
12	12月8日	出票日期	年	月	日

课后活动考评

● 要求：采用会计规范的书写方法写出支票的签发大写日期（见表1－14），年份为2023年，请同学们自己课后练一练。

表1－14

序　号	日　期	汉字大写出票日期			
1	1月27日	出票日期	年	月	日
2	2月22日	出票日期	年	月	日
3	3月23日	出票日期	年	月	日
4	4月19日	出票日期	年	月	日
5	5月17日	出票日期	年	月	日

续表

序　号	日　期	汉字大写出票日期
6	6月18日	出票日期　　　年　　　月　　　日
7	7月16日	出票日期　　　年　　　月　　　日
8	8月20日	出票日期　　　年　　　月　　　日
9	9月14日	出票日期　　　年　　　月　　　日
10	10月26日	出票日期　　　年　　　月　　　日
11	11月25日	出票日期　　　年　　　月　　　日
12	12月30日	出票日期　　　年　　　月　　　日

活动四　正确填写支票和发票等票据中的大小写金额数字

会计经济业务离不开支票和发票的填开，正确地填写支票和发票可以为会计行业免去很多不必要的麻烦和错误。但是，实际工作中，往往会在发票填写方面发生疏忽和遗漏。填写支票和发票，必须做到标准化、规范化，要素齐全、数字正确、字迹清晰、不错漏、不潦草，防止涂改。为了防止作弊，银行、单位和个人填写的支票和发票的汉字大写金额一律不许涂改，一旦写错，该张支票和发票作废，需要重新填写。因此，会计人员在填写支票和发票时必须认真，以减少书写错误的发生。

1. 支票和发票的大写金额栏内，按规定不得预印固定的大写金额数位，一般只印有“人民币”字样。在有固定格式的重要凭证中，汉字大写金额数字必须冠以“人民币”字样。书写时，金额数字应紧接在“人民币”后面，写数与读数顺序要一致，不得留有空格或添加冒号。大写金额栏没有印“人民币”字样的，应在大写金额数字前填写“人民币”三个字。凡数字前写有币种符号的，数字后不再写货币单位。

【实例1-31】小写金额数字为￥51,802,679.25，其汉字大写金额数字应写为“人民币伍仟壹佰捌拾万零贰仟陆佰柒拾玖元贰角伍分”。不能写为“人民币　伍仟壹佰捌拾万零贰仟陆佰柒拾玖元贰角伍分”；也不能写为“人民币：伍仟壹佰捌拾万零贰仟陆佰柒拾玖元贰角伍分”。

课堂活动考评

- 小写金额数字为￥58,068,100.57，其汉字大写金额数字应写为：______________。

2. 在支票、发票、收据等凭证的大写金额栏内，一般印有“人民币”字样和固定的大写金额数位，即“拾、万、仟、佰、拾、元、角、分”字样。填写大写金额时，只需填入数量用字即可。

【实例1-32】晋江美登鞋服有限公司于2023年10月15日购买3个打印机，单价300元，共900元，增值税专用发票上注明进项税额为117元，如表1-15所示。

表 1－15

福建增值税专用发票

3500163130　　　　发票联　　　　No. 38053970

开票日期 2023 年 10 月 15 日

购货单位	名　　称：晋江美登鞋服有限公司 纳税人识别号：91350582082682278F 地 址 、电 话：晋江青阳新华街 0595－82007110 开户行及账号：农行晋江支行 531401888816005	密码区	50 + * <731246 * －88 <2 */5 < +054 * <28 * 815 <17 >785182 +054 * <28 * 815 <17 >78596 +5 >52 * 471 + >104 * 7182523 */96 +5 >52 * 471 + >104 * 75946 > >2 +82523 * * 87 >510 >46/96 >46996 +5 >52 * 471 +

货物或应税劳务名称	规格型号	单位	数量	单 价	金　额	税率	税　额
科华打印机		个	3	300.00	900.00	13%	117.00
合 计					¥900.00		¥117.00
价税合计（大写）	⊗壹仟零壹拾柒元整				（小写）¥1017.00		

[印章：现金付讫]

销货单位	名　　称：一品文化用品有限公司 纳税人识别号：913508245520201535 地 址、电 话：晋江市新华街 88 号　85628718 开户行及账号：建行新华支行 38100024019855416	备注	[印章：一品文化用品有限公司 913508245520201535 发票专用章]

收款人：　　　　复核：　　　　开票人：张飞　　　　销售方：（章）

第三联 发票联 购货方记账凭证

课堂活动考评

- 晋江美登鞋服有限公司于 2023 年 10 月 28 日，以存款购买专利权 300,000 元，增值税专用发票上注明进项税额为 39,000 元，请为该公司开具一张发票，如表 1－16 所示。

表 1－16

福建增值税专用发票

3500102531　　　　发　票　联　　　　No. 01580262

开票日期：2023 年 10 月 28 日

购货单位	名　　称：晋江美登鞋服有限公司 付款方识别号：91350582082682278F 地 址 、电 话：晋江青阳新华街 0595－82007110 开户行及账号：农行晋江支行 531401888816005	密码区	8 <2 * －7348/1 </56 <8 * 8 * 15 <17 >8 +12 * < * 47857 * 717 －7 * 75 * 87 >510 >2 + * 282 +5 > >5 * 47 * 466 </431087#2 * 15 <1 +8 * 8 * 15 < 17 >847857 * 71828 * 835 * <946 >80 >2 */96

货物或应税劳务名称	规格型号	单位	数 量	单 价	金 额	税率	税 额
合　　计							
价税合计（大写）					（小写）¥		

销货单位	名　　称：石狮市华阳科技有限公司 纳税人识别号：913505810258910359 地 址 、电 话：石狮市南岸路 901 号 52270216 开户行及账号：建设银行南区 38002200555014101	备注	[印章：石狮市华阳科技有限公司 913505810258910359 发票专用章]

收款人：　　　　复核：　　　　开票人：　　　　销售方：（章）

第三联 发票联 购买方记账凭证

提示：如果金额数字中含有“0”，则应该在大写相对应数位处填写“零”，并在大写金额栏前端未用部分用规定符号划销。

3. 关于记账单位的书写要求。汉字大写金额数字中，应在个位数字后写明人民币单位“元”；如有小数在金额计量中一般只保留两位小数，小数部分不仅要写出数字，还必须写出相应数位的金额单位，即人民币单位中的“角”和“分”。

【实例1-33】 小写金额数字为￥2,678.58，其大写金额数字应写成：人民币贰仟陆佰柒拾捌元伍角捌分（不能写成：人民币贰仟陆佰柒拾捌点伍捌元）。

课堂活动考评

- 小写金额数字为￥10,785,008.25，其汉字大写金额数字写成：人民币壹仟零柒拾捌万伍仟零捌元点贰伍，对吗？如写错，应该怎样写？
- 小写金额数字为￥500,003,006.08，其汉字大写金额数字写成：人民币伍亿零叁仟零陆点捌，对吗？如写错，应该怎样写？
- 将表1-17所示的小写金额数字加注三位一节分节号后，写出正确的汉字大写金额数字。

书写要求：

(1) 汉字大写金额数字前加“人民币”字样，并且与第一个大写数字之间不能留有空格。

(2) 写数与读数顺序要一致。

表1-17

序号	小写金额数字	小写金额加注分节号	汉字大写金额数字
1	￥478500.00		
2	￥8005100.08		
3	￥2089005.70		
4	￥180000.06		
5	￥3500820.00		
6	￥6720005.35		
7	￥73500080.00		
8	￥4894568.53		
9	￥315007.09		
10	￥90060503.16		

课后活动考评

1. 将表1-18所示的小写金额数字加注三位一节分节号后，写出正确的汉字大写金额数字。书写要求：

(1) 汉字大写金额数字前加“人民币”字样，并且与第一个大写数字之间不能留有空格。

(2) 写数与读数顺序要一致。

表 1－18

序号	小写金额数字	小写金额加注分节号	汉字大写金额数字
1	¥578900. 50		
2	¥6805300. 04		
3	¥9689007. 80		
4	¥190000. 06		
5	¥2500890. 09		
6	¥8730008. 80		
7	¥56200090. 00		
8	¥7898574. 69		
9	¥8315009. 05		
10	¥64070601. 03		

2. 请按大小写金额的财会标准写法书写表 1－19 中的金额栏。

表 1－19

金融会计凭证小写金额栏										原始凭证的大写金额栏
没有数位分割线	有数位分割线									
	百	十	万	千	百	十	元	角	分	
¥0. 09										人民币 佰 拾 万 仟 佰 拾 元 角 分
¥180. 08										人民币 佰 拾 万 仟 佰 拾 元 角 分
¥30070. 00										人民币 佰 拾 万 仟 佰 拾 元 角 分
¥18000. 00										人民币 佰 拾 万 仟 佰 拾 元 角 分
¥8709. 05										人民币 佰 拾 万 仟 佰 拾 元 角 分
¥30040. 10										人民币 佰 拾 万 仟 佰 拾 元 角 分
¥6800900. 07										人民币 佰 拾 万 仟 佰 拾 元 角 分
¥2030800. 80										人民币 佰 拾 万 仟 佰 拾 元 角 分

活动五 审查结算凭证时应注意的问题

银行在审查各种结算凭证时，在大小写金额数字方面，除中国人民银行总行已有明确规定的外，还应注意以下几个问题：

1. 汉字大字金额数字，规定不得自造简化字，但有的单位在书写中用繁体字（如陸、萬、億、圓）的，也可以受理。

2. 汉字大写金额数字到“角”为止，如果在“角”位后没写“整”字的，可以通融受理。

3. 汉字大写金额数字有“分”位的，“分”字后面多写了“整”字的，也可以通融受理。

4. 关于“零”字的写法，阿拉伯金额数字连续有几个“0”时，可以只写一个“零”字。

5. 各单位在银行结算凭证的大写金额栏内，不得预印固定的“仟、佰、拾、万、仟、佰、拾、元、角、分”等字样。

【实例1-34】小写金额数字为：¥96,005.80，其汉字大写金额数字应写成：人民币玖万陆仟零伍元捌角整；有的写成：人民币玖万陆仟零零伍元捌角整，也可以受理。

课堂活动考评

- 根据实例1-34的书写要求，小写金额数字为¥8,340,007.50，其汉字大写金额数字应如何书写？
- 将表1-20中的小写金额（阿拉伯金额）数字书写成规范的汉字大写金额数字。

表1-20

序号	小写金额数字	汉字大写金额数字的书写
1	¥205,006.50	
2	¥8,005,000.00	
3	¥35,600,000.00	
4	¥485,679,500.28	
5	¥67,500,350.80	
6	¥590,300.36	
7	¥1,600,008.05	
8	¥2,864,940.00	
9	¥3,567,408.68	
10	¥65,308,040.60	
11	¥8,509,006.35	
12	¥185,605,490.30	
13	¥98,000.50	
14	¥6,985,600.62	
15	¥7,895,600.62	
16	¥60,002,080.00	
17	¥8,007.05	
18	¥35,679.00	
19	¥150,000.00	
20	¥495,005.70	

课后活动考评

请练习将下表中小写数字金额（阿拉伯金额）书写成规范的汉字大写金额数字。

序号	小写金额数字	汉字大写金额数字的书写
1	¥705,106.80	
2	¥9,006,400.50	
3	¥135,809,200.00	
4	¥585,689,300.23	

续表

序　号	小写金额数字	汉字大写金额数字的书写
5	¥468,500,750.40	
6	¥2,590,870.53	
7	¥51,800,007.01	
8	¥32,861,570.00	
9	¥63,467,498.08	
10	¥95,708,030.20	
11	¥68,502,004.32	
12	¥185,605,490.30	
13	¥198,000.30	
14	¥36,985,406.53	
15	¥27,891,300.67	
16	¥460,009,020.00	
17	¥39,508,087.08	
18	¥9,735,879.03	
19	¥170,005.00	
20	¥6,495,005.90	

模块三　会计数字书写错误更正方法

【任务导入】

会计错账，往往是过账和结算账户时发生的错误，如漏记账、记重账、记反账、记账串户、记错金额等。账簿记录发生错误，不准涂改、挖补、刮擦或用药水消除字迹，应按一定的方法进行更正。郭姗在日常的会计记账工作中，难免会出现登账错误的情况。为了保证财务的准确性和可靠性，需要及时对这些错误进行更正。

当发现了错账，就需要对其进行更正。那么，错账具体如何更正呢？会计郭姗介绍了以下三种方法：

第一种是划线更正法。这种方法适用于结账前发现账簿存在错误，而会计凭证无误情况下使用这种方法。我们需要在账簿上的错误文字或者金额上划上一条红线表示存在错误，并使用蓝笔填写正确的文字或金额。

第二种是红字更正法。它分为两种情况。

一是出现在记账后发现记账凭证的借贷科目有错误。这时，我们需要用红笔填写一张新的原始凭证，表示注销原来的记账凭证，然后使用蓝笔填写正确的记账凭证。

二是出现在记账后发现凭证所记载的会计科目无误，但金额多记的情况，这时需要用红笔填制一张与原来记账凭证会计科目相同的原始凭证，然后在摘要栏上注明冲销原来凭证中的多记金额。

第三种是补充登记法。它适用于在记账后发现所记金额小于应记金额的情况。这时，需要按少记的金额用蓝字编制一张与原记账凭证应借、应贷科目相同的记账凭证，摘要栏内写明补记某月某日第X号记账凭证少记金额以补充少记的金额，然后进行记账。

因此，在会计工作中遇到错账的情况时，通过这三种方法对错账进行及时与正确的调整，不仅可以保证会计账目的准确性，也可以提高会计工作的质量和效率。

除了上述三种方法外，郭姗还总结出其他的三种记账错误类型，需要有相应的纠正方法。

一是遗漏登记。对于遗漏登记的情况，需要找出原因并进行相应的处理。如果是因为漏审、漏冲账造成的，需要及时纠正；如果是因为其他人员擅自改变凭证，需要及时追究责任。

二是错误的科目。对于错误的科目，需要进行重新分类。这个过程需要非常精细，因为分类错误可能导致后续操作的复杂性和错误性。

三是错误的日期。对于错误日期，需要进行修改。如果错误日期与具体业务相关，可能会影响后续过账的流程。因此在进行修改前需要对后续影响进行充分评估和预判。

总之，为了保证账务记录的准确性和可靠性，错账的及时纠正工作尤为重要。采用合适的更正方法能够提高工作效率和质量，更好地保障单位经济活动的健康发展。

活动一　会计数字书写错误的类型和更正要求

会计人员在填写单据、登记账簿和编制会计报表时，必须使用黑色碳素笔或黑色墨水书写；字迹必须清晰、工整、规范。不得使用圆珠笔或铅笔书写。在书写时，要认真细致，以免发生书写的错误。如果发生书写错误，不得涂改、刮擦挖补或用褪色药水更改字迹，应根据错误的情况，按规定的方法进行更正。

一、会计凭证、账簿记录中所发生的错误，应视其错误的具体情况，采用不同的方法更正

（一）原始凭证书写错误订正

若发现以下情形的错误：

1. 原始凭证书写不合乎有关记账规范要求，乱涂乱改，导致字迹不清、数目不详、内容不明。

2. 一些重要的凭证要素，如金额、摘要、单位价格等发生错误。

提示：既不能用挖、补、刮、擦等方法进行改错，也不能用划线更正方法更正。由于书写错误的收据、支票等原始凭证，不能毁掉。

正确的订正方法是：要重新填写一张新的原始凭证。在错误的原始凭证上注明“作废”字样，并与重新写好的凭证订在一起保存，以便备查。

（二）记账凭证书写错误订正

1. 如果还没有记账，应当重新填制记账凭证。

2. 如果已经记账，但尚未进行年度结账时，可以用红字填写一张与原内容相同的记账凭证，同时再用蓝字重新填制一张正确的记账凭证，但不得撕掉重填。

3. 如果会计科目没有错误，只是金额错误，也可以将正确数字与错误数字之间的差额，另编制一张调整的记账凭证，调增金额用蓝字，调减金额用红字。

4. 如果已经进行了年度结账，即以前年度记账凭证有错误的，应当用蓝字填制一张更正的记账凭证。

（三）账簿记录书写错误订正

结账前发现账簿记录有小写或大写数字错误，而记账凭证没有错误，其正确订正步骤是：

1. 用划线更正方法。更正时，在错误的小写或大写数字上划一条红线，在错误的小写或大写数字上方填写上正确的小写或大写数字。

2. 记账人员须在更正处盖章，以明确经济责任。

二、会计报表报出前后发现小写或大写金额数字错误，采用不同的方法更正

1. 会计报表在报出前发现小写或大写金额数字错误，应当重新填制后报出。

2. 报出后发现小写或大写金额数字错误，正确的订正步骤如下：

（1）在会计部门留存的会计报表上，将错误的小写或大写数字划红线注销，然后在划线上方填上正确的小写或大写金额数字。

（2）制表人和会计部门负责人签名盖章。

（3）将错误更正情况及时以书面形式上报会计报表的报送对象。

相关链接

《会计基础工作规范》中规定：账簿记录发生错误，不准涂改、挖补、刮擦或者用药水消除字迹，不准重新抄写，必须按照下列方法进行更正：

1. 登记账簿时发生错误，应当将错误的文字或者数字划红线注销，但必须使原有字迹仍可辨认；然后在划线上方填写正确的文字或者数字，并由记账人员在更正处盖章。对于错误的数字，应当全部划红线更正，不得只更正其中的错误数字。对于文字（汉字大写数字除外）错误，可只划去错误的部分。

2. 由于记账凭证错误而使账簿记录发生错误，应当按更正的记账凭证登记账簿。

课后活动考评

会计数字书写错误的类型有哪几种？怎样订正？

活动二　小写金额数字书写错误的更正方法

小写金额数字写错需要更正时，应该按规定方法改正或作废重新填写。无论写错的数字是一个还是几个，都不能在原来数字上单独更改。其订正方法是：采用划线更正法进行更

正，将错误的整笔数字从左至右划一条红线进行注销，然后重新把正确的数写在被注销的错误数字上方的空白处，并在更正红线左端加盖经办人的印章，以明确经济责任。

提示：若会计数字书写发生错误，就要进行订正。订正数字要求规范化，不能随意在原来数字上涂改、挖补、刮擦、粘贴，或者用涂改液、消字药水等化学方法消字，以保证数字的真实性，明确经济责任。

1. 小写金额数字合计数发生错误时，不能只改其中错误的数字。

【实例 1－35】将小写金额数字￥1,896.35，错写为￥1,869.35，订正方法见表 1－21。

表 1－21

错误的订正方法	正确的订正方法
96 ￥1,~~869~~.35	经办人盖章　￥1,896.35 ~~￥1,869.35~~

提示：对小写金额数字错误进行订正时，应全部划红线更正一个完整的数字，不能只改一半，更不能在原来数字上只涂改其中一个数字，以免混淆不清；一个结果最多只能修改两次。

课堂活动考评

● 根据实例 1－35 的订正方法，在表 1－13 填写小写金额数字合计数￥27,653.68 时，错写为￥27,356.68，请将正确的订正方法填写在表 1－22 中。

表 1－22

错误的订正方法	正确的订正方法
653 ￥27,~~356~~.68	

2. 书写小写金额数字合计数时，若未写完就发现有错，不能只改写错数字，应把数字写完，然后用划线更正法更正。

【实例 1－36】小写金额数字为￥6,879.56 元，写到￥86 时发现写错，订正方法见表 1－23。

表 1－23

错误的订正方法	正确的订正方法
￥6,879.56 ~~￥86~~	经办人盖章　￥6,879.56 ~~￥8,679.56~~

课堂活动考评

● 根据实例 1－36 的订正方法，小写金额数字为￥385,940.37，写到￥3,589 时发现写错，请将正确的订正方法填写在表 1－24 中。

表 1－24

错误的订正方法	正确的订正方法
￥385,940.37 ~~￥3589~~	

● 小写金额数字为￥956,803.05，错写为￥956,808.05，请将正确的订正方法填写在

表 1 –25 中。

表 1 –25

错误的订正方法	正确的订正方法
3 ¥956,808.05	

- 小写金额数字为 ¥2,168,080.30，写到 ¥2,186 时发现写错，请将正确的订正方法填写在表 1 –26 中。

表 1 –26

错误的订正方法	正确的订正方法
¥2,168,080.30 ~~¥2186~~	

课后活动考评

1. 表 1 –27 中小写金额数字为 ¥458,795.08，错写为 ¥458,759.08，请练习其订正方法。

表 1 –27

错误的订正方法	正确的订正方法
95 ¥458,7 ~~59~~.08	

2. 表 1 –28 中小写金额数字为 ¥39,273,584.60，错写为 ¥39,237，请练习其订正方法。

表 1 –28

错误的订正方法	正确的订正方法
¥39,273,584.60 ~~¥39 237~~	

3. 表 1 –29 中小写金额数字为 ¥89,675.08，错写为 ¥89,567.08，请练习其订正方法。

表 1 –29

错误的订正方法	正确的订正方法
675 ¥89~~,567~~.08	

活动三　在分位格及账簿中小写金额数字书写错误的更正方法

对于会计从业人员来说，书写数字时会偶然发生错误，如错列、错行、错位或写错数字等。一旦出现差错，要使用正确的改错方法更正。如发现当日的数字记录有错误时，应采用划线更正法进行更正。其更正方法与活动二相同。

一、在分位格中小写金额数字书写错误的更正方法

1. 如果在填写票据或凭证时发现一笔金额数字中只写错一个或几个数字，不能只更改写错的数字，而应将该数字全部用红线划销后，再将正确的数字写在上半格上。

【实例 1 – 37】在填写票据或凭证合计数时发现一笔小写金额数字应为 ¥758, 000. 68，而错写为 ¥785, 000. 68，其更正方法见表 1 – 30。

表 1 – 30

		亿	千	百	十	万	千	百	十	元	角	分
正确的更正方法	经办人盖章			¥ ~~¥~~	7 ~~7~~	5 ~~8~~	8 ~~5~~	0 ~~0~~	0 ~~0~~	0 ~~0~~	6 ~~8~~	8 ~~8~~
错误的更正方法				¥ ~~¥~~	7 ~~7~~	5 ~~8~~	8 ~~5~~	0	0	0	6	8

课堂活动考评

- 在填写票据或凭证合计数时发现一笔小写金额数字应为 ¥6, 059, 400. 76，错写为 ¥6, 095, 400. 76，请同学们在表 1 – 31 分位格中练一练更正方法。

表 1 – 31

		亿	千	百	十	万	千	百	十	元	角	分
错误的更正方法			¥	6	0	5 ~~9~~	9 ~~5~~	4	0	0	7	6
正确的更正方法												

2. 如果在填写票据或凭证合计数时一笔小写金额数字未写完便发现有误，则要把数字写完，或用“0”把剩余空位补齐，不能留空格，然后再用划线更正法更正。

【实例 1 – 38】在填写票据时发现一笔小写金额数字为 ¥3, 487, 658. 35，写到 ¥3478 时发现写错，运用两种更正方法进行更正（见表 1 – 32）。

表 1 – 32

		亿	千	百	十	万	千	百	十	元	角	分
正确的更正方法	经办人盖章		¥ ~~¥~~	3 ~~3~~	4 ~~4~~	8 ~~7~~	7 ~~8~~	6 ~~6~~	5 ~~5~~	8 ~~8~~	3 ~~3~~	5 ~~5~~
正确的更正方法	经办人盖章		¥ ~~¥~~	3 ~~3~~	4 ~~4~~	8 ~~7~~	7 ~~8~~	6 ~~0~~	5 ~~0~~	8 ~~0~~	3 ~~0~~	5 ~~0~~
错误的更正方法			¥ ~~¥~~	3 ~~3~~	4 ~~4~~	8 ~~7~~	7 ~~8~~	6	5	8	3	5

课堂活动考评

● 在填写凭证合计数时，小写金额数字为￥2, 348, 670. 87，写到￥23468 时发现写错，请同学们在表 1－33 分位格中使用上例的两种更正方法进行更正。

表 1－33

		亿	千	百	十	万	千	百	十	元	角	分
错误的更正方法			￥ ~~￥~~	2 ~~2~~	3 ~~3~~	4 ~~4~~	8 ~~6~~	6 ~~8~~	7	0	8	7
正确的更正方法												
正确的更正方法												

● 在填写票据或凭证合计数时发现一笔小写金额数字应为￥95, 876, 308. 42，错写为￥95, 867, 308. 42，请同学们课后练一练，填写表 1－34。

表 1－34

		亿	千	百	十	万	千	百	十	元	角	分
错误的更正方法		￥	9	5	8	7 ~~6~~	6 ~~7~~	3	0	8	4	2
正确的更正方法												

● 在填写票据或凭证合计数时发现一笔小写金额数字为￥8, 563, 196. 78，写到￥8536 时发现写错，运用两种更正方法，填写表 1－35。

表 1－35

		亿	千	百	十	万	千	百	十	元	角	分
错误的更正方法			￥ ￥	8 ~~8~~	5 ~~5~~	6 ~~3~~	3 ~~6~~	1	9	6	7	8
正确的更正方法												
正确的更正方法												

二、在账簿中小写金额数字书写错误的更正方法

【实例 1－39】在登记账簿时发现有几笔数额写错，其更正方法见表 1－36。

表 1－36

正确的更正方法										错误的更正方法								
	百	十	万	千	百	十	元	角	分	百	十	万	千	百	十	元	角	分
经办人盖章			7 ~~7~~	4 ~~4~~	5 ~~6~~	6 ~~5~~	1 ~~1~~	2 ~~2~~	8 ~~8~~			7	4	5 ~~6~~	6 ~~5~~	1	2	8
经办人盖章					8 ~~8~~	9 ~~9~~	7 ~~5~~	0 ~~0~~	0 ~~0~~					8	9	7 ~~5~~	0	0
经办人盖章				3 ~~3~~	5 ~~6~~	8 ~~8~~	7 ~~8~~	0 ~~0~~	0 ~~0~~				3	5 ~~6~~	8	7 ~~8~~	0	0
经办人盖章					8 ~~8~~	2 ~~1~~	5 ~~6~~	4 ~~4~~	8 ~~8~~					8 ~~8~~	2 ~~1~~	5 ~~6~~	4	8
经办人盖章				~~5~~	~~9~~	5 ~~5~~	9 ~~6~~	5 ~~0~~	6 ~~0~~				~~5~~	~~9~~	5 ~~5~~	9 ~~6~~	5	6

提示：更改错误的数字时，必须保持被更正的错误数字清晰可辨，对错误数字不得任意涂改、挖补、刮擦或用消字药水销蚀字迹。无论写错的是数字中一个数字还是几个数字，划线时都必须把整笔数一并划销，不能只划销其中错了的一个或几个数字。

课堂活动考评

- 在登记账簿时发现有几笔数额写错，请同学们将其更正（见表 1－37）。

表 1－37

错误的更正方法										正确的更正方法									
千	百	十	万	千	百	十	元	角	分	千	百	十	万	千	百	十	元	角	分
					5	0	6 ~~8~~	7	9										
				8 ~~8~~	5 ~~3~~	3 ~~5~~	1	9	6										
			7	2 ~~5~~	0	4	8 ~~6~~	0	3										
				6 ~~6~~	2 ~~2~~	8 ~~9~~	5	0	0										
~~7~~	~~6~~	~~0~~	~~5~~	~~8~~	7	6	0	5	8										
					2 ~~2~~	8 ~~8~~	6 ~~5~~	5 ~~6~~	0 0										

- 在登记账簿时，发现小写金额数字写错，按正确的更正方法更正，并加盖经办人印章，请同学们自己练一练（见表 1－38）。

表 1－38

错误的更正方法								正确的更正方法								更正要求
十	万	千	百	十	元	角	分	十	万	千	百	十	元	角	分	
		5	0	3 ~~8~~	1	5	7									
	8	9	8 ~~4~~	5	3 ~~8~~	0	2									
		7 ~~6~~	5 ~~7~~	6 ~~5~~	2	5	8									
	 ~~¥~~	 ~~7~~	¥ ~~5~~	7 ~~8~~	5 ~~2~~	8	2									
 ¥	¥	2 ~~2~~	5 ~~5~~	6 ~~6~~	0 ~~0~~	8 ~~8~~	7 ~~7~~									

课后活动考评

1. 在填写凭证合计数时，小写金额数字为￥6,574,390.53，写到￥65734 时才发现写错，请同学们在表 1－39 的分位格中练一练，用两种更正方法进行更正。

表 1－39

	亿	千	百	十	万	千	百	十	元	角	分
错误的更正方法		¥ ¥	6 ~~6~~	5 ~~5~~	7 ~~7~~	4 ~~3~~	3 ~~4~~	9	0	5	3
正确的更正方法											
正确的更正方法											

2. 阿拉伯数字出现书写错误时的更正练习（见表 1－40）。

表 1－40

练习一								练习二								要求
8	6	2	9	5	6	8	7				9	6	8	7	2	一、87 改 78 二、96 改 69
	5	7	8	4	1	2	3			8	0	0	6	2	7	一、578 改 476 二、00 改 35
		6	8	2	7	4	8	9	4	8	6	2	0	0	3	一、748 改 859 二、486 改 587
				7	5	0	9				3	8	5	6	7	一、50 改 68 二、8567 改 3456
					8	0	6					8	2	6	9	一、8 改 9 二、8、9 改 5、8

3. 在登记账簿时发现有几笔数额写错，请同学们自己课后练一练将其更正（见表 1－41）。

表 1－41

错误的更正方法										正确的更正方法									
千	百	十	万	千	百	十	元	角	分	千	百	十	万	千	百	十	元	角	分
				8	7	9	8 ~~5~~	7	1										
				9 ~~9~~	6 ~~5~~	5 ~~6~~	7	2	8										
			2	8 ~~3~~	3 ~~8~~	9	6 ~~8~~	5	2										
				5 ~~5~~	4 ~~4~~	8 ~~6~~	7	0	0										
~~8~~	~~2~~	~~3~~	~~9~~	~~6~~	8	2	3	9	6										

活动四　汉字大写金额数字书写错误的更正方法

汉字大写金额数字的书写是用于需要防止涂改的发票、支票、汇票、收据、存单等各种重要凭证。如因其他原因不能更换写错凭证时，应采取划线更正法更正写错的汉字大写金额数字，具体要求及注意事项与小写金额数字错误的订正方法相同。

1. 因其他原因不能更换写错的凭证时，用划线更正法更正写错的汉字大写金额数字。

提示：书写汉字大写金额数字时不能写错。如果写错，需要重新填制凭证，写错的凭证注销作废，并妥善保管，不得随便丢弃。

【实例 1－40】将人民币柒万玖仟捌佰壹拾伍元零伍分，错写为：人民币柒万玖仟捌佰伍拾壹元零伍分，见表 1－42。

表 1－42

错误的订正方法	正确的订正方法	
壹拾伍 人民币柒万玖仟捌佰~~伍拾壹~~元零伍分 壹　伍 人民币柒万玖仟捌佰~~伍~~拾~~壹~~元零伍分	人民币柒万玖仟捌佰壹拾伍元零伍分 ~~人民币柒万玖仟捌佰伍拾壹元零伍分~~	经办人盖章

课堂活动考评

● 根据实例 1－40 的订正方法，将汉字大写金额数字人民币伍拾柒万捌仟玖佰叁拾贰元伍角陆分，错写为人民币伍拾柒万捌仟玖佰叁拾贰元陆角伍分，请在表 1－43 中订正。

表 1－43

错误的订正方法	订正要求	正确的订正方法
伍　陆 人民币伍拾柒万捌仟玖佰叁拾贰元~~陆~~角~~伍~~分	不能只订正个别数字	

续表

错误的订正方法	订正要求	正确的订正方法
伍角陆 人民币伍拾柒万捌仟玖佰叁拾贰元~~陆角伍~~分	必须全部划掉重写	

2. 汉字大写金额数字写法常见错误订正方法。

【实例 1 –41】表 1 –44 是书写汉字大写金额数字时常见的错误及订正方法。

表 1 –44　汉字大写金额数字正确写法与错误写法对照表

小写金额数字	汉字大写金额数字		
	错误写法	错误原因	正确写法
¥180,000.00	人民币拾捌万元整	漏写“壹”字	人民币壹拾捌万元整
¥95,000.00	人民币：玖万伍仟元整	“人民币”后多了一个冒号	人民币玖万伍仟元整
¥8,351.00	人民币捌仟叁佰伍拾壹元	少写了个“整”字	人民币捌仟叁佰伍拾壹元整
¥346,007.02	人民币叁拾肆万陆仟零柒元贰分	漏写“零”字	人民币叁拾肆万陆仟零柒元零贰分
¥150,008.06	人民币壹拾伍万另捌元另陆分	将两个“零”字错写成“另”字	人民币壹拾伍万零捌元零陆分
¥2,765.90	人民币贰仟柒佰陆拾伍元玖角零分	多写了“零分”两字，少写了“整”字	人民币贰仟柒佰陆拾伍元玖角整
¥56,930.84	人民币伍万陆仟玖佰叁拾捌角肆分	漏写一个“元”字	人民币伍万陆仟玖佰叁拾元捌角肆分
¥905,003.00	人民币玖拾万零伍仟元另叁元整	将“零”写成“另”，多出一个“元”字	人民币玖拾万伍仟零叁元整
¥150,062,000.00	人民币壹亿伍仟万零陆万贰仟元整	多写一个“万”字	人民币壹亿伍仟零陆万贰仟元整
¥35,980.80	人民币叁万伍仟玖佰捌拾零元捌角整	“零”字用法不对	人民币叁万伍仟玖佰捌拾元零捌角整
¥65,000.50	人民币　陆拾伍万元零伍角整	“人民币”与第一个大写数字之间空位过大	人民币陆拾伍万元零伍角整
¥750,007.20	人民币柒拾伍万元零柒元贰角整	多写一个“元”字	人民币柒拾伍万零柒元贰角整
¥102,000.00	人民币拾万贰仟元整	漏记“壹”或“零”字	人民币壹拾万贰仟元整或者人民币壹拾万零贰仟元整

课堂活动考评

● 根据实例 1 –41 的订正方法，请同学们自己练一练，对表 1 –45 中的汉字大写金额数字书写错误进行订正。

表 1－45

小写金额数字	汉字大写金额数字		
	错误写法	错误原因	正确写法
¥2,895,000.67	人民币贰佰捌拾玖万伍仟零元陆角柒分		
¥159,643.23	人民币拾伍万玖仟陆佰肆拾叁元贰角叁分		
¥300,009.05	人民币叁拾万元零玖元零伍分		
¥58,495.80	人民币伍万捌仟肆佰玖拾伍元捌角零分		
¥7,568.05	人民币：柒仟伍佰陆拾捌元零伍分		
¥64,900.06	人民币陆万肆仟玖佰元陆分		
¥28,056,000.00	人民币贰仟捌佰万零伍万陆仟元整		
¥78,005.18	人民币　柒万捌仟零伍元壹角捌分		
¥97,560.20	人民币玖万柒仟伍佰陆拾贰角整		
¥856,000.00	人民币捌拾伍万陆仟元		
¥451,009.08	人民币肆拾伍万壹仟另玖元另捌分		
¥5,600,050.50	人民币伍佰陆拾万零伍拾零元伍角整		
¥109,004.02	人民币壹拾万零玖仟元另肆元另贰分		

● 练习阿拉伯数字错误的订正方法。要求运用正确的订正方法，更正表 1－46 内的数字，并填上规范的汉字大写数字。

（1） 正确数字应是：89,506.47

（2） 正确数字应是：1,826,005.35

（3） 正确数字应是：5,329,480.08

（4） 正确数字应是：4,856,700.80

（5） 正确数字应是：7,508,620.00

表 1－46

（1）人民币（大写）			8	9	5	0	4	6	7
（2）人民币（大写）	1	2	8	6	0	0	5	3	5
（3）人民币（大写）	5	3	2	9	8	4	0	0	8
（4）人民币（大写）	4	8	5	6	7	0	0	0	8
（5）人民币（大写）	7	5	0	3	6	2			

● 练习小写金额数字错误的订正方法。登记账簿时，发现小写金额数字写错，按正确的订正方法更正并填写在表 1－47 中，并加盖经办人印章。

表 1－47

错误订正方法								正确订正方法								订正要求
	万	仟	佰	十	元	角	分	十万	万	仟	佰	十	元	角	分	
		5	0	3 ~~8~~	1	5	7									

续表

错误订正方法								正确订正方法								订正要求
	万	仟	佰	十	元	角	分	十万	万	仟	佰	十	元	角	分	
	8	9	8 ~~4~~	5	3 ~~8~~	0	2									
		7 ~~6~~	5 ~~7~~	6 ~~5~~	2	5	8									
	~~¥~~	~~7~~	¥ ~~5~~	7 ~~8~~	5 ~~2~~	8	2									
~~¥~~	¥	2 ~~2~~	5 ~~5~~	6 ~~6~~	0 ~~0~~	8 ~~8~~	7 ~~7~~									

课后活动考评

1. 练习阿拉伯数字错误的订正方法。要求运用正确的订正方法，更正表 1－48 内数字，并填上规范的汉字大写数字，请同学们课后练一练。

（1）正确数字应是：297,816.38。

（2）正确数字应是：6,826,075.53。

（3）正确数字应是：9,169,540.02。

（4）正确数字应是：5,836,910.80。

（5）正确数字应是：8,527,408.09。

表 1－48

（1）人民币（大写）		2	9	7	6	1	8	3	8
（2）人民币（大写）	6	8	2	6	0	7	5	3	5
（3）人民币（大写）	9	1	3	9	8	4	0	0	2
（4）人民币（大写）	5	8	3	6	9	1	0	0	8
（5）人民币（大写）	8	5	2	7	4	8			

2. 请同学们对下列汉字大写金额数字书写错误进行订正。

（1）小写金额为 ¥8,700 元。

- 错误写法：人民币：陆仟伍佰元整
- 正确写法：____________________
- 错误原因：

（2）小写金额为 ¥98,300.06。

- 错误写法：人民币玖万捌仟叁佰元陆分
- 正确写法：____________________
- 错误原因：

（3）小写金额为￥108,000.00元。

- 错误写法：人民币拾万捌仟元整
- 正确写法：____________________
- 错误原因：

（4）小写金额￥80,075,000.00元。

- 错误写法：人民币捌仟万零柒万伍仟元整
- 正确写法：____________________
- 错误原因：____________________

（5）小写金额￥96,000.37元。

- 错误写法：人民币玖万陆仟零叁角柒分
- 正确写法：____________________
- 错误原因：

（6）小写金额￥760,008.00元。

- 错误写法：人民币柒拾陆万元另捌元整
- 正确写法：____________________
- 错误原因：

（7）小写金额￥69,005.00元。

- 错误写法：人民币陆万玖仟零伍元
- 正确写法：____________________
- 错误原因：

（8）小写金额￥358,007.90元。

- 错误写法：人民币叁拾伍万捌仟零柒元玖角零分
- 正确写法：____________________
- 错误原因：

（9）小写金额￥189,060.50元。

- 错误写法：人民币壹拾捌万玖仟零陆拾零元伍角整
- 正确写法：____________________
- 错误原因：

（10）小写金额￥200,004.00元。

- 错误写法：人民币　贰拾万零肆元整
- 正确写法：____________________
- 错误原因：

项目二　会计文字书写规范

项目描述	本项目主要介绍会计文字的书写规范与书写方法。通过对本项目的教学和学习，使会计类专业学生熟悉会计文字书写技能的基本知识，认识规范书写文字的重要性，培养学生对文字的敏感性；熟练掌握文字书写规则和规范写法。
项目内容	模块一　会计文字书写要求 模块二　会计科目和会计摘要书写技巧
知识目标	掌握会计文字书写的基本要求 掌握会计科目和会计摘要书写要求
能力目标	熟练掌握会计文字书写技巧 熟练掌握会计科目和会计摘要书写技巧
德育目标	1. 培养学生严谨的工作作风和规范的工作意识 2. 培养学生良好的观察能力、分析能力、表达能力、审美能力和鉴赏能力 3. 培养学生热爱中华优秀传统文化精髓的书法艺术。汉字书法蕴藏着伟大的民族精神，它表现了中华民族的审美倾向，最鲜明地体现了中华优秀传统文化的精神、民族精神和中华民族的传统美德，彰显着民族品格和民族特征 4. 培养学生会计文字书写技能，使学生更深刻地了解中华民族优秀文化传统，心中升起对祖国的热爱、对祖国的自豪之情
建议学时数	6

模块一 会计文字书写要求

【任务导入】

郭姗和陈静都想成为优秀的会计人员。在当今竞争激烈的会计行业中，高素质的会计人员对企业的发展至关重要，是企业提高竞争优势并保持稳定发展的源泉所在。

但是，要想成为一名优秀的会计人员并不容易。因为，一个高素质的会计人员不仅要有丰富的会计实践经验、扎实的会计理论知识、过硬的会计文字书写技能，而且还要有较高的职业道德素质，做到爱岗敬业、履行职责、诚实守信、客观公正等。只有这样，才能在复杂的会计事项中找到合适的会计反映手段，并为会计信息使用者提供真实可靠的会计信息。

其中，会计文字书写是指汉字书写。与经济业务活动有关的文字书写包括数字和企业名称的大写、会计科目、费用项目、产品类别、计量单位以及总结和财务分析的书写等。

会计书写规范是指会计工作人员在经济业务活动的确认、计量和报告中，对数字和文字的一种规范化书写要求。会计上的文字书写是指汉字书写，是与会计经济业务活动相联系的文字书写，不仅包括前面所阐述的原始凭证和支票等金额数字的汉字大写书写，而且还包括企业名称、会计科目、费用项目、商品类别以及计量单位等的书写，记账凭证和账簿中摘要的书写，以及财务分析和报表的书写等。

提示：会计人员每天都离不开书写，不仅要书写文字，而且要书写数字。会计文字和数字书写规范是会计的基础工作标准，直接关系到会计工作质量的优劣、会计管理水平的高低以及会计数据资料的准确性、及时性和完整性。

一、会计文字书写规范要求

会计文字书写要求叙述简明扼要，详略得当，意思完备，语句通顺，文字简洁，书写规范，字体匀称，字迹正确、端正、清晰、整洁、美观、流畅。

（一）叙述要简明扼要

叙述要简明扼要，字数在规定的范围内，用简短的文字把经济业务发生的内容记述清楚，在有格限制的情况下，文字数目多少要以写满但不超出该栏格为限。

（二）摘要要详略得当

摘要既要详略得当，又要能说明问题。它不仅要确切地反映出当时经济活动的情况，还要为日后的检查、分析提供可靠的依据。

（三）用字精练，意思完备

摘要的内容要求：一是全，即摘要不能漏掉经济业务的要点，也就是说，应该摘要的内容不能漏掉。二是简，尽量压缩背景信息，可有可无的文字不写。三是语句要简练，在内容全面的基础上尽量压缩摘要的篇幅，少而精，说明主要问题。尽量避免使用模棱两可的词句，要以通俗易懂的词句来摘其要点，清楚地说明经济业务的基本情况。正确使用会计术语，简明扼要地说明问题，提高摘要的书写水平，做到言简意赅。

（四）书写要规范

对有关经济活动的记录书写要符合会计法规和会计制度的各项规定，符合会计书写要求。记账、核算、分析和编表等都要书写规范，文字适当，分析有理，要严格按书写格式书写。

（五）字体要匀称

所写的汉字各部分结构要配合适当，掌握好字的重心。字体大小必须匀称，不能忽大忽小。各个字之间不能差距过大，而且在整个记账凭证上、整本账簿的账页上，字距与行距都要保持基本相同，前后协调。

（六）文字要正确，语句通顺

书写摘要时，文字应该按照一定的要求正确地书写，语句要通顺。对所发生的经济业务的记录，一定要正确反映其内容，反映其全过程和结果及金额。

（七）字迹要整洁、清晰

摘要书写的字迹要整洁、工整、清晰。

提示：摘要书写要求字迹清楚，举笔坚定，无模糊不清、潦草的现象。

（八）字迹要美观、流畅

摘要的书写结构要安排合理，书写要熟练、流利、美观、大方。

二、会计文字书写规格

（一）字形

虽然楷体和行书体两种字体笔画有所差异，但其笔画的组合形式（字的结构）是相似的。字的结构要遵循以下规则：

1. 平衡。字形笔画的配置应力求左右平衡，重心居中，达到平衡。上下相同部首组合的字或上下对称的独体字，应上紧下松，使之平稳。

2. 布白均匀。笔画间的空白部分叫“布白”，笔画间或部首间的组合布白应有均匀的感觉。

3. 参差有变。字体的笔画不能机械搭配，应使部首间有机联系，以免呆板，主要表现在部首间笔画能交错者应互相穿插避让，对于重复的笔画要有所变化。

（二）字位

字位，就是指每个字在凭证、账页、表册每行格中的位置。根据会计核算的实际需要和记账规则，会计账务处理中发生差错需要更正时，要用划线更正法。所以，通常每个文字在会计凭证、账簿和报表栏格中的大小，一般以占格高的1/2左右为宜，并落笔在底线上，以备书写错误时留有改错的空间。

提示：会计文字字体宽窄与长短比例要匀称，字型要完全一致，不能满格书写。要注意大小适宜，不要过大，因为字体过大，不仅上下行距紧密，容易形成文字或阿拉伯数字相连接，影响清晰程度；也不宜过小，否则难以辨认；不能过于稠密，否则辨认时也会出现看不清的弊端；字体不能杂乱无章，也不能写得大小不均、参差不齐及有涂改现象。

课后活动考评

- 会计文字书写有哪些规范要求？

模块二　会计科目和会计摘要书写技巧

【任务导入】

会计郭姗努力提高自己对会计业务事项的表达和概括能力，使会计科目摘要与业务真实一致，力求使会计科目摘要的书写标准化、规范化。因为，会计工作在讲究宏观控制的同时，也要重视微观管理，会计科目和会计摘要的编写虽然只是整个会计工作中的一个小环节，但是它却在会计工作向着更加科学化、规范化管理的进程中发挥着极其重要的作用。

会计人员填制会计凭证时要写明经济业务内容、接受原始凭证单位的名称，商品类别、计量单位，会计科目（总账科目和明细科目）及金额大写等；登记会计账簿时，要用文字书写“摘要”栏，即会计事项和据以登账的凭证种类，如“收字”“付字”“转字”或“现收”“现付”“银收”“银付”和“转”字等；编制会计报表时，要撰写会计报告说明、会计分析报告附注等，都要有文字描述和补充说明。所以说，文字书写在会计书写中具有重要作用。

一、会计科目书写

会计科目是对会计要素的具体内容进行分类核算的项目。会计科目按所提供会计信息的详细程度及其统驭关系不同，分为总分类科目和明细分类科目两大类。在书写会计科目时，要遵循以下要求：

1. 在书写会计科目时，必须按会计制度规定的名称、内容和要求填写。

2. 会计科目书写要用全称，凡能明确明细分类科目的，必须填齐；科目之间的对应关系必须清楚。

提示：会计科目要写全称，必须使用会计制度的统一会计科目名称，不得使用简称或符号，不能只用科目代号；不能简化，子目和细目要准确，符合会计制度的规定，不能用表述不清、叙述不准的语句或文字。

课堂活动考评

- 请书写表 1－49 中的会计科目。

表 1－49 **新会计科目表**

一、资产类

顺序号	编号	会计科目名称	会计科目适用范围	顺序号	编号	会计科目名称	会计科目适用范围
1	1001	库存现金		38	1431	周转材料	建造承包商专用
2	1002	银行存款		39	1441	贵金属	银行专用
3	1003	存放中央银行款项	银行专用	40	1442	抵债资产	金融共用
4	1011	存放同业	银行专用	41	1451	损余物资	保险专用
5	1015	其他货币基金		42	1461	存货跌价准备	
6	1021	结算备付金	证券专用	43	1501	待摊费用	
7	1031	存出保证金	金融共用	44	1511	独立账户资产	保险专用
8	1051	拆出资金	金融共用	45	1521	持有至到期投资	
9	1101	交易性金融资产		46	1522	持有至到期投资减值准备	
10	1111	买入返售金融资产	金融共用	47	1523	可供出售金融资产	
11	1121	应收票据		48	1524	长期股权投资	
12	1122	应收账款		49	1525	长期股权投资减值准备	
13	1123	预付账款		50	1526	投资性房地产	
14	1131	应收股利		51	1531	长期应收款	
15	1132	应收利息		52	1541	未实现融资收益	
16	1211	应收保护储金	保险专用	53	1551	存出资本保证金	保险专用
17	1221	应收代位追偿款	保险专用	54	1601	固定资产	
18	1222	应收分保账款	保险专用	55	1602	累计折旧	
19	1223	应收分保未到期责任准备金	保险专用	56	1603	固定资产减值准备	
20	1224	应收分保保险责任准备金	保险专用	57	1604	在建工程	
21	1231	其他应收款		58	1605	工程物资	
22	1241	坏账准备		59	1606	固定资产清理	
23	1251	贴现资产	银行专用	60	1611	融资租赁资产	租赁专用
24	1301	贷款	银行和保险共用	61	1612	未担保余值	租赁专用
25	1302	贷款损失准备	银行和保险共用	62	1621	生产性生物资产	农业专用
26	1311	代理兑付证券	银行和保险共用	63	1622	生产性生物资产累计折旧	农业专用
27	1321	代理业务资产		64	1623	公益性生物资产	农业专用
28	1401	材料采购		65	1631	油气资产	石油天然气开采专用
29	1402	在途物资		66	1632	累计折耗	石油天然气开采专用
30	1403	原材料		67	1701	无形资产	
31	1404	材料成本差异		68	1702	累计摊销	
32	1406	库存商品		69	1703	无形资产减值准备	
33	1407	发出商品		70	1711	商誉	
34	1410	商品进销差价		71	1801	长期待摊费用	
35	1411	委托加工物资		72	1811	递延所得资产	
36	1412	包装物及低值易耗品		73	1901	待处理财产损溢	
37	1421	消耗性生物资产	农业专用				

二、负债类

顺序号	编号	会计科目名称	会计科目适用范围	顺序号	编号	会计科目名称	会计科目适用范围
74	2001	短期借款		92	2261	应付分保账款	保险专用
75	2002	存入保证金	金融共用	93	2311	代理买卖证券款	证券专用
76	2003	拆入资金	金融共用	94	2312	代理承销证券款	证券和银行共用
77	2004	向中央银行借款	银行专用	95	2313	代理兑付证券款	证券和银行共用
78	2011	同业存放	银行专用	96	2314	代理业务负债	
79	2012	吸收存款	银行专用	97	2401	预提费用	
80	2021	贴现负债	银行专用	98	2411	预计负债	
81	2101	交易性金融负债		99	2501	递延收益	
82	2111	卖出回购金融资产款	金融共用	100	2601	长期借款	
83	2201	应付票据		101	2602	长期债券	
84	2202	应付账款		102	2701	未到期责任准备金	保险专用
85	2205	预收账款		103	2702	保险责任准备金	保险专用
86	2211	应付职工薪酬		104	2711	保户储金	保险专用
87	2221	应交税费		105	2721	独立账户负债	保险专用
88	2231	应付股利		106	2801	长期应付款	
89	2232	应付利息		107	2802	未确认融资费用	
90	2241	其他应付款		108	2811	专项应付款	
91	2251	应付保户红利	保险专用	109	2901	递延所得税负债	

三、共同类

顺序号	编号	会计科目名称	会计科目适用范围	顺序号	编号	会计科目名称	会计科目适用范围
110	3001	清算资金往来	银行专用	113	3201	套期工具	
111	3002	外汇买卖	金融共用	114	3202	被套期项目	
112	3101	衍生工具					

四、所有者权益类

顺序号	编号	会计科目名称	会计科目适用范围	顺序号	编号	会计科目名称	会计科目适用范围
115	4001	实收资本		119	4103	本年利润	
116	4002	资本公积		120	4104	利润分配	
117	4101	盈余公积		121	4201	库存股	
118	4102	一般风险准备	金融共用				

五、成本类

顺序号	编号	会计科目名称	会计科目适用范围	顺序号	编号	会计科目名称	会计科目适用范围
122	5001	生产成本		126	5401	工程施工	建造承包商专用
123	5101	制造费用		127	5402	工程结算	建造承包商专用
124	5201	劳务成本		128	5403	机械作业	建造承包商专用
125	5301	研发支出					

六、损益类

顺序号	编号	会计科目名称	会计科目适用范围	顺序号	编号	会计科目名称	会计科目适用范围
129	6001	主营业务收入		146	6411	利息支出	金融共用
130	6011	利息收入	金融共用	147	6421	手续费支出	金融共用
131	6021	手续费收入	金融共用	148	6501	提取未到期责任准备金	保险专用
132	6031	保费收入	保险专用	149	6502	保险责任准备金	保险专用
133	6032	分保费收入	保险专用	150	6511	赔付支出	保险专用
134	6041	租赁收入	租赁专用	151	6521	保户红利支出	保险专用
135	6051	其他业务收入		152	6531	退保金	保险专用
136	6061	汇兑损益	金融专用	153	6541	分出保费	保险专用
137	6101	公允价值变动损益		154	6542	分保费用	保险专用
138	6111	投资收益		155	6601	销售费用	
139	6201	摊回保险责任准备金	保险专用	156	6602	管理费用	
140	6202	摊回赔付支出	保险专用	157	6603	财务费用	
141	6203	摊回分保费用	保险专用	158	6604	勘探费用	
142	6301	营业外收入		159	6701	资产减值损失	
143	6401	主营业务成本		160	6711	营业外支出	
144	6402	其他业务成本		161	6801	所得税	
145	6405	税金及附加		162	6901	以前年度损益调整	

二、会计摘要书写

会计摘要，包括记账凭证摘要、各种账簿和表格的摘要，是指记录经济业务的简要内容，填写时应用简明扼要的文字反映经济业务概况。摘要，顾名思义就是摘录其要点的意思，是在填制会计凭证和账簿记录、书写摘要的过程中，根据发生的经济业务，用较为简洁明了的语句，完成用会计语言来表述经济事项的工作过程，重新再现该项经济业务发生的过程及结果。写好会计摘要是会计人员必须掌握的技能之一，也是会计人员驾驭会计语言的艺术表现。

（一）会计摘要书写的重要性

会计凭证中有关经济业务的内容摘要必须真实，书写规范，才能完整反映经济活动和资金变化的来龙去脉，对加强资金管理、规范会计行为具有重要的意义。

提示：会计摘要是记账的基本内容之一，也是一个会计人员记账的基本功之一。无论是填制记账凭证还是登记账簿，都应对该项经济业务的过程和结果用简洁的语句说明，即“摘要”。摘要，集中体现了会计人员的会计语言，是会计业务的表述形式，要求会计人员高度重视，达到在有限字数内能准确、简明地再现经济业务的目的。写好会计摘要既便于相互对账，又便于外来查账。若摘要过简过繁、详略失当、用词不当，都会对算账、对账带来很大困难，也不利于今后对经济业务的清账、查账及会计监督。

1. 便于自己看账。账是要用来看的。有的人记账凭证上不写摘要，或者账簿上不写摘要；有的人摘要的语言不通顺；有的人书写潦草得别人看不懂，每次自己看账都要翻阅原始凭证，影响工作效率。

2. 便于相互对账。账是要经常核对的，它包括账单核对、账账核对、账表核对等方面。核对时，会发生如科目不对应、数字不相符、金额轧不平等情况。若没有书写摘要或摘要写得不够清楚，每次对账都要通过查看原始凭证才能了解其经济业务的性质，既费时又费力。

3. 便于外来查账。账是要经得起审查的。如果没有摘要，或者摘要不全、摘要叙述不简明扼要，会给查账工作带来困难。

（二）会计摘要书写要求

1. 要以原始凭证为依据。

2. 能正确反映经济业务的内容。

3. 文字少而精，能说明主要问题。

4. 书写字体、字迹与文字书写要求相同，要规范、工整、清晰。

提示：会计文字要以国务院颁布的简化汉字为标准，不要滥造简化字，不要滥用繁体字。书写会计摘要时必须使用蓝、黑墨水或者碳素墨水，不能使用铅笔，也不能用红笔书写。因为用其他墨水记账一般怕湿、怕潮、怕日晒；但银行的复写账簿可使用圆珠笔书写。

（三）会计摘要书写的应用范围

在会计核算中，摘要的应用范围较广泛。凡是需要对经济业务发生及其活动的内容加以简要说明的地方，都可以用摘要的形式加以表达。在记账凭证上摘要应用的频率最高，其次是账簿上的摘要，最后是某些表格上的摘要。

1. 记账凭证上摘要的书写。记账凭证中有关经济业务内容的摘要必须真实。摘要书写是编制记账凭证过程中的一项重要的内容，包括记账凭证的名称、填制日期和记账凭证的编号，经济业务的简要说明，应借应贷的会计账户及金额，原始凭证附件张数，会计主管、审核、填制及记账人员签章。

相关链接

财政部颁布的《会计人员工作规则》中指出：“记账凭证的内容必须具备：填制凭证日期；凭证编号；经济业务内容摘要；会计科目；金额；所附原始凭证张数；填制人员、稽核人员、记账人员、会计主管人员签名或盖章。”登记账簿时，应将会计凭证日期、编号、业务内容摘要、金额和其他有关资料逐项记入账内。做到数字准确、摘要清楚、登记及时。

2. 冲账凭证上摘要的书写。遇有冲转业务，应写明冲转某年、某月、某日、某项业务和凭证号码，不能只写冲转，也不能只写对方账户。记账后的记账凭证发现错误，用红字冲销原错误凭证时的摘要为“注销某月某日某号凭证”，同时，用蓝字编写正确的记账凭证时摘要为“订正某月某日某号凭证”。对只有金额错误的会计分录，在编制调整数字差额凭证时摘要为“调整某月某日某号凭证”。如果所修改的是往年的错误凭证，则在“某月某日”前务必加上“某年”字样。在注销、订正或调整某张错误凭证的同时，应在被修改的记账凭证摘要的下面手工注明“该凭证在某月某日某号凭证已更正”的标记，表示该凭证已被修改完毕。

提示：要求摘要书写能够正确地、完整地反映经济活动和资金变化的来龙去脉，切忌含糊不清。写物要有品名、数量、单价；写事要有过程；银行结算凭证要注明支票号码、去向；送存款项，要注明现金、支票、汇票等。遇有冲转业务，不能只写冲转，应写明冲转某年、某月、某日、某项业务和凭证号码，也不能只写对方账户。

3. 账簿上摘要的书写。账簿上的摘要包括：账簿的名称、填制日期栏、凭证种类号数栏、对经济业务作简要说明的摘要栏、金额栏、总页次和分页次。应依据记账凭证上的摘要填写，其简明程度，以能从账簿上看出经济业务的基本内容为限。

提示：账簿摘要不能过于详细、语言不够干练以至栏内不够书写，有失账面整洁；也不能过于简单，看不出经济业务的基本情况，遇有查询还得查阅会计凭证，更不能画点儿或空白不填。记账凭证和账簿上所填写的摘要文字也和数字一样，不准随意涂改、刀刮、纸贴、药水洗、橡皮擦。填写错误需要更正时，应将错误的文字用红色墨水单线注销，另填写正确的文字，并加盖经办人的印章。

4. 表格上的摘要书写。表格上的摘要就是用简明扼要的文字有针对性地表明数据来龙去脉或增减变化的情况。如“成本计算单”上的摘要等。

总之，会计人员应努力提高自己对会计业务事项的表达和概括能力，力求使摘要的书写标准化和规范化。

提示：不同类型的经济业务填写摘要栏没有固定格式；但同一类型的经济业务填写摘要时，文字表达有章可循。会计人员书写摘要时如能去粗取精，惜墨如金，落笔后就能收到“字字珠玑，以一当十”的表述效果。

三、会计摘要书写规范示例

【实例1－42】有一笔银行存款付款凭证上只记录了：

借：制造费用　　8,000

　　贷：银行存款　　8,000

在该凭证上，由于没有写摘要，其反映经济业务的内容不明确。查账时，因制造费用包括的内容十分广泛，用银行存款支付什么具体用途呢？该凭证无法做到一目了然，只能翻阅所附的原始凭证。

【实例1－43】从银行提取现金80,000元。摘要书写为：“提取现金”（或“提现金备用”“提现”）。

【实例1－44】李华用现金300元购买办公用笔。摘要书写为：“李华购办公用笔”。

【实例1－45】张强借购资料款9,000元。摘要书写为：“张强借购资料款”。

提示：实例1－45的摘要不能书写为“张强借款”，更不能书写为“借款”。

【实例1－46】以银行存款归还流动资金借款100,000元。摘要书写为：“归还借款”。

【实例1－47】向甲公司购入乙材料30,000元，增值税3,900元，款项暂欠。摘要书写为：“购入乙材料，款项暂欠”。

【实例1－48】以现金支付业务招待费2,000元。摘要书写为：“支付业务招待费”。

【实例1－49】李华借5,000元去北京开会，回来报账时，差旅费开支2,500元；会务费开支1,500元；为资料室购图书用去800元；退回余款200元。其摘要按每项经济业务对应的会计分录分别编写为：“李华报销差旅费”；“李华报销会务费”；“李华报销资料费”；“李华退余款”。

【实例1－50】销售给光明公司丙产品50,000元，增值税税率为13%，款项暂欠。摘要书写为:“销售丙产品,款项未收”。

【实例1-51】一车间领用甲材料30,000元,用以生产乙产品。摘要书写为:“一车间生产领用甲材料”(或“生产领料”)。

课堂活动考评

● 根据下列经济业务,在简化记账凭证上书写摘要、会计科目、明细科目以及金额。某企业12月初发生下列业务:

1. 1日厂部张强出差借旅差费3,000元,现金支付。
2. 5日从银行提取现金8,000元备用。
3. 8日接银行通知光明公司汇来前欠货款50,000元,已入账。
4. 12日银行存款支付厂部办公费800元。
5. 15日以存款支付阳光公司货款20,000元。

将上述业务编制简化记账凭证如表1-50所示。

表1-50　记账凭证简化格式

20×1年		凭证字号	摘　要	会计科目	借方金额	贷方金额
月	日					
12	1	现付字1	张强借支差旅费	其他应收款	3,000.00	
				库存现金		3,000.00
	5	银付字1	提现金备用	库存现金	8,000.00	
				银行存款		8,000.00
	8	银收字1	收到光明公司前欠货款	银行存款	50,000.00	
				应收账款		50,000.00
	12	银付字2	支付厂部办公费	管理费用	800.00	
				银行存款		800.00
	15	银付字3	支付前欠阳光公司货款	应付账款	20,000.00	
				银行存款		20,000.00

课后活动考评

根据下列经济业务,请正确书写简化记账凭证内会计科目及摘要栏。

诚挚公司10月发生下列业务:

1. 2日,收到投资人250,000元投资存入银行。
2. 8日,从建设银行取得一项为期五年的长期借款300,000元,已存入银行账户。
3. 10日,从银行提取现金50,000元备用。
4. 12日,从某单位购甲材料60,000元,应收增值税税额为7,800元,材料验收入库,货款未付。
5. 15日,以银行存款归还流动资金借款50,000元。
6. 20日,以现金3,000元直接用于支付上述材料的运输及装卸费用。
7. 23日,用银行存款偿还所欠某供货单位材料款80,000元。
8. 25日,向甲公司销售库存商品价款65,000元,应收增值税税额为8,450元,甲公司以转账支票支付部分货款50,000元,余款暂欠。

9. 26 日，一车间领用甲材料 20,000 元，用以生产 B 产品。

10. 27 日，以存款支付阳光公司货款 45,000 元。

11. 30 日，将现金 70,000 元存入银行。

12. 31 日，职工李华出差预借差旅费 3,000 元，以现金支付。

要求：根据上述经济业务，在简化记账凭证上书写摘要、会计科目、明细科目以及金额（见表 1－51）。

表 1－51 **简化记账凭证**

年		凭证字号	摘　要	会计科目	明细科目	借方金额	贷方金额
月	日						

第二篇
电子计算工具的操作与应用技能

项目三　电子计算工具的操作与应用

项目描述	本项目主要介绍了会计从业工作中应用的电子计算工具的结构和功能的使用方法。通过对本项目的教学和学习，使学生对电子计算工具的基本知识有一个新的认识；掌握电子计算工具的按键指法训练方法以及操作技巧，认识电子计算工具在实际工作中的重要性和培养学生的实际操作水平；通过学习使学生学会电子计算工具的日常操作程序，为今后实际工作打下良好的基础
项目内容	模块一　小键盘数字盲打操作与应用 活动一　小键盘数字盲打指法分工 活动二　小键盘数字盲打操作训练 模块二　电子计算器的操作与应用 活动一　电子计算器的分类与结构 活动二　电子计算器各功能键的按键使用 活动三　电子计算器的指法训练 模块三　电子收银机的操作与应用 活动一　认识电子收银机的基本结构 活动二　电子收银机的基本应用 活动三　电子收银机的操作方法
知识目标	掌握小键盘和计算器数字盲打指法和操作要求 掌握电子收银机的基本结构
能力目标	熟练掌握小键盘和计算器数字盲打操作技巧 熟练掌握电子收银机的操作方法和应用技巧
德育目标	1. 培养学生养成良好的计算机小键盘及计算器操作习惯 2. 培养学生正确合理操作和维护收银机及服务顾客的意识 3. 培养学生良好的会计职业道德修养，养成踏实、认真、细致的职业习惯 4. 培养学生在会计领域的每个岗位上踏实、持之以恒和细致的工作态度
建议学时数	6

模块一　小键盘数字盲打操作与应用

【任务导入】

会计人员基本技能之一——小键盘数字又好又快地盲打。会计工作离不开数字，数字录入又好又快，正确率100%，是做好会计工作的基本条件之一，也是体现会计人员的最重要的职业素养和工作效率之一。因此，练成小键盘数字又好又快地盲打，是衡量会计人员基本素质的重要指标。会计郭姗和出纳员陈静在学校就读时虽然经过小键盘数字盲打专业训练，但是到了新的工作岗位，必须要持之以恒，长期坚持，才能达到理想的效果。

活动一　小键盘数字盲打指法分工

一、认识小键盘的功能

计算机小键盘是计算机使用者向计算机输入数据或命令的最基本的设备。在计算机基础的学习中，首先接触的就是计算机的输入设备——键盘。

常用的计算机键盘如图2－1所示。

图2－1　键盘的组成部分

小键盘区也称为“辅助键盘区”，位于计算机键盘的最右侧，主要用于数字的输入。在会计工作中，通常用小键盘录入翻打传票。小键盘区一共有17个键位，该区的大部分按键具有双重功能：一是代表数字和小数点，即0～9数字，图2－2中小键盘的小数点、加、减、乘、除运算符号及回车确认键；二是代表某种编辑功能，如【↑】、【↓】、【→】、

【←】等功能键。利用该区左上角的 Num Lock（数字锁定键），可在这两种功能之间进行转换。按下这个键，该键的指示灯会亮，这时候小键盘输入的是数字；再按一下这个键，则小键盘只能使用功能键。

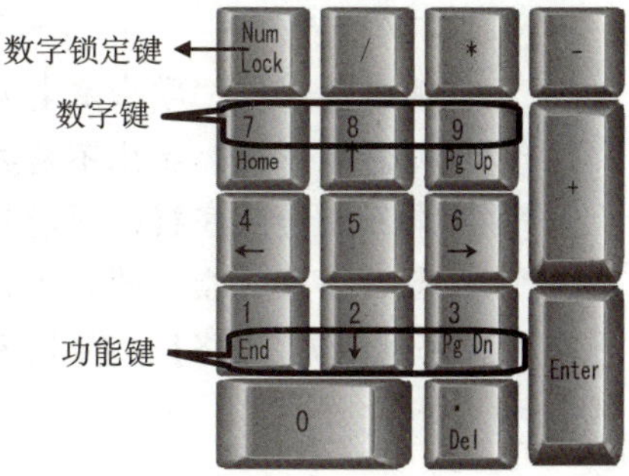

图 2-2 小键盘组成

二、小键盘数字盲打指法分工

小键盘数字盲打，也叫“触觉打字”或称“盲打法”，是指操作者打字时眼睛不看键盘，视线专注于数据和屏幕，让眼、脑、手在键盘上的配合逐渐转化成脑和手的配合，使脑、手的配合形成条件反射，减少眼睛参与键盘操作，在大脑还没印下数字时，手已经潜意识地把数字打出来的操作过程。会计人员在日常工作中通常采用小键盘数字盲打来提高工作效率。这种盲打方法的主要特点是，规定指法和不看键盘打数字，它可以充分发挥操作者手指的触觉能力而不必再用大脑去思考或用眼睛去看键，从而达到准确、快速输入数字的目的。

在小键盘数字盲打过程中，手指在键盘上的位置非常重要。通常将小键盘数字键分为四个大区域，一个手指负责一个区域，一般规定右手的中指、食指、无名指和小指依次放于第三排的【5】、【4】、【6】和【Enter】基准键上。小键盘指法如图 2-3 所示。

图 2-3 小键盘指法

提示：实现数字盲打非一日之功，其前提是实现对键位的记忆。首先，要熟记小键盘每一个数字键位，体会各键位的位置关系，让其在键盘区中的具体键位分布在脑海中形成影像，其次，按步练习，一个手指一个手指地练。初学者只有勤学多练，才能熟能生巧，达到快速掌握数字键位置的目的。

在小键盘上中间的基准数字键【5】上有一个小圆点，用右手中指触摸可以感觉到，和大键盘的定位键【F】、【J】上的圆点一样，【5】上小圆点明显的凸起，使人很容易找到食指的定位点，从而掌握每个手指分管的范围，操作时将右手中指按数字键【5】，食指按数字键【4】，无名指按数字键【6】，然后右手每个手指控制自己的那一竖排数字键，即：

中指主要负责：数字键【5】、【2】、【8】和【/】键；

食指主要负责：数字键【4】、【7】、【1】和【Numlock】键；

无名指主要负责：数字键【6】、【9】、【3】和【*】、【·】键；

小指主要负责：【-】、【+】、【Enter】键；

大拇指主要负责数字键【0】。

右手各指分工如图 2-4 所示。

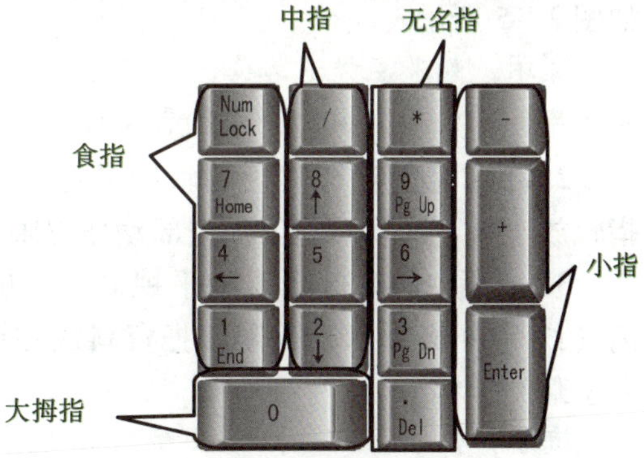

图 2-4 小键盘指法分工

课堂活动考评

- 教师念数字键，学生看着数字键击键，要求指法分工正确。
- 教师念数字键，学生不看数字键击键，要求指法分工正确。
- 同桌互相念数字键，同时不看数字键击键，要求指法分工正确。
- 熟悉数字盲打指法的分工，先熟悉基准键数字键【5】、【4】、【6】和【Enter】键，再熟悉数字键【7】、【8】、【9】和【+】、【-】键，最后熟悉数字键【1】、【2】、【3】、【0】和【·】键。

活动二　小键盘数字盲打操作训练

熟练地操作小键盘是使用计算机的最基本的技能之一，也是财经商贸专业学生必须具备的技能。

一、小键盘数字操作要求

1. 坐姿要正确。正确的姿势可以提高数字键盘录入的准确率和速度。对于初学者来说，养成良好的打字姿势很重要。

2. 指法分工正确。熟练掌握正确的指法分工可以提高盲打速度，是小键盘技能操作的重要一环。

3. 击键方法正确。击键声音清脆，速度均匀，有节奏感。正确的击键方法可以提高数字录入的准确性。

二、小键盘数字盲打姿势

对于初学者来说，首先是姿势要正确，正确的姿势是掌握小键盘数字盲打技能的前提。正确的姿势是：

1. 坐姿要端正，背腰部挺直紧贴椅子，两臂自然下垂，两肘贴于腋边，眼睛处于平视的状态。小臂与手腕略向上倾斜，将双脚平放与胳膊平行，大腿与手臂方向保持一致，保持手、手腕、手肘一条直线，身体与小键盘的距离以两肩刚好放在基准键上为准。正确的坐姿如图 2－5 所示。

提示：如果姿势不正确，不但影响盲打的速度，而且还容易造成身体疲劳，从而影响数字盲打录入的质量。

图 2－5

2. 手掌悬空且与键盘的斜度平行，手指略弯曲，自然下垂，手指轻放于规定的基准键上，全部动作仅限于手指部分。

3. 屏幕中心略低于眼睛平视高度，屏幕离眼睛以一个手臂的距离（约 50～60 厘米）为限。把资料放在键盘左边，输入数据时可用左手翻阅资料。

提示：数字录入时，不要半躺半坐，不要歪歪斜斜；眼观数据时，身体不要跟着倾斜。

三、小键盘数字盲打指法要点

数字录入速度的关键在于盲打，盲打的关键在于正确的指法。初学者只要严格按照指法训练，就会很快掌握盲打技术，大大提高数据的录入速度。

1. 严格遵守指法的规定。明确手指分工，各司其职，有条不紊，养成正确的打字习惯。手指在键盘上合理分工，可以实现对键盘快速、准确的敲击。

提示：要求右手手指像一个团队，分工明确，各守岗位，不要错位，不要越俎代庖。如不按指法要点操作会造成指法混乱，影响盲打速度和正确率的提高。

2. 以基准数字键为中心，右手手指分别对应相应数字的键位，这是每个手指的定位和归宿，既便于操作，又便于记忆。

3. 手指抬起指尖轻触键盘，击键时手掌上下浮动带动手指敲击数字键位。只有要击键的手指才可伸出击键，击键后手指立即回到基准键位置，不可停留在已击过的键上。

提示：指尖抬起幅度不要过大，约在 1 厘米以内。

四、小键盘数字盲打操作要领

掌握了正确的姿势后，还要掌握正确的盲打操作要领，击键要做到“轻”“快”“准”。

1. “轻”：击键时，动作要有弹性，手指尖垂直对准键位轻轻准确敲击键位。第一步，先将右手手指轻放在相应的基准数字键【5】、【4】、【6】上，开始进行击键训练；第二步，然后延展敲击其他数字键，每一次击键完毕后，中指、食指、无名指都要迅速回到基准数字键【5】、【4】、【6】上，再开始新的输入。

2. “快”：击键时要以指尖击键，瞬间发力，并快速反弹，用力要适度，节奏要均匀。

提示：切不可用手指压键或用力过猛，也不要把指、腕压到键盘和键盘托架及桌面上，否则不仅影响击键速度，而且会损坏键盘。

3. “准”：手指击键要正确，要击中各键中间位置，直到不用眼看就能准确地找准数字键位，最终做到盲打。

提示：初练时可以看着键盘来练习，当练到熟悉键盘后，逐步达到不看数字键就能准确击键。击键的速度要均匀，用力要轻，放开要快，不能操之过急，应循序渐进，先准后快，做到眼到、手到、心到。整个过程要轻、快、准，动作连贯，一气呵成，最终实现盲打。

五、掌握握笔的技巧

盲打录入结束后，要书写计算结果。书写速度的快慢直接影响盲打录入的速度。为减少取放笔的次数，快速书写结果，正确的握笔方法是把笔横压在右手拇指与手掌之间，使笔与手掌平行，笔杆上端伸出虎口并露出 1/3，笔尖露在外侧。

课堂活动考评

- 请按下列要求进行左、中、右排的键盘训练：

（1）竖中排键练习：首先是从基准数字键【5】到数字键【2】和【8】，逐个指头击键 5 次，然后用拇指击【0】键，寻找指法和手感，揣摩击键的方法。

（2）竖左排键练习：首先是从基准数字键【4】到数字键【1】和【7】，逐个指头击键

3 次，然后用拇指击【0】键，寻找指法和手感，揣摩击键的方法。进行竖左排键的练习前，一定要掌握竖中排键的击键方法，并按照竖中排键的击键练习步骤进行。

（3）竖右排键练习：首先是从基准数字键【6】到数字键【3】和【9】，逐个指头击键5 次，然后用拇指击【0】键，寻找指法和手感，揣摩击键的方法。竖右排键的练习方法与竖左排键的练习相同，在竖中排键的基础上进行。

最后，可以进行混合三排键练习，寻找正确的键位。

- 跳跃式击键方式练习。

（1）按照跳跃式击键方式击键，把手指按照指法分工放在正确的数字键位上，有意识地慢慢记忆各数字键的位置，体会不同数字键位被敲击时手指的感觉。

（2）按照跳跃式击键方式进行看打或听打（听事先设置的数字键位录音）数字键位练习，要求击键准确，击键频率在每分钟200 键次以上，逐步养成不看键盘进行敲击数字键位的习惯。

- 请按下列要求进行小键盘竖式数字盲打指法训练：

（1）中指训练数字键【5】、【2】、【8】：528 +528 +… +528 先连加 10 次后再连减 10 次，得出答案为 0。

（2）食指训练数字键【4】、【1】、【7】：417 +417 +… +417 先连加 10 次后再连减 10 次，得出答案为 0。

（3）无名指训练数字键【6】、【3】、【9】：639 +639 +… +639 先连加 10 次后再连减 10 次，得出答案为 0。

- 请按以下要求进行小键盘横排数字盲打指法训练：

中指训练数字键【5】、【2】、【8】，食指训练数字键【4】、【1】、【7】，无名指训练数字键【6】、【3】、【9】：546,213,879 +546,213,879 +… +546,213,879，先连加 10 次后再连减 10 次，得出答案为 0。

- 请按下列要求进行小键盘混合数字盲打指法训练：

（1）数字键【5】、【1】、【3】、【7】、【9】指法分工：中指训练数字键【5】、食指训练数字键【1】、无名指训练数字键【3】、食指训练数字键【7】、无名指训练数字键【9】：51,379 +51,379 +… +51,379 先连加 10 次后再连减 10 次，得出答案为 0。

（2）数字键【4】、【6】、【2】、【8】、【0】指法分工：食指训练数字键【4】、无名指训练数字键【6】、中指训练数字键【2】、中指训练数字键【8】、拇指训练数字键【0】：46,280 +46,280 +… +46,280 先连加 10 次后再连减 10 次，得出答案为 0。

模块二　电子计算器的操作与应用

【任务导入】

在货币结算过程中，出纳员陈静经常要使用台式计算器计算结果，在开出票据或收付现金时，要求出纳人员熟练使用计算器，做到既快又准。

活动一　电子计算器的分类与结构

一、计算器的分类

常见的计算器主要有四类：

1. 简单型计算器。又称“算术型计算器”，可进行加、减、乘、除、开方等简单的四则运算。

2. 科学型计算器。又称“函数计算器”，除了具有普通计算器的功能外，还增加了许多函数和统计计算功能，具有初等函数、排列、组合、概率、统计等运算功能。

3. 专用型计算器。目前这类计算器主要是供财会人员使用的计算器，可做加、减、乘、除四则运算，百分比计算等，有的还附加一些其他的功能，如日历、报时等。

4. 程序型计算器。可以编制程序，把比较复杂的运算步骤储存起来，进行多次重复的运算。

目前，学生使用与训练的大多数为简单型计算器，这种计算器结构简单，操作方便。

二、简单型计算器的结构

简单型计算器一般由显示屏、功能键、内存、运算器四部分组成。

1. 显示屏：在计算器的表面，显示屏显示从功能键输入的数据及运算结果，一般为液晶显示。

2. 功能键：在计算器的表面，是计算器的主要外部设置，功能键用来输入计算指令和需要计算的各种数据。

3. 内存：在计算器的内部，是计算器的仓库，用来存放指令和各种数据，以及运算器送来的各种运算结果。

4. 运算器：在计算器的内部，是计算器的运算装置，是对数据信息进行加工和处理的部件，其主要功能就是在控制器的控制下，完成各种运算。简单型计算器的结构如图 2 - 6 所示。

图 2 - 6

简单型计算器的优点主要有精度高，显示有效数字可达 12 位；计算准确，完全可以满足一般日常计算需求；价格低；体积小；操作简单，只要理解每个键的功能，正确操作按键，就可以进行计算；工作可靠，在正常情况下，可使用上千小时不出故障。简单型计算器的缺点是对环境和温度相当敏感，损坏后不容易修复等。

课堂活动考评

- 1. 常见的计算器主要有哪几类？
- 2. 简单型计算器的结构由哪几个部分组成？

活动二　电子计算器各功能键的按键使用

电子计算器按键包括数字键、符号键和功能键。各键在使用中起着不同的作用，这里介绍最常用的按键。

【ON/C】：开启键和清除屏幕键。按下此键即接通电源，如果在操作中按下此键则可删除记忆外的所有输入。

【AC】或【CA】：清除计算器内存所有内容，按下此键存储器和总存储器内容均被清除。

【OFF】：关闭电源键。

【M+】：记忆加法键。可以加上屏幕上的数字并存储在计算器中。

【M−】：记忆减法键。可以减去屏幕上的数字并存储在计算器中。

【MR】：累计显示键。可调出由【M+】或【M−】键存入的数据。

【MC】：清除存储器键。按下此键储存器内的内容均被清除。

【CE】：清除错误键。按下此键屏幕上输入的数字均被删除。

【GT】：汇总键。按下【=】或【%】键，结果会累计在总和中，按下一次可显示总和，如果连续按下两次，可清除总和。

【↑5/4↓】：位数形态选择键。“5/4”表示四舍五入键；“↑”无条件进位数；“↓”无条件舍去数。

【F 4 3 2 0 A】：小数位数选择键。“4、3、2、0”表示小数以下取 4 位、3 位、2 位、0 位数；“F”表示满档，计算时按实际数据如实输入；“A”表示小数已自动设定为两位数。

提示：不同类型的电子计算器，其计算功能是不同的，即使是同类型的电子计算器，不同的生产厂家、品种和型号等，其外部结构、功能键的多少、称谓、分布与位置等也不尽相同。因此，我们对自己使用的电子计算器各功能键的了解，应以该计算器的说明书为准。

课堂活动考评

- 熟悉电子计算器各按键的功能与使用。

活动三　电子计算器的指法训练

养成良好的指法习惯，对提高准确率和速度很有帮助。要想快速提高录入水平，需要通过刻苦的训练才能达到。计算器进行录入时，手指在键盘上的位置非常重要，在录入时要注意指法的运用，所谓指法就是将计算器键盘的各个键位固定分配给五个手指。

为了方便有效地使用键盘，通常将计算器功能键分为四个区域，每个手指负责一个区域：右手的食指、中指、无名指和小指依次放于第三排【4】、【5】、【6】、【+】基准键上，当准备操作小键盘时，手指应轻轻放在相应的基准键上，敲击完其他按键后，也应立即回复到指定的基准按键上，如图 2－7 所示。

图 2－7

一、熟悉电子计算器指法的基本要领

（一）握笔运算

握笔的习惯对于提高运算速度非常关键，直接影响到运算的进程。正确的握笔方法是：把笔横压在右手拇指与手掌之间，使笔与手掌平行，笔杆上端伸出虎口并露出 1/3，笔尖露在外侧。这样执笔对于击键特别有利，而且便于书写计算结果，减少了取放笔的次数，避免时间浪费。正确握笔姿势如图 2－8 所示。

（二）置数

认清位数，眼看资料，手不停地连续敲击。要求分节看数、分节敲数，置数时要做到“看数不看键”。例如：4,682、513＋730、962＋18、409＋5,294、176，其中 4,682 为第一组，以后的 513、730、962、18、409、5,294、176 分别为一组。

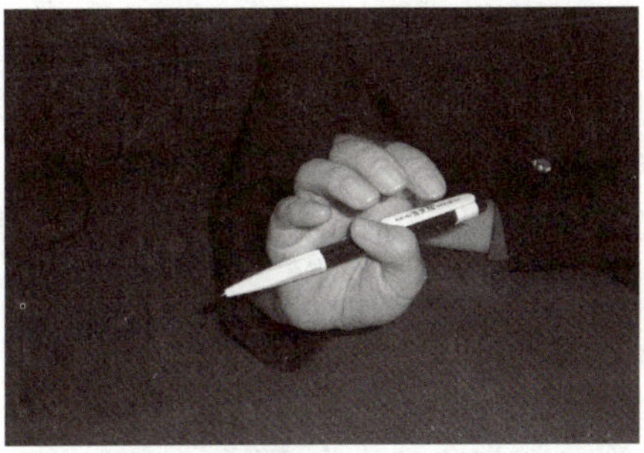

图 2－8

（三）正确的指法

在计算器录入练习中，正确的坐姿、标准的指法是提高计算器数据录入最根本的基础，所以在初学及训练中必须严格要求，养成良好的习惯。

标准的计算器在【5】上应有一个凸出的圆点，是计算器的核心键位，练习时就应以此为核心向其他键位延伸。

提示：练习指法时，抓住【4】、【5】、【6】三个键位，逐渐向【1】、【2】、【3】、【7】、【8】、【9】、【0】、【00】键延伸。通过一定时间的练习，可以循序渐进地掌握计算器的基本指法，进而为盲打创造条件。

（四）书写答案

眼看显示屏，手不停地将答案从高位到低位逐位抄下来，概括为“看屏不看键”。

（五）清屏

清屏是指当末位数据键入完成后，即刻按动 0，做到清 0、书写同时完成。

二、掌握电子计算器的按键指法

要提高使用电子计算器的速度，必须运用规范、正确的指法。操作计算器通常使用食指、中指、无名指和小指，一般不使用拇指，拇指用来握笔。手指的分工通常根据电子计算器的现状和各个键的具体位置排列而定，其中，大多数电子计算器用于加减乘除运算的基本键位是大同小异的。电子计算器运算手指分工如图 2－9 所示。

1. 食指：负责【0】、【1】、【4】、【7】这四个键。

2. 中指：负责【00】、【2】、【5】、【8】这四个键。

3. 无名指：负责【·】、【3】、【6】、【9】这四个键。

4. 小指或无名指：负责【+】、【-】、【×】、【÷】、【=】等键，如有需要，可由食指负责【AC】、【+/_】、【→】等这些键。

在击键之前或使用运算键之后，右手食指、中指、无名指应分别定位在【4】、【5】、【6】三个键上面。

提示：在击键中，右手的位置有两种方式：一是右手腕悬空，操作时手掌上下移动；二是右手（腕）掌尾放在桌面上，靠手指的移动来完成操作。用什么方式根据自身身体条件而定。

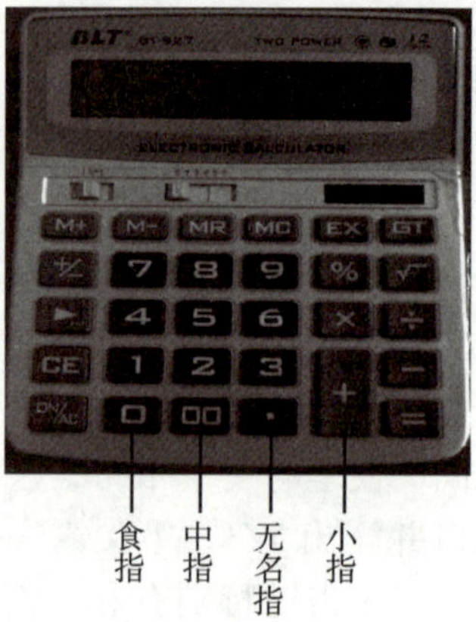

图 2－9

5. 基本键位练习。

第一阶段：将中指放在【5】键上，其余手指放在相应的基本键上，然后在原地不停地敲击数字键和符号键，如 5、5、5、5，8、8、8、8，1、1、1、1，0、0、0、0，+、+、+、+，×、×、×、×，=、=、=、=，ON/C、ON/C……

第二阶段：手指在相邻和不相邻的几个键位上连续敲击，进一步加深键位印象，如 546、879、213、147、852、963、321、456、789、258、741、000、+、-、×、÷、=……

第三阶段：全盘练习。

（1）常数法练习：如 26,785 +26,785 +26,785 +26,785 +… +26,785（10 次）=267,850

（2）核对珠算练习题。

提示：在电子计算器的运算过程中，若输入不合规则的数字和指令或超出计算器使用范围，屏幕上就会显示符号“E”，表示输入错误或溢出，例如：输入数字位数超过 12 位时，屏幕上会显示符号“E”，这就是差错溢出。

三、计算器的指法训练

要提高录入速度，需要从基础做起，按照正确的指法进行训练，这就需要学生尽快熟悉键盘，最终能做到盲打，达到这个目标需要通过各种练习和刻苦训练来完成，以下介绍几种练习方法，可以帮助学生较快地熟悉键盘。

训练一：打百子。借助珠算中的打百子，从 1 +2 +3 +4 +… +99 +100，答案是 5050。

训练二：减百子。先输入 5050，然后用 500 依次 1 -2 -3 -4 -… -99 -100，最后得 0。

训练三：把 123456789 连加 9 次，和为 1,111,111,101，随后再逐笔减 123456789 直到为 0。

训练四：把 1234567890 连加 9 次，和为 11,111,111,010，随后再逐笔减 1234567890，直到为 0。

训练五：把 9876543210 连加 9 次，和为 88,888,888,890，随后再逐笔减 9876543210，直到为 0。

提示：

- 初练时，可先看着功能键练习，练习几遍后，可试着不看功能键，也可以看着屏幕输入；
- 练习速度要由慢而快，速度要均匀，应做到每练习一段时间要比前次有进步；
- 以上练习必须要多练、苦练，持之以恒，才能达到良好的效果。

四、电子计算器应用实例

（一）加减乘除单项运算

此类运算直接按算式顺序输入即可。

【实例2－1】 13＋9＝22

操作顺序：ON/C，13，＋，9，＝

显示结果：22

【实例2－2】 25×4＝100

操作顺序：ON/C，25，×，4，＝

显示结果：100

（二）加减乘除混合运算

此类运算需考虑运算顺序。

【实例2－3】 15＋7×6＝57

操作顺序：ON/C，7，×，6，＋，15，＝

显示结果：57

【实例2－4】 7×（14－5）＝63

操作顺序：ON/C，14，－，5，×，7，＝

显示结果：63

（三）方根运算

【实例2－5】 $\sqrt{7}$＝8.485281374

操作顺序：ON/C，7，$\sqrt{\ }$

显示结果：8.485281374

（四）幂的运算

【实例2－6】 22.5^3＝11,390.625

操作顺序：ON/C，22.5，×，＝，＝

显示结果：11,390.625

（五）百分比运算

【实例2－7】 320×46%＝147.2

操作顺序：ON/C，320，×，46，%

显示结果：147.2

（六）累计与存储类计算

【实例2－8】 利用存储功能将下列三个算式的计算结果累计起来：

35＋68＝103，18×7＝126，－84÷14＝－6

操作顺序：ON/C，35，＋，68，M＋显示结果：M 103

18，×，7，M＋显示结果：M 126

84，÷，14，M－显示结果：M 6

MRC　　　　显示结果：223

（七）改错

【实例2－9】 在计算132＋42＝174时，误将42看作24输入，但在输入“＝”前发现了错误。则

操作顺序：ON/C，132，+，24，CE，42，=

显示结果：174

课堂活动考评

- 简单电子计算器的功能键有哪些？如何使用？
- 用电子计算器计算下列各题：

(1) 52 + 13 = (2) 65 - 12 = (3) 56 × 18 =

(4) 65 ÷ 13 = (5) 25 + 19 - 8.7 = (6) 35 × 3 ÷ 2 =

(7) 12 + 3 × 18 = (8) 7 ×（63 - 15）= (9) 43 × 25% =

(10)（12 + 15）×（34 + 28）= (11) 7 ×（32 - 6）=

(12) 累计 85 + 32 = 117，56 × 45 = 2520，-78 ÷ 13 = -6 的计算结果。

模块三　电子收银机的操作与应用

【任务导入】

电子收银机是收银工作系统的一部分。收银工作系统是指以电子收银机、条码扫描器和后台计算机为主要设备，从事收银及营销管理的一种电子信息工作系统。目前，各主要零售业的收银工作系统均采用先进的 POS 系统。POS 系统的主要构件是电子收银机、收款软件和后台计算机三部分，其中收银机作为前台工具，是收银工作系统中必不可少的重要组成部分，也是收银员直接面对的工作平台。因此，要成为一名合格的收银员，必须熟练掌握收银机的操作程序。

活动一　认识电子收银机的基本结构

目前，市场上销售和使用的收银机的品牌、型号虽然很多，但其结构、原理和使用方法大致相同。其中，小型、普通的收银机结构较简单，通常为一体机，而 POS 收银机的结构相对较为复杂一些。POS 收银机的结构主要由电子器件和机械部件两类部件组成。常见电子收银机如图 2 - 10 所示。

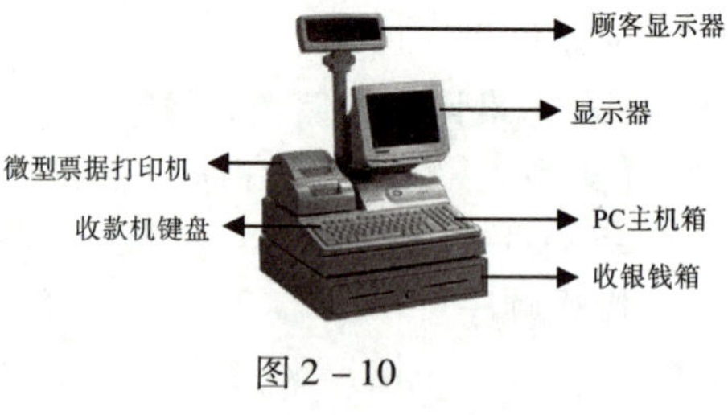

图 2 - 10

一、收银机的组成

收银机由条形码阅读器和电子收款机组成。其中电子收款机包括收款机键盘、顾客显示器、微型票据打印机、PC 主机箱、显示器、收银钱箱 6 个部分。

1. PC 主机：它是 PC—POS 收银机的核心部分，主要由主板（中央数据处理器）、存储器（存储信息、数据、程序）两部分构成。

2. 显示器：显示器是 POS 收银机的信息输出设备，POS 收银机配有两个显示器：主显示器和顾客显示器。主显示器即计算大屏幕，主要用于显示商品交易和商品管理信息，是收银员工作的视频窗口（旗杆型的可以 360°旋转）。顾客显示器面向顾客，用于显示所有交易信息和收款时显示交易价格、金额等现场数据。

3. 收银机键盘：收银机键盘是电子收银机的信息输入和功能操作设备，用于输入商品编码、各种数据以及收银机各功能键的操作。收银机键盘有别于一般的计算机键盘，主要功能键与普通键盘不一样。不同类型的电子收银机，其键盘的组成格式、键位及功能各不相同。POS 收银机的键盘为可编程键盘，出厂时所有键位内容均是空白的，可以根据用户的需要，用软件进行设定。

4. 电子钱箱：电子钱箱是一个独立的小钱柜，用于放置收银员所收的货币资金，配有电子锁，可与电子收银机相连接。在收银机键盘上，电子钱箱一般由总计 / 收款键连接控制，按下此键后电子钱箱自动打开，箱内分成若干小方格，以方便钞票按不同的面额和币种存放，钱箱内配有夹子将所放钞票加紧。

5. 顾客显示器：面向顾客显示交易的商品品名、价格、总额等信息的仪器。一般可以旋转，通常顾客显示器最多可显示两排字符，显示语种有英文、中文、拼音，处于收款状态的显示字体颜色通常有绿色、红色、黄色等，但没有商品录入之前，顾客显示器没有任何显示。

录入商品之后，顾客显示器应该显示商品数量及单价。在按“总计”键以后，顾客显示器上显示商品总价。在输入顾客所付现金并按“现金”以后，顾客显示器显示找零金额。在关闭状态，顾客显示器上显示“欢迎光临”。

6. 微型票据打印机：微型票据打印机属于电子收银机的打印交易文字票据的信息输出机器设备，用于打印销售清单、销售发票和管理存根；通常每一台主机配置两台打印机，同时自动打印票据，一份留底、一份给顾客，或一台打印机打印一式两份的票据。

打印机打印的票据内容通常有店名、时间、交易号、收银机号码、商品品名、数量、单价、总价、商品编码或商品条码以及收款金额、找零金额等。将销售清单固定在打印机送纸器上，按“进纸”键，打印机自动进纸，打印机停止进纸后，连击“进纸”键几次，将纸上好。一般有针式和热敏式两种，如图 2－11 所示。

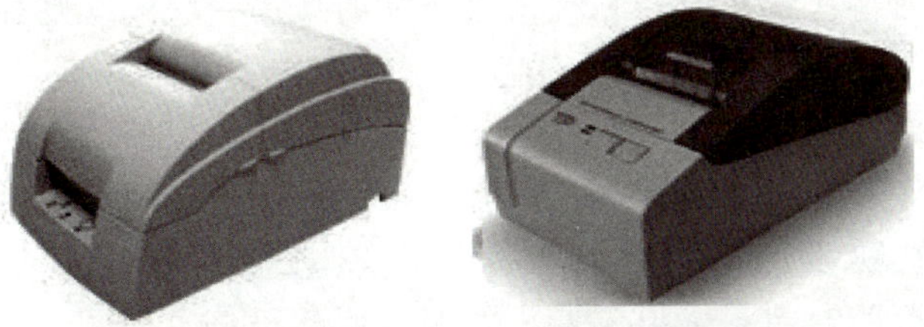

(a) 针式票据打印机　　(b) 热敏式票据打印机

图 2－11　票据打印机样式

7. 条形码阅读器：亦称“扫描枪”，是进行商品扫描的机器，其主要类型有：笔形条形码阅读器、CCD 条形码阅读器、激光枪条形码阅读器、固定式条形码阅读器等。其中固定式条形码阅读器因分辨率高、扫描速度快、寿命长等优点广泛被商场使用。便携式 CCD 条形码阅读器、激光枪条形码阅读器工作距离较大，使用自由，小型超市多首选使用。条形码阅读器如图 2－12 所示。

图 2－12

8. 外部设备接口：用于连接电子收银机的各种外部设备，主要有 COM1－COM6，LPT1，RJ11，RJ45 网卡口，条形码扫描器接口，电子钱箱接口等。

二、电子收银机的外部设备

随着现代电子技术的发展，电子收银机的附件设备逐渐增多，常见的外部设备主要有：

1. 打印机。电子收银机除内置打印机外，还可以连接外置打印。如票据打印机、条码打印秤、条码打印机等。

2. 条码扫描仪。是条形码的读入装置，从外观上可分为四种，即笔式、手持式、台式、卡式；按光源可分为两种，即红外光扫描器和激光扫描器。

3. 磁卡读写器。是一种磁记录信号的读入或写入装置，用于将信用卡记录的信息读入收银机。

此外，还有电子秤、调制解调器或网卡、后备电源、通信联网接口等外部设备。电子收银机的外部设备如图 2－13 所示。

(a)条码打印秤　(b)条码打印机　(c)条码扫描枪　(d)磁卡读写器

图 2－13　电子收银机的外部设备

相关链接

商品条码又称“商品条形码”，是指由一组粗细不同、平行相邻、黑白或彩色相间的条纹组成，并按一定规则排列的特殊符号。商品条形码是一种商品识别标记，是供光电识别设备（条码扫描器等）向计算机输入数据的代码。它包含商品的生产国名、制造厂商、产地、名称、销售价格、生产日期等一系列信息，商品条码一般印在商品包装上，或将其制成条码标签附在商品上，对于小批量产品来说，条形码也可以印在不干胶上张贴。商品条码的代码是按照国际物品编码协会（EAN）统一规定的规则编制的，分为标准码和缩短码两种。标准版的商品条码由代表 13 位数字码的条形码符号组成，简称 EAN—13 码；缩短版的商品条码由代表 8 位数字的条码符号组成，简称 EAN—8 码。我国于 1988 年 12 月成立了“中国物品编码中心”，1991 年 4 月正式申请加入了国际编码组织 EAN 协会。

利用条码扫描销售是零售企业的另一种销售方式。当带有条码符号所表示的信息录入到电子收银机时，收银机可迅速从数据库中查找出该商品的名称、价格等信息，经过数据处理，计算出销售金额，打印出销售清单或发票，并记录每一笔销售情况。这种销售方式主要适用于实行封闭式售货的超级市场、连锁超市等条码扫描商店。

课堂活动考评

- POS 收银机的基本结构是怎样的？每一部分各有什么用途？

活动二 电子收银机的基本应用

目前，电子收银机广泛应用于商业领域，品种、类型也日渐增多，不同类型的收银机的软件管理系统各不相同，但都具有最基本的功能及应用，本教材在此只介绍其共性的功能，具体的应用，将在以后的实际工作中学习与掌握。

一、电子收银机的基本功能

电子收银机的基本功能是接受条形码阅读器输入的条形码，根据条形码在收款机内存中的商品数据库找到该商品的相关内容，如品名、单价等，并计算本次销售的实际总额，完成收款、找零等工作，然后银箱打开收入货款，打印一式两份的销售小票，并根据具体情况处理事先已设置的各种促销功能：折扣、折让、改错、取消、支票、退还货等功能，收银结束后将销售情报通过网络传递到后台电脑中心主机，并自动进行库存的处理，打印收银的功能报表。

二、收银键盘的基本功能键

1. 查询键：查询商品的价格。

2. 磅秤键：对商品进行称重时使用。

3. 回车键：用来确认各类操作。

4. 数量键：收银员直接录入商品条码时，收款机默认的数量为“1”，当录入的商品数量多于“1”的时候，要在录入商品条码之前敲入商品数量，然后按“数量”键，再录入商品条码或货号。

5. 重复上次键：“重复上次”键用来重复上一次的销售。例如：收银员录入 5 个“可口可乐”，此时按“重复上次”键，收款机将再增加 5 个可口可乐（“重复上次”键只能在销售过程中使用，并且重复上一次的操作）。

6. 小计键：使用“小计”键可以在顾客显示器上显示已经录入收款机的商品价值总计。

7. 取消键：“取消”键取消一次操作。如：取消商品总计等功能键。取消商品：收款过程中，收银员如果取消某一个已经录入的商品时，按“取消商品”键（收款机提示：“请选择取消的商品或按取消键”），再用“向上一行”“向下一行”“向上翻页”“向下翻页”四个键，选择所要取消的商品，并按“取消商品”键，收款机提示：“是否要取消商品（Y/N）”。确定取消此商品时按“回车”确认键，反之按“取消”键。

8. 清除键：“清除”键主要清除输入错误，前提是在没有按“回车”确认键之前。如收银员把“39”错输为“29”，在没有按“回车”确认键之前，按“清除”键可以把“29”清除掉。

9. 总计键：此键只在结账时使用。

10. 向上翻页键、向下翻页键、向上一行键、向下一行键：这4个键都用来切换选项。

11. 现金键：如果用现金方式付款，应先输入顾客所付现金金额，再按“现金”键。

12. 礼券键：用礼券支付，直接按“礼券”键，不需要输入应付现金金额。

13. 支票键：用支票支付，直接按“支票”键，不需要输入应付现金金额。

14. 银行卡/信用卡键：用银行卡/信用卡支付，直接按“银行卡/信用卡”键，不需要输入应付现金金额。

15. 上岗键：上岗时使用的键。

16. 下岗键：下岗时使用的键。

不同类型的电子收银机，其键盘的组成格式、键位及功能各不相同。POS收银机的键盘为可编程键盘，出厂时所有键位内容均是空白的，可以根据用户的需要，用软件进行设定。因此本教材只对常用的基本功能键予以介绍，具体应用时，需根据具体情况进行学习与掌握。

课堂活动考评

- 教师组织学生在实训室收银机上进行收银基本操作训练。

活动三　电子收银机的操作方法

电子收银机的操作方法主要分为营业前、营业中和营业后几个操作步骤。由于不同类型、不同品牌的电子收银机的键盘、键数、键位及按键功能等不尽相同，因此，我们仅介绍收银机的常规操作方法。

一、营业前的操作活动

1. 确认电子收银机的电源是否正常；
2. 检查电子收银机、读卡器、扫描枪等设备状况是否正常；
3. 检查打印机纸是否充足；
4. 查看系统日期是否正确。

二、掌握营业过程中收银的基本操作规程

下面以常用的POS软件操作系统为例来介绍电子收银机的一般常用的操作程序和方法。

（一）一般业务的操作程序和方法

步骤一：开机。与一般计算机的开机方法相同。

步骤二：收银员注册。进入POS系统，输入收银员工号和密码，进入操作界面。如图2－14所示。

步骤三：扫描或录入商品包装上的条形码和商品数量。如果顾客每种商品仅购入一个，则输入商品条码后，直接按回车键进入下一个商品的输入。如图2－15所示。

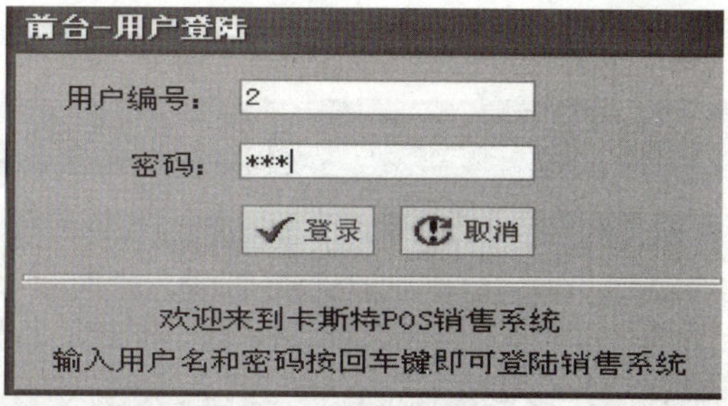

图 2－14

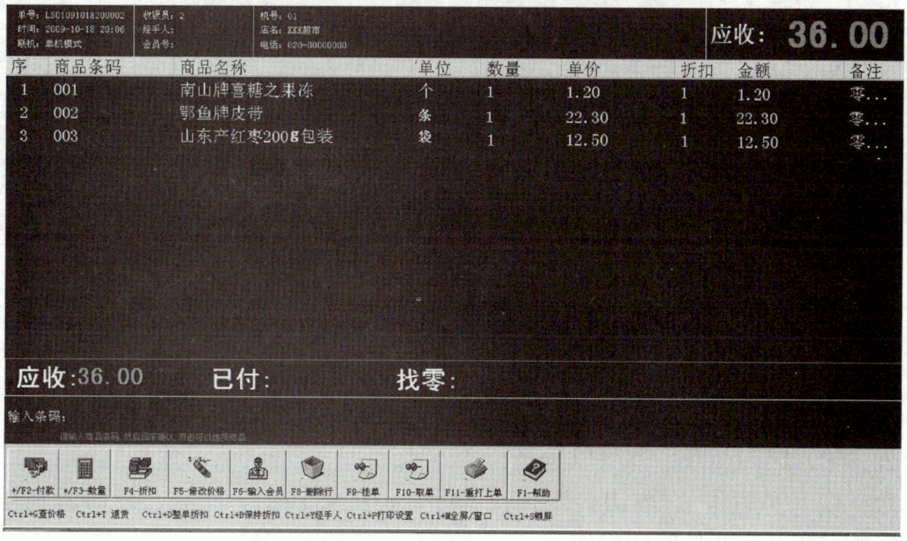

图 2－15

如果顾客购入多个同一商品，则可先扫条形码，然后按“＊”键，并输入商品的数量，按下“确定”键。如图 2－16 所示。

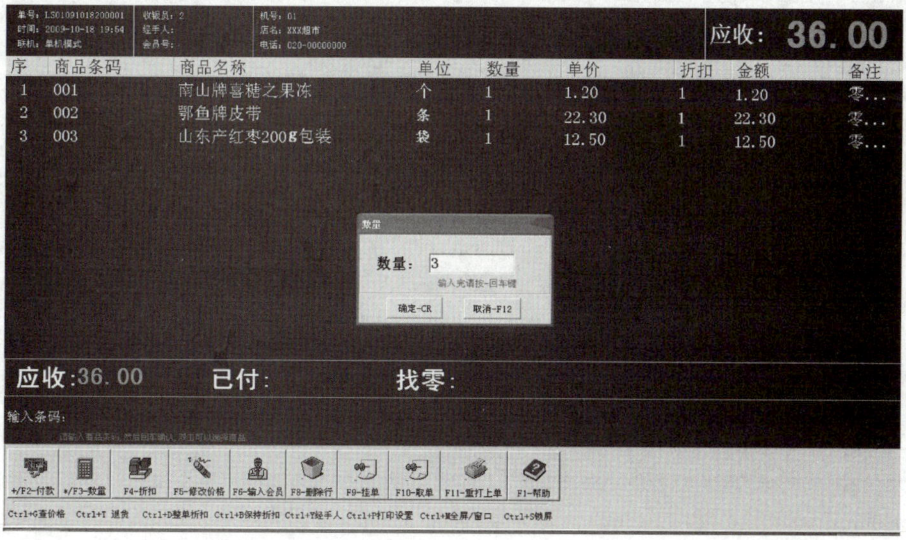

图 2－16

步骤四：按下“结账”键，屏幕上弹出一个小屏幕显示应收金额。如图 2－17 所示。

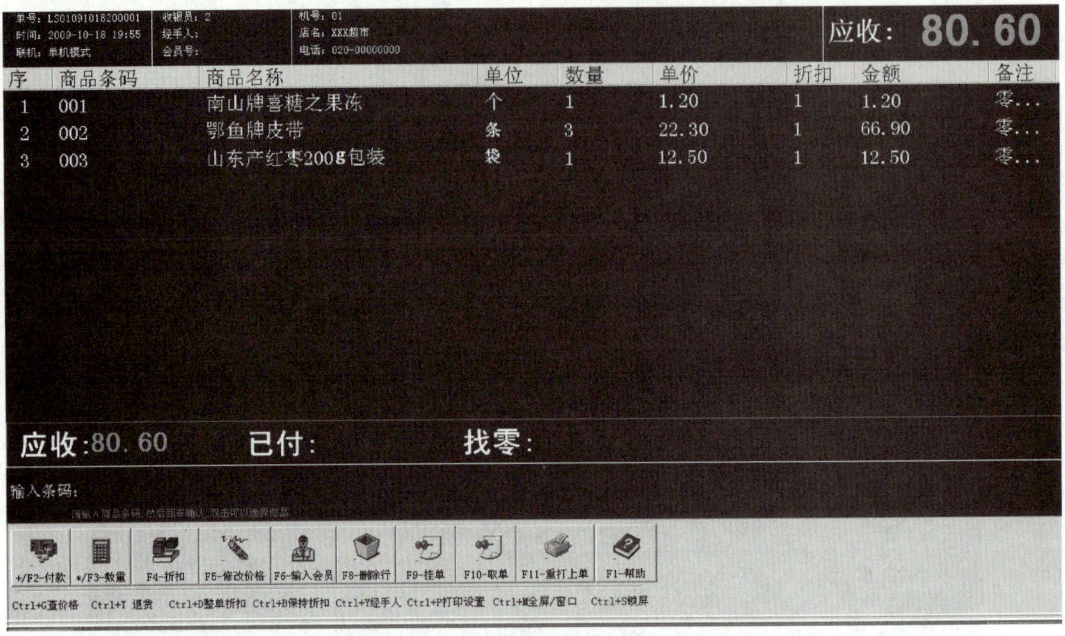

图 2－17

步骤五：输入已付金额，并可以选择付款方式。

步骤六：按下“确认”，弹出钱箱，找补零钱，关闭钱箱。此刻，界面回到初始状态，如图 2－18 所示，又可开始新的操作。

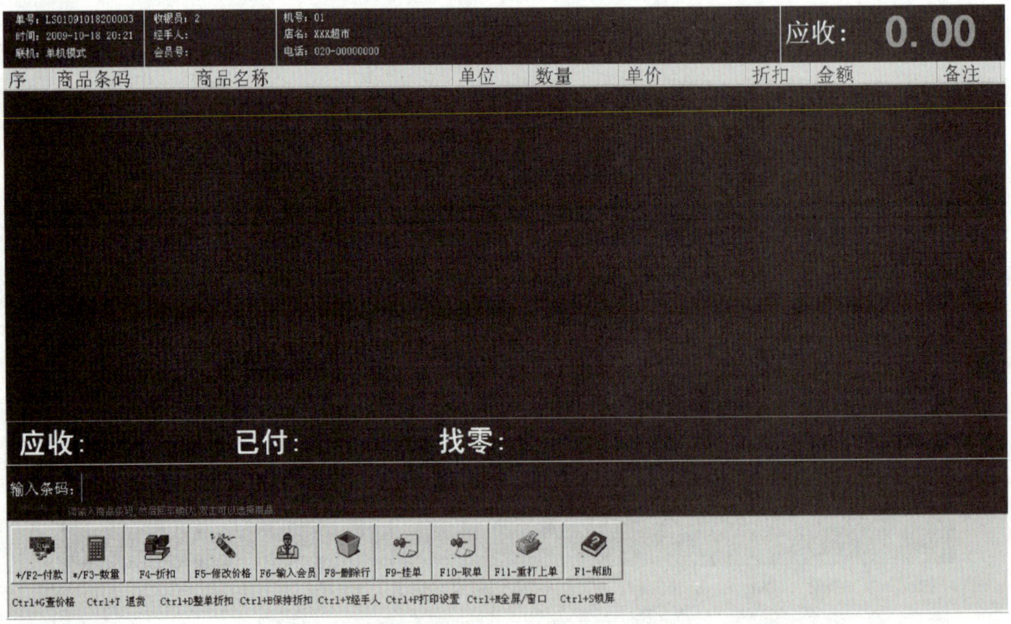

图 2－18

（二）特殊业务的操作方法

1. 退货业务。

步骤一：按下“退货”键，会弹出一个小屏幕，如图 2－19 所示，输入退货信息。

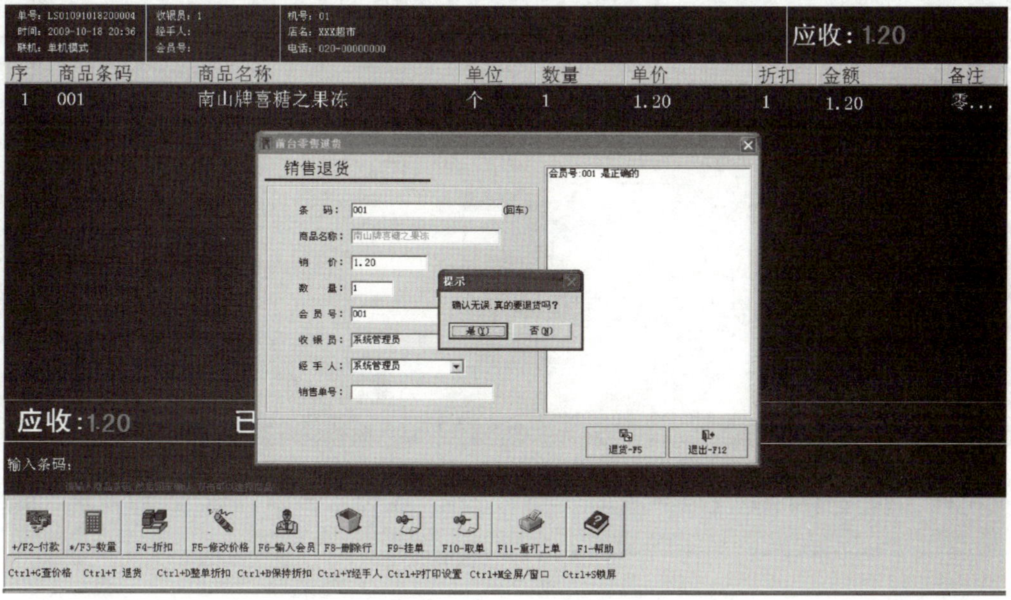

图 2－19

步骤二：按下“退货”键，屏幕会出现一个对话框，按下“是”按键，屏幕显示退货成功，如图 2－20 所示。

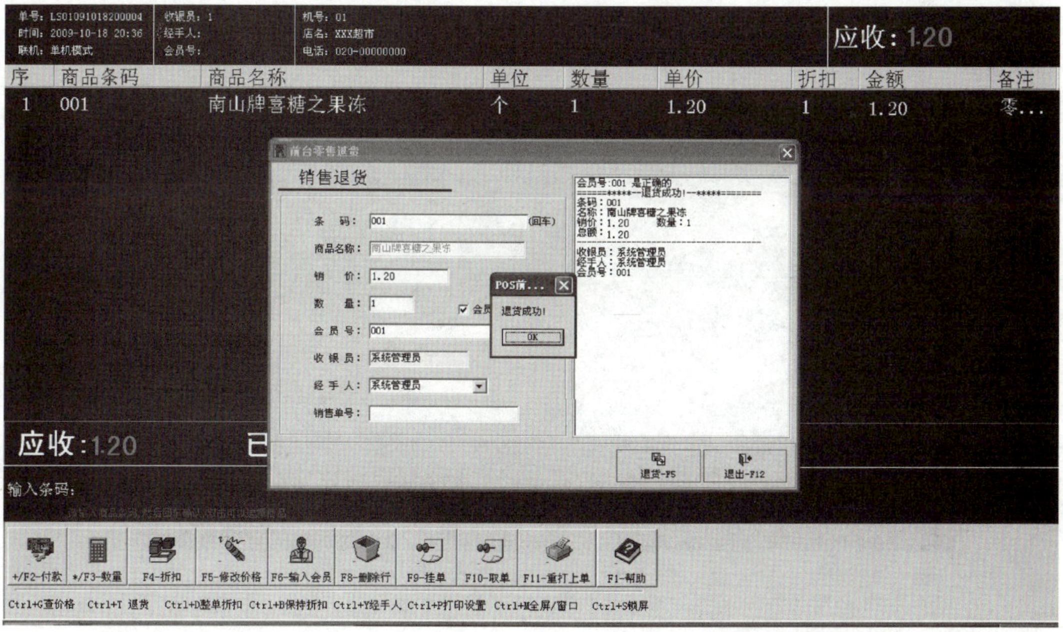

图 2－20

步骤三：点击“OK”键，屏幕会出现退货信息，如图 2－21 所示。

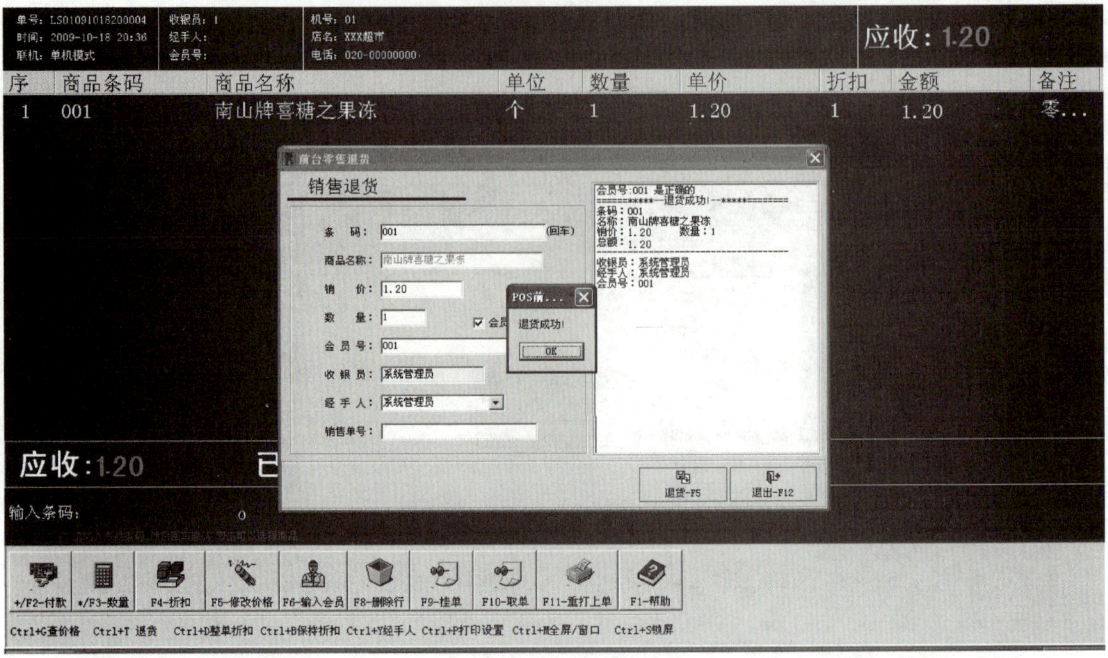

图 2－21

2. 暂停业务。当前交易尚未结束，收银员因故暂时离开，可按“锁屏”键，此时屏幕显示锁定中，收银员再次进行收银操作时，直接输入密码即可解除锁屏。

3. 挂起业务。顾客在支付货款时，经常会改变主意，要调换已选择的商品或补购一些商品，这时，收银员可以将正在进行的收银操作作收银挂账，待顾客重新选好商品后进行解挂，继续完成整笔收银工作。

步骤一：按下“挂单”键，如图 2－22 所示。

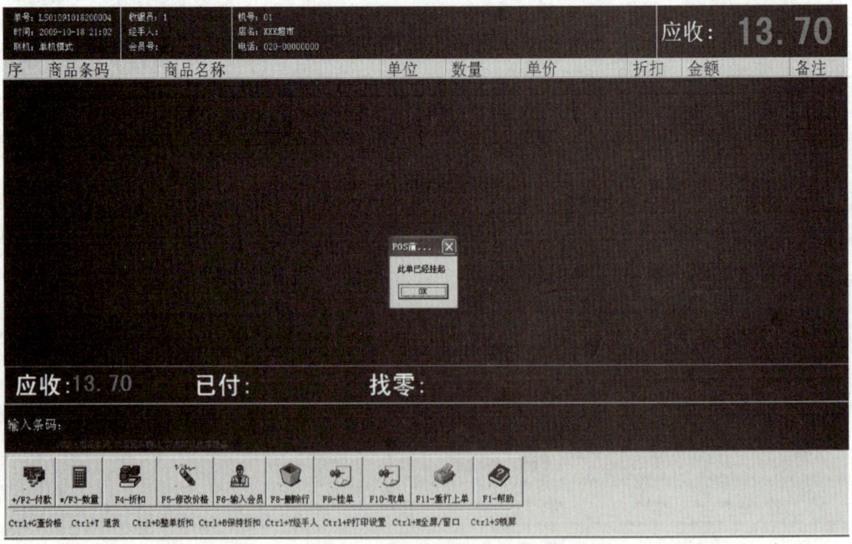

图 2－22

步骤二：需解单时，点击“OK”，按下“取单”键。

步骤三：点击选中键，挂单前的信息又出现在屏幕上（见图 2－23）。

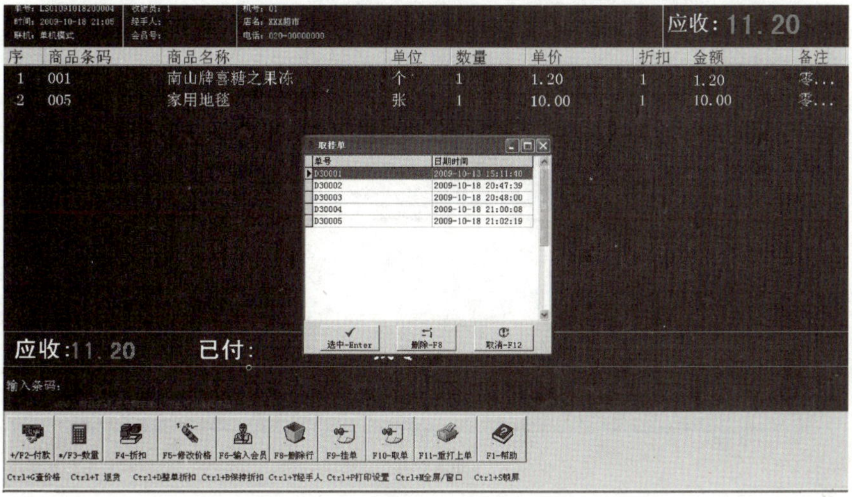

图 2－23

此外，特殊业务还有优惠、折扣、修改价格等，这里不再一一介绍，只需按操作指示就可顺利完成。

三、日终业务的处理活动

1. 打印日报表。收银员在每日工作结束后，按“打印”键，可调出日终业务报表屏幕，进行打印（见图 2－24）。

图 2－24

2. 退出系统。按关闭键，结束操作。屏幕显示如图 2－25 所示。

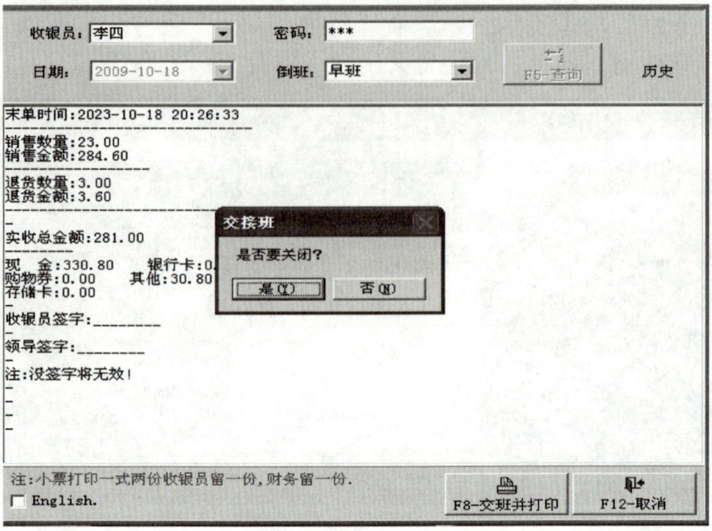

图 2－25

课堂活动考评

● 在学习和进行电子收银机模拟收银训练后，教师可组织学生到百货商场、超市，进行电子收银机的操作实习。

第三篇

点钞与验钞操作技能

项目四　点钞与鉴别人民币真伪技术

项目描述	本项目主要介绍了单指和多指点钞方法和机器点钞法的操作要点以及人民币真伪的鉴别方法。通过对本项目的教学和学习，使学生了解单指和多指点钞的工序和基本要领，认识掌握点钞技能的重要性；了解人民币的基本知识和特征，培养学生对假钞的鉴别能力，从而提高对货币的反假意识；了解手工点钞与整理的基本要领，并熟练掌握钞票的捆扎方法和学会几种较常见的手工点钞法
项目内容	模块一　点钞操作技巧 活动一　点钞操作工序及基本要求 活动二　钞票的整理与捆扎方法 活动三　手工点钞操作技巧 活动四　机器点钞操作技能 模块二　人民币真伪鉴别技巧 活动一　鉴别人民币真伪的方法 活动二　第五套人民币的防伪特征
知识目标	掌握点钞的工序和基本要求 掌握有关人民币的基本知识 掌握机器点钞法的操作要点
能力目标	掌握手工点钞的常用方法及技巧 掌握钞票的捆扎方法 掌握鉴别人民币真伪的技巧
德育目标	1. 培养学生耐心、细致、快捷、高效的工作作风和严肃认真的工作态度 2. 培养学生树立会计意识，提升严谨认真、准确规范、诚实守信的职业道德素质，以及精打细算、当家理财的主人翁意识 3. 培养学生职业道德观念，增强自我保护和假币辨别能力，提高自觉抵制假币的意识和觉悟，维护人民币信誉 4. 培养学生的诚信品质、敬业精神和责任意识、遵纪守法意识，爱护人民币的高尚道德情操 5. 君子爱财，取之有道。树立正确的人生观、价值观和消费观 6. 培养学生健全的人格，既能够使学生具备会计领域相应的职业能力和职业岗位能力，又能够适应职业变化和技术进步，促进学生的全面发展 7. 培养学生手脑快速反应、手脑协调和不断超越自我的能力，激发学生为集体争光的积极性
建议学时数	18

模块一　点钞操作技巧

【任务导入】

点钞是出纳人员必须掌握的一项基本业务技能，一般分为手工点钞和机器点钞两种方法。出纳人员整点票币时，不仅要做到点数准确无误，还必须对损伤票币、伪造币及变造币进行挑拣和处理，保证点钞的质量和速度。为了提高自身的点钞技术水平，出纳员陈静除了在学校就读时掌握的手工点钞和票币整点方法外，还应掌握对损伤票币、伪造币及变造币进行挑拣和处理的方法，只有这样才能在工作中得心应手，顺利完成工作任务。

活动一　点钞操作工序及基本要求

据了解，目前超市收银员的点钞水平要求单指单张达到 30 秒内点 100 张；银行职员的点钞水平要求单指单张速度达到 10 秒内点 100 张；多指多张要求达到 8 秒内点 100 张。因此，同学们在掌握了点钞要领后，要通过刻苦练习，使自己的点钞水平达到用人单位的要求。

那么，如何掌握点钞技术呢？俗话说："万丈高楼平地起。"让我们先从点钞的工序和基本要求开始吧。

一、点钞的工序

一般将点钞的工序分为拆把、点数、墩齐、扎把、盖章五个环节。

1. 拆把。成把清点钞票时，首先应将封条拆掉（封条可脱去，保持原样；也可将封条用手指勾断），然后把钞票按不同点钞方法的要求放在手中，做好点数的准备。如果清点的是零散钞票，则将钞票进行清理并墩齐。

> **小贴士**
>
> 什么叫"把"：一般在点钞时，相同面值的钞票点够了 100 张后，要用封条将这 100 张现钞扎成一小捆，称为"一把"。

2. 点数。即清点钞票的数量。它是点钞的关键，运用规范的指法，在清点中要做到手中点数，脑中记数，既快又准地点出 100 张钞票，同时还要将残损币和假币挑选出来。

3. 墩齐。清点完 100 张钞票后，将钞票四面边端墩齐，不露头或不呈梯形错开，卷角的钞票应拉平，然后持钞作扎把准备。

4. 扎把。把清点准确的100张钞票墩齐后，用扎钞条在钞票中间扎好；不足百张的钞票则将扎钞条捆扎在钞票一端的1/3处，并将张数、金额写在扎钞条正面。

5. 盖章。盖章是点钞程序的最后一环。在钞把侧面扎条上加盖点钞人员的印章，以明确责任；成捆钞票在顶端十字结上加贴封签，并加盖捆扎人员名章，盖章要清晰可见。

二、点钞的基本要求

要想练好点钞技能，特别是手工点钞技术，需做到：指法准确，准确率高，速度快。为了使点钞达到“快”“准”“好”的要求，练就过硬的点钞本领，需达到以下八点基本要求：

（一）坐姿端正

不正确的坐姿会使点钞时肌肉紧张，动作生硬，不协调，增加劳动强度，会直接影响点钞技术的发挥和提高。正确的坐姿应该是身体坐直，两脚平踏地面，全身肌肉放松，双肘自然放在桌上，持票的左手腕接触桌面，右手腕稍微抬起。

（二）用品定位

点钞时用的笔、印泥、图章、海绵缸、点钞纸、点钞机、捆扎条等根据自己平常工作习惯，按固定位置放好，以便点钞时使用顺手。例如：将未清点的钞票放在左侧，将海绵缸放在中间，捆扎条放在右侧上部，点完的款项放在右侧。这样摆放紧凑，方位得当，距离适宜，便于操作。

（三）开扇均匀

手工点钞时，手持式点钞和扇面点钞都需要把钞票打成扇面或微扇面，使钞票均匀错开，便于清点。特别是扇面点钞法，开扇是一个重要环节，扇开得匀不匀，决定着点钞准不准（见图3－1）。

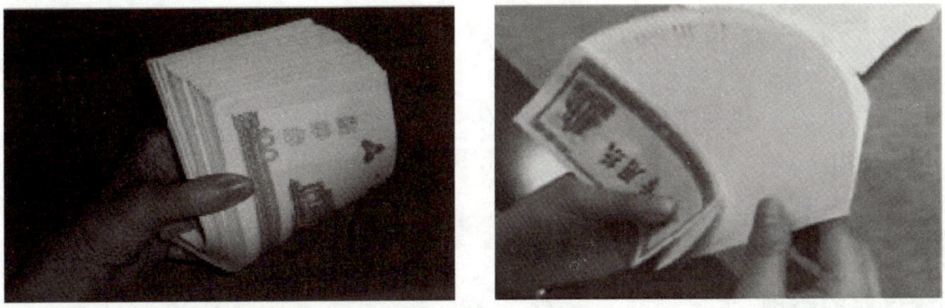

图3－1 钞票开扇均匀

（四）点数准确

清点和计数准确是点钞的基本要求，点数的关键是一个“准”字。点数不准确不仅影响日常工作质量，而且会造成损失。点数时必须集中精神，双手点钞，眼睛看钞，脑子计数，手、脑、眼三位一体，协调配合，这样才能达到点数准确的目的。

（五）钞票墩齐

点数前把钞票墩齐，点完一把钞票后，也要把钞票墩齐才能扎把。

（六）扎把牢固

钞票应尽量捆扎牢固，以不散把、抽不出票为准（见图3－2）。扎小把时，将第一张钞票轻轻向上方捏拉，以抽不出票为标准。扎大把（十把为一大把）时，应按“井”字形捆扎大把，以用力推不变形，抽不出钞票为准。

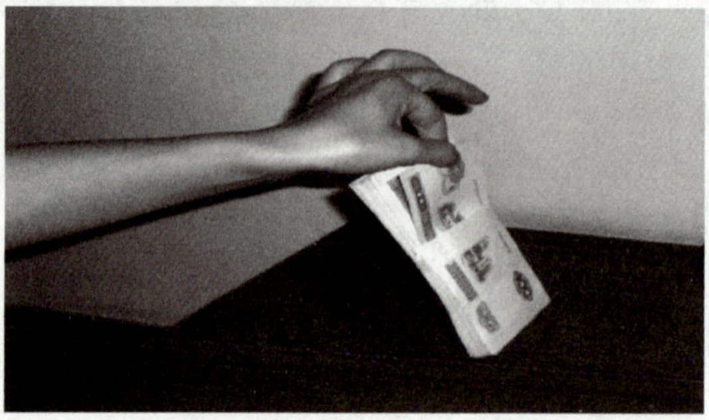

图 3－2

（七）盖章清晰

扎条上的盖章是分清责任的标志。钞票整点后都要盖章，图章要清晰可辨，不能模糊。

（八）动作连贯

动作连贯是保证点钞质量和提高效率的必要条件。它包括两方面的内容：一是点钞过程的每个环节必须紧密配合，环环相扣，如点完 100 张钞票后，将钞票墩齐的同时左手持票，右手取腰条（捆扎条）随即左手的钞票跟上去迅速扎好把，在左手放钞票的同时，右手取另一把钞票等，这就是扎把与持钞的连续性；二是清点时动作要连贯，双手动作要协调，清点速度要均匀，切忌忽快忽慢。

课堂活动考评

- 点钞有哪些工序和基本要求？
- 正确摆放点钞用品，以点钞时顺手为准，一经确定，不要轻易改动。

活动二　钞票的整理与捆扎方法

一、钞票的整理

（一）清点前的整理

钞票清点前先按类别（券别）分类，然后挑剔出残损券，最后将断裂券粘好。挑剔损伤券时，按中国人民银行的有关标准办理，凡属以下标准之一者均应挑出，作损伤票币处理：

1. 票面缺少一块，损及行名、花边、字头号码、图徽者；
2. 裂口超过纸幅的 1/3 或票面裂口损及花边图案者；
3. 纸质较旧，四周或中间有裂缝，或票面断开又粘补者；
4. 油渍、墨渍造成票面污染的面积较大，或涂写字迹过多，妨碍票面整洁者；
5. 票面变色，严重影响图案清晰者；
6. 硬币破损、穿孔、变形或磨损、氧化、腐蚀损坏部分花纹者。

（二）清点完的整理

在按完整券和损伤券分别清点并同时进行真伪鉴别后，在捆扎前的整理操作要点是：将券角拉平，钞票墩齐，然后用专用扎钞条捆扎牢固。

> **小贴士**
>
> 点钞过程若发现混有损伤券，就将这一组拨下，并牢记已点的数字，以左手保持钞票现状，用右手将损伤券向内向下折叠，使折叠面露出一端，再继续拨张动作。待一把点完后抽出损伤券，随即补足与抽出数等量的完整券。

二、钞票的捆扎方法

捆扎技术是纸币清点中的一个重要环节，捆扎速度的快慢直接影响点钞的整体速度。

（一）捆扎要求

捆扎纸币要求每百张为一把，用扎钞专用纸条在钞票中间扎好，不足百张的则把扎钞条捆扎在钞票一端的1/3处，并将张数、金额写在扎钞纸条上面。

凡经过整点的现金必须在钞把侧面扎钞条上加盖经办人员名章；每十把扎一大捆时，钞票用细绳以“井”字形扎为一捆，做到用力推不变形、抽不出票为准，并在顶端加贴封签，加盖捆扎人员名章。

（二）扎把方法

钞票的捆扎方法主要是扎把，扎把是手工点钞的操作程序之一，常用的扎把方法主要有缠绕式捆扎法（缠绕式折掖法）和扭结式捆扎法。

1. 缠绕式捆扎法（缠绕式折掖法）。临柜收款多采用此方法，需要使用牛皮纸扎钞条。其具体操作如下：

（1）将清点过的100张钞票墩齐，钞票正面向内横立，左手从钞票左侧握着钞票，左手拇指在正面，其余四指捏在钞票的背面，然后拇指向外、四指向内用力，将票面压成瓦形（瓦状的幅度影响扎钞的松紧，在捆扎中幅度不能变）（见图3-3）。

（2）左手食指放在钞票的上边缘，将钞票从中间拨开一条缝（见图3-4）。

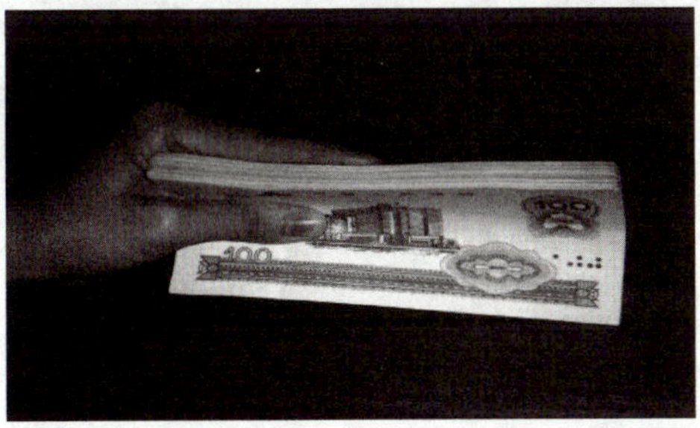

图3-3

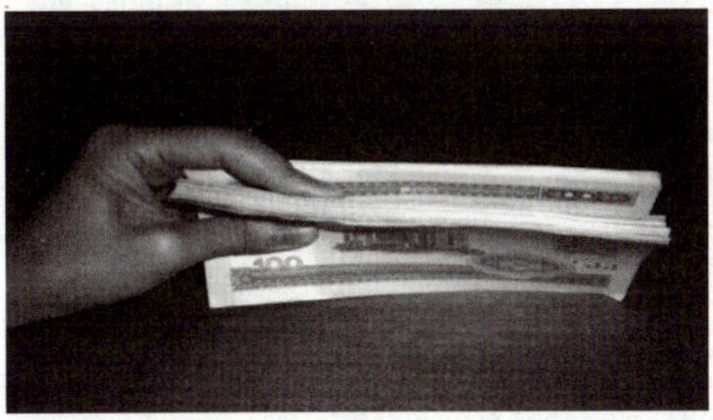

图3-4

（3）右手将扎钞条的一端夹在钞票中间，右手拇指、食指、中指捏住扎钞条由内向外缠绕1~2圈（见图3-5）。

（4）当扎钞条缠绕至钞票厚度转角处时，右手拇指、食指、中指压住扎钞条，沿钞票边缘向右折 90 度（见图 3 –6）。

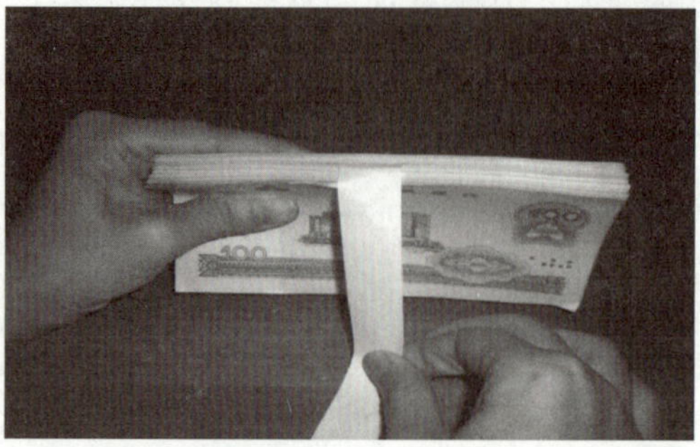

图 3 –5

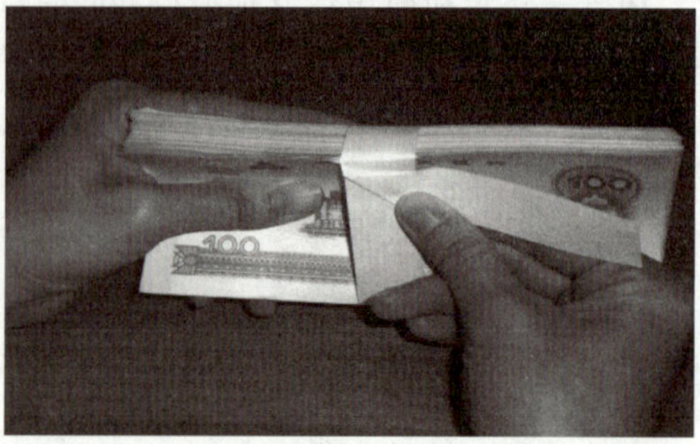

图 3 –6

（5）将扎钞条头绕扎钞条转两圈打结即可（见图 3 –7）。

（6）图 3 –8 为完成后的效果图。

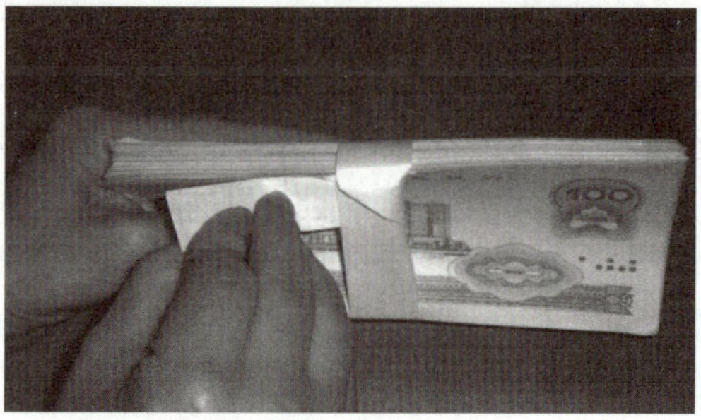

图 3 –7

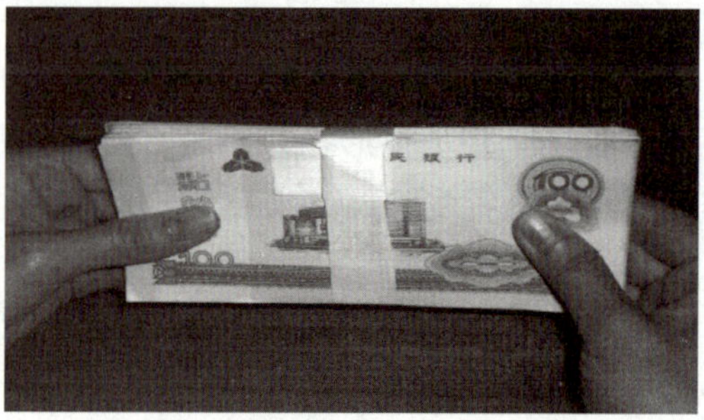

图 3 –8

2. 扭结式捆扎法。考核、比赛多采用此方法，需要使用韧性较好的绵纸扎钞条。其具体操作方法如下：

（1）与缠绕式捆扎法握钞姿势相同。

（2）右手将扎钞条从钞票背面放置，将两扎钞条头绕到正面，左手食指按住扎钞条与钞票厚度交界处（见图 3 –9）。

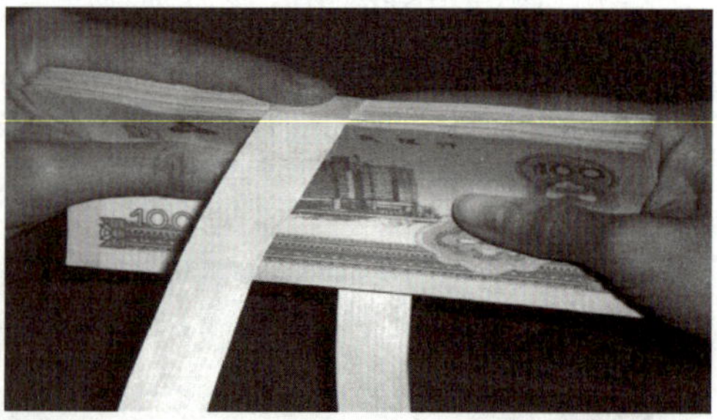

图 3 –9

（3）右手拇指和食指夹住一端扎钞条，中指和无名指夹住另一端扎钞条，将两端扎钞条合在一起（见图 3 –10）。

（4）右手顺时针旋转 180 度，同时左手逆时针旋转 180 度，将两扎钞条头扭结在一起（见图 3 –11）。

（5）将拇指和食指夹住的那一头从扎钞条与钞票之间绕过打结（见图 3 –12）。

（6）图 3 –13 为完成后的效果图。

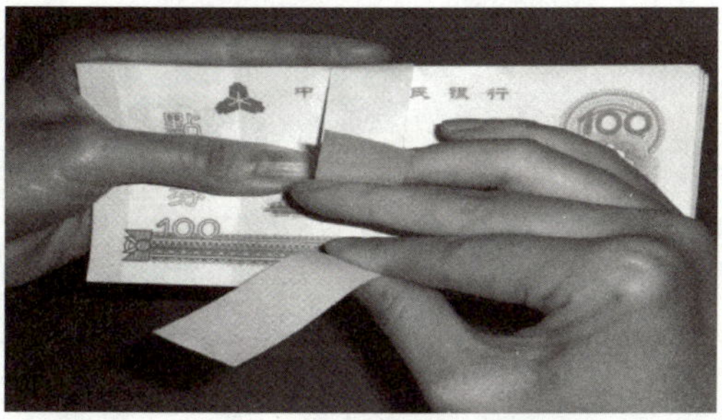

图 3－10

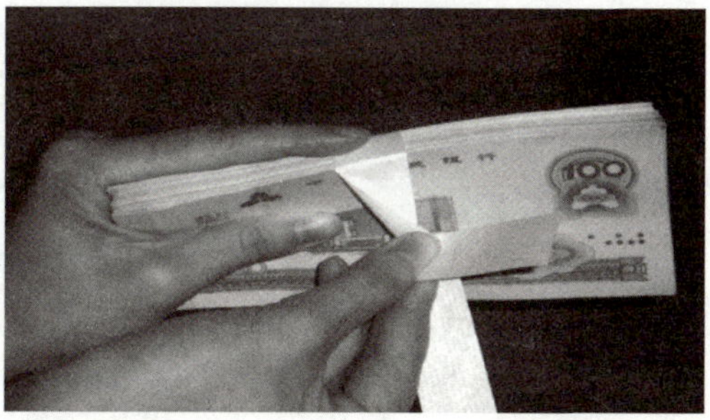

图 3－11

图 3－12

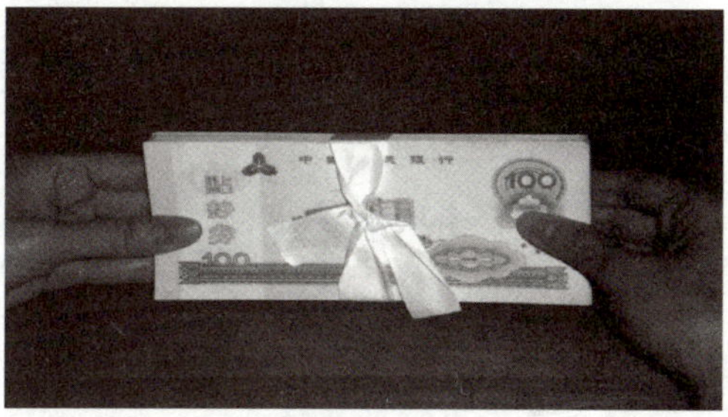

图 3－13

小贴士

扎把是点钞的一道重要环节，既要扎得快，又要扎得紧。一般以每 2 秒扎一把为快，成把后最上面一张用手自然抽起抽不出为紧。

课堂活动考评

- 钞票的捆扎要求有哪些？
- 按扎把的两种方法进行扎把练习。经过一定时间练习后，可分组进行扎把测试。测试时，可以扎把速度和扎把后的效果两方面作为评判标准（注：扎把速度标准：5 秒扎一把为合格；3 秒扎一把为良好；2 秒扎一把为优秀）。

知识链接

四大银行最强点钞冠军团同台 PK

中国四大银行点钞冠军团，神乎其神，卓敏静和李莉双双打破 30 秒蒙眼手工点钞 178 张吉尼斯世界纪录。

在《挑战不可能》节目中，来自四大银行的最强点钞冠军团来到现场，向 30 秒蒙眼手工点钞吉尼斯世界纪录发起挑战。他们是：中国工商银行浙江分行第 16 届业务技能比赛手工点钞冠军卓敏静；中国农业银行常州分行第 17 届业务比赛单指单张冠军毛弘历、中国银行陕西分行十大技术状元赛“手工单指单张点钞业务技术状元”李莉；第八届“中国银行杯”银行业务职工技能比赛中国建设银行单指单张点钞比赛第一名张芹。

首先，进行 30 秒蒙眼手工点钞，他们手法娴熟，如行云流水；动作令人眼花缭乱，目不暇接，叹为观止，这让我们对他们仰慕不已。

经过激烈角逐，卓敏静和李莉分别点出 202 张和 191 张的好成绩。卓敏静创造了一个全新吉尼斯世界纪录，成为世界上 30 秒蒙眼手工点钞最快的人。紧接着，毛弘历又创造了 3 分钟蒙眼手工点钞 882 张吉尼斯世界纪录。

多年来，他们以高超点钞技艺演绎了当代会计人的“工匠精神”。这种精神不仅是职业技能，更是一种宝贵的职业道德和职业品质。

活动三　手工点钞操作技巧

根据持钞姿势的不同，手工清点纸币的方法可分为手持式点钞法和手按式点钞法。手持式点钞法是在手按式点钞法的基础上发展起来的，其速度比手按式点钞快，但其准确性又低于手按式点钞，所以实际工作中多采用手按式点钞，比赛中多采用手持式点钞。每一类点钞法中又包含若干不同的具体方法。同学们可以根据自身条件选取恰当的点钞方法，加上勤学苦练达到点钞技能要求。

一、手持式点钞法

“手持式点钞法”是将钞票拿在手上进行清点的方法，在指法上一般有手持式单指单张点钞、手持式单指多张点钞、手持式四指四张点钞和手持式五指五张点钞等多种方法。现分别介绍如下：

（一）手持式单指单张点钞法

用一个手指一次点一张钞票的方法称为“手持式单指单张点钞法”，是点钞中最基本也是最常用的方法，适用于收款、付款和整点各种新、旧、大、小钞票，尤其适用不足 100 张零票的整点。这种方法由于持票面小，能看到票面的面积较大，容易发现假钞及残缺币，但缺点是点一张记一张，速度较慢。具体操作方法如下：

1. 持钞。

（1）用左手的中指和无名指夹住票面的左端中部并向内弯曲，将钞票左下角夹紧（见图 3－14）。

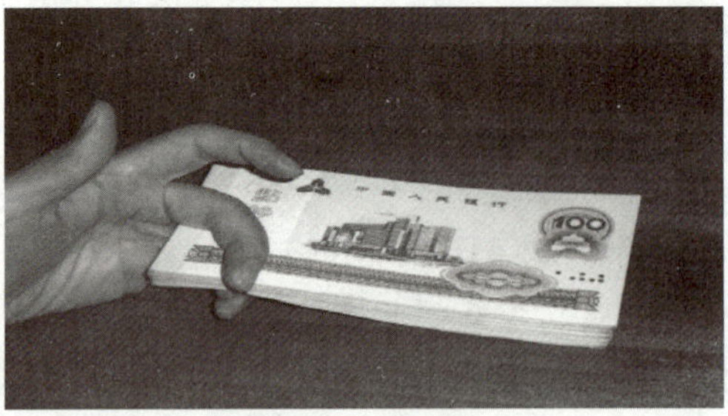

图 3－14

（2）用左手的拇指将钞票背面向上翻起，右手拇指将钞票翻成反弓形，钞票侧面呈现小扇形，左手食指在后顶住钞票，左手手腕向里弯曲，使钞票背面正对点钞者（见图3-15）。

2. 点钞。

（1）右手的拇指和食指点钞。右手拇指从右上角开始向下捻动钞票，食指放在钞票的右上角配合拇指进行捻钞。右手无名指要将捻下的钞票往身体方向弹，捻一张弹一张。左手拇指随着钞票的捻动向后移动，食指向前推动钞票，以加快钞票的下落速度（见图3-16）。

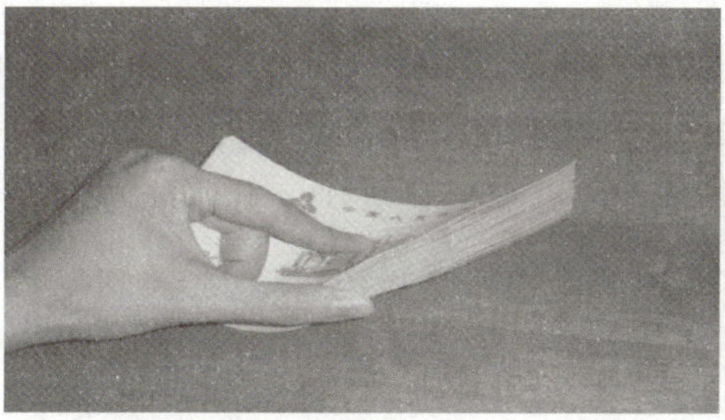

图3-15

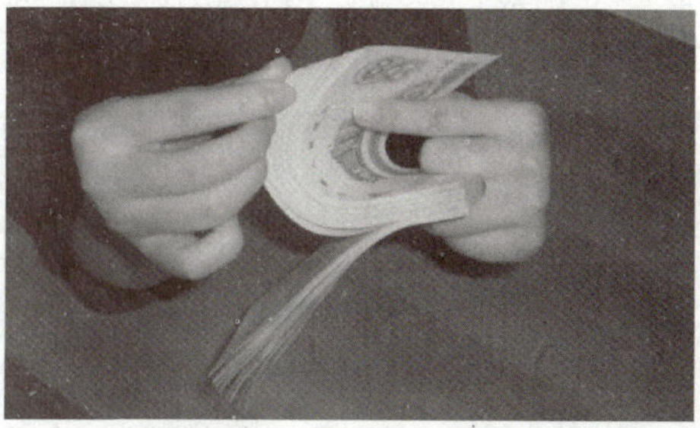

图3-16

提示：左手拇指捏钞不要过紧，左手中指、无名指要夹紧钞票左下角，以防钞票随着捻动而散把；右手拇指捻动时不要抬得太高，动作幅度应尽量小，捻出一张钞票后，迅速移回右上角捻下一张，食指尽量不动；右手无名指弹钞时要注意轻点快弹。

（2）当点到只剩余三四张时，右手拇指和食指捻开清点张数，然后再用无名指同时弹出，完成点钞工作（见图3-17）。

图3-17

3. 记数。记数要与清点同时进行。在点钞速度快的情况下，应采用分组记数法。即每10张记为1组。如：1、2、3、4、5、6、7、8、9、1（即10）；1、2、3、4、5、6、7、8、9、2（即20）；以此类推，当默念组数到10时，即点到了100。采用这种记数法的优点是将十位数字变成一位数字，省力又好记。但记数时要默念，不要念出声，做到脑、眼、手密切配合，既快又准。

4. 扎把盖章（略）。

（二）手持式单指多张点钞法

“手持式单指多张点钞法”，是在熟练掌握“手持式单指单张点钞法”的基础上发展起来的，以一指同时点两张或两张以上钞票的方法。适用于收、付款和各种券别的整点工作。其优点是记数简单、方便、效率高；缺点是一指能捻下几张钞票，中间几张能看到的票面面积小，残损票和假票不易发现。具体操作方法如下：

1. 持钞。持钞的方法与手持式单指单张点钞法相同。

2. 点钞。

（1）右手拇指肚放在钞票的右上角，拇指尖超出票面，右手食指放在钞票右上角配合拇指捻钞。一指点两张时，拇指肚先捻第一张，指尖捻第二张，食指在票后配合捻动，无名指将两张钞票往身体方向弹，弹得速度要快（见图3－18）。

(a)拇指肚捻第一张

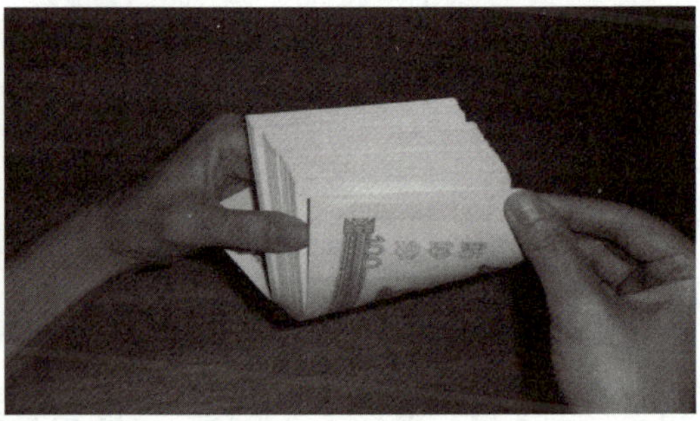

(b)指尖捻第二张

图3－18　一指点两张

（2）一指点三张时，拇指肚先捻第一、第二张，指尖捻第三张；一指点四张时，方法同样，拇指肚先捻第一、第二、第三张，拇指尖捻第四张。拇指肚要用力均匀，捻动的幅度不要太大。点钞时眼睛从侧面看，这样看的幅度大（见图3－19）。

(a)一指点三张

(b)一指点四张

图3－19

提示：点钞时，根据每组点钞张数的多少，拇指指尖伸出票面右上角的长短也有所不同，每组点钞张数越多，拇指指尖伸出票面就越大。记数要看清张数，准确无误后再快速弹出。

3. 记数。采用分组记数法。点两张时，两张为一组记一个数，50 组就是 100 张；点三张时，每三张一组记一个数，33 组余一张就是 100 张；点四张时，每四张为一组记一个数，25 组就是 100 张。

4. 扎把盖章（略）。

（三）手持式四指四张点钞法（手持式四指拨动点钞法）

“手持式四指四张点钞法”，是以左手持钞，右手除拇指外其余四指依次各点一张，一次四张，轮回清点。它适用于收、付款和整点工作，优点是省脑、省力、速度快，还能逐张识别真假币和挑选损伤券，是近年来普及较快的一种点钞方法。具体操作方法如下：

1. 持钞。

（1）钞票竖立于桌面，左手持钞，中指在前，食指、无名指、小指在后，将钞票夹紧（见图 3－20）。

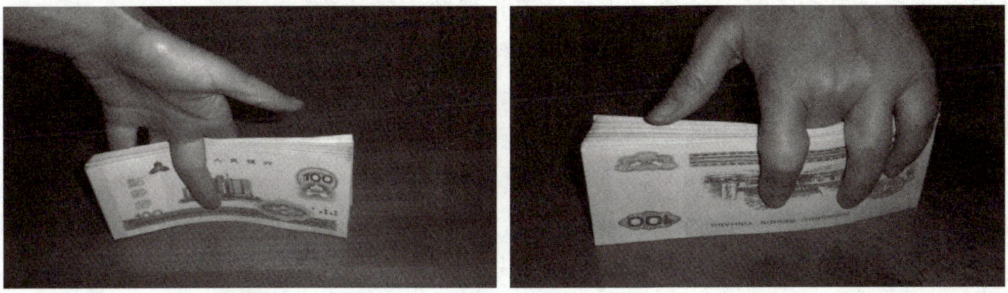

(a) 正面图　　(b) 背面图

图 3－20

（2）四指同时弯曲将钞票压成“瓦形”，左手拇指按住钞票右侧外角向内按压，使右侧展开成斜面扇形，然后手腕向里转，使钞票的右里角抬起（见图 3－21）。

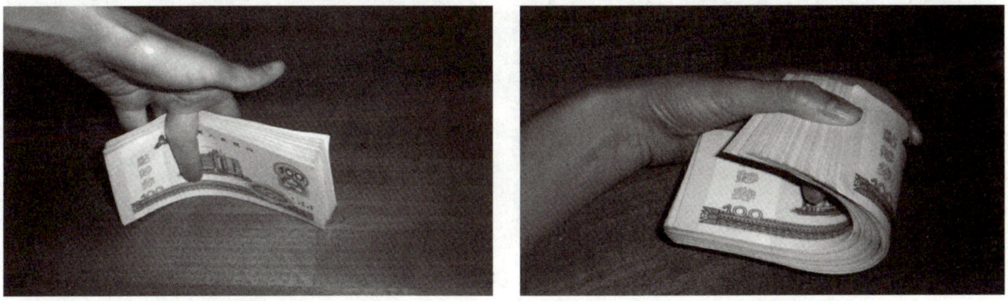

(a)瓦形　　(b)斜面扇形

图 3－21

2. 点钞。右手手腕抬起，右手拇指贴在钞票的右里角，其余四指自然弯曲并拢，以小指、无名指、中指、食指依次捻动钞票右下角与拇指摩擦后拨票，一指一张，一次点四张为一组。循环操作，直到点完 100 张。左手拇指、中指随着右手清点逐步向后移动，食指稍加用力向前推动以适应清点钞票的厚度（见图 3－22）。

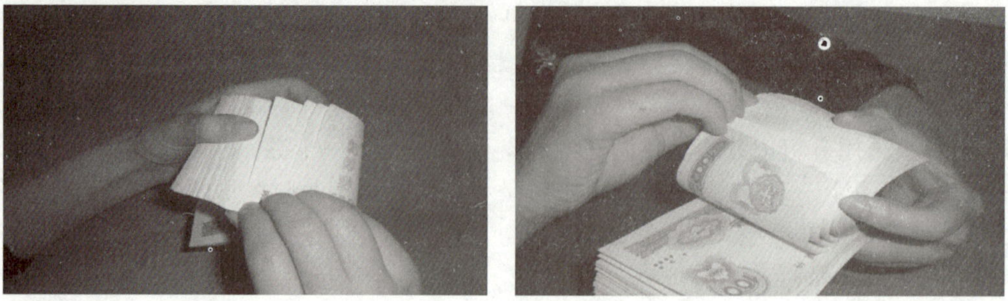

图 3－22

提示：“手持式四指拨动点钞法”，其速度快的关键是，当右手四指拨钞时，以指尖捻动钞票右下角，四指并拢，尽量减小运动幅度，一气呵成，沙沙有声。点准的关键是清点时目光应集中在钞票右下角，手点、眼看和心记密切结合。

3. 记数。采用分组记数法。每点四张为一组记一个数，记满 25 组为 100 张。

4. 扎把盖章（略）。

（四）手持式五指五张点钞法（手持式五指拨动点钞法）

“手持式五指五张点钞法”，即右手五个手指依次各捻动一张钞票，一次五张，循环操作。其适用范围及优缺点与“四指四张点钞法”相同。具体操作方法如下：

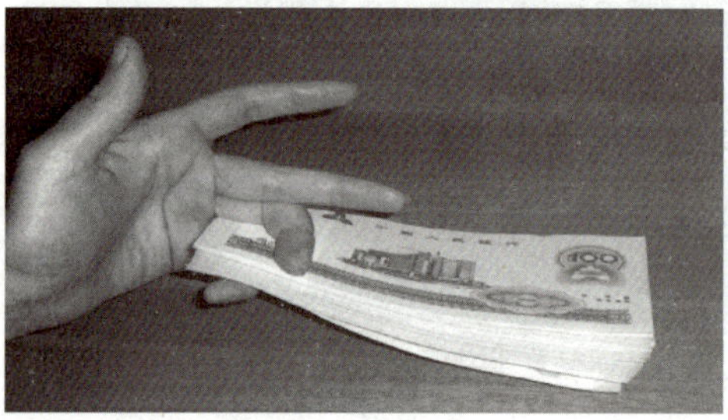

图 3－23

1. 持钞。

（1）用左手的无名指和小指夹住钞票左端并向内弯曲夹紧钞票左下角（见图 3－23）。

（2）用左手拇指、中指从钞票两侧卡住钞票，将钞票向上翻起，使钞票呈反弓形，同时用食指顶住钞票背面（见图 3－24）。

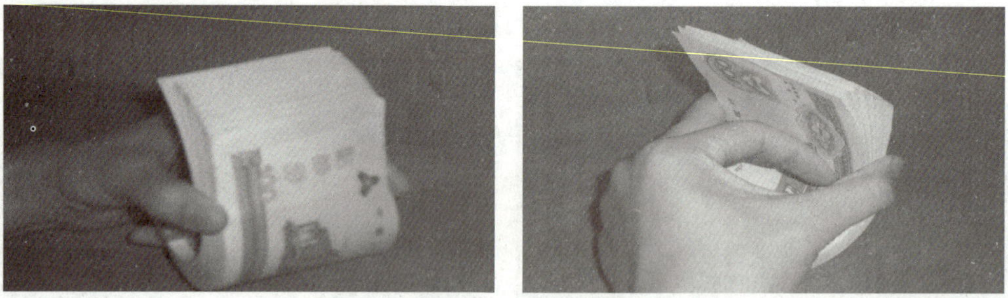

(a)正面　　(b)背面

图 3－24

2. 点钞。右手拇指尖按住钞票右上角向外点拨，同时食指、中指、无名指、小指依次按住钞票右上角向内点拨。一指清点一张，五张为一组，大拇指捻票时手腕向外转，其余四指捻票时手腕向内转，动作舒展连贯（见图 3－25）。

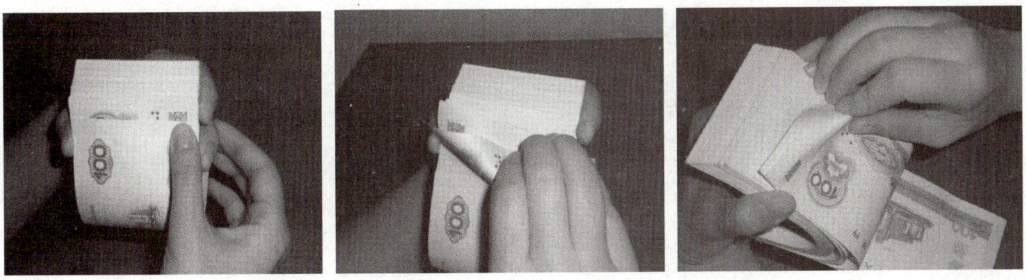

图3－25

3. 记数。采用分组记数法，每五张为一组记一个数，数至20组为100张。

4. 扎把盖章（略）。

二、手按式点钞法

“手按式点钞法”，是将钞票按放在桌面上进行清点的方法，是一种运用较广的点钞方法。在指法上有“单指单张点钞”“多指多张点钞”“多指拨动点钞”和“推捻点钞”等多种点钞方法。下面重点介绍“手按式单指单张点钞法”“手按式多指多张点钞法”和“手按式多指拨动点钞法”。

（一）手按式单指单张点钞法

“手按式单指单张点钞法”，是一种传统的点钞方法，在我国流传甚广。它适用于收、付款和整点各种钞券。此方法的优点是清点时能看到的票面较大，便于挑选损伤券和假币。缺点是在速度上比“手持式单指单张点钞法”慢。具体操作方法如下：

1. 按钞。将钞票横放在桌面上，与身体平行。左手小指、无名指微弯按住钞券左下角，拇指、食指和中指微屈。右手拇指从右下角托起部分钞票（见图3－26）。

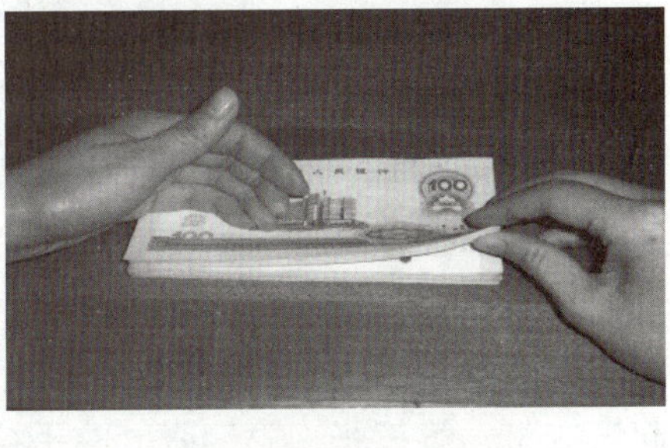

图3－26

2. 点钞。用右手食指捻动钞票，右手其余手指自然放于钞票右侧，右手食指每捻起一张，左手拇指便将钞券向上推送到左手食指与中指间夹住，如此反复，点完为止（见图3－27）。

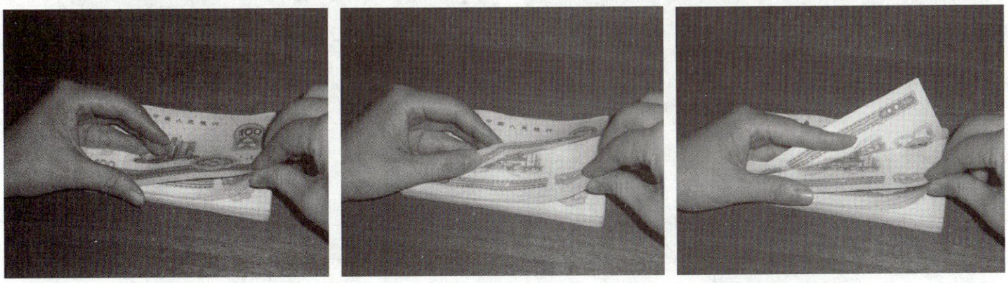

图3－27

提示：左手要按稳钞票，不要使钞票移动，右手拇指托起的钞票不能太多，也不能太少，否则都要影响点钞速度，一般一次20张左右为最好。

3. 记数。采用分组记数法，以 10 张为一组记数，记数方法与手持式单指单张相同。

4. 扎把盖章（略）。

（二）手按式多指多张点钞法

“手按式多指多张点钞法”，是一种在“手按式单指单张点钞法”基础上发展起来的点钞方法。适用于收、付款和整点各种钞券。其优点是速度比“单指单张”快，缺点是除了第一张外，其余各张能看到的票面较小，不易挑选出残损券和假币。该点钞法又可分为“两指两张”“三指三张”和“四指四张”几种方法，现具体介绍如下：

1. 按钞。按钞方法与“手按式单指单张点钞法”相同。但钞票应斜放在桌面上，右下角伸出桌面，座椅也要斜放，便于右手肘部枕在桌面上，使操作时省力。右手拇指托起右下角部分钞票（见图 3－28）。

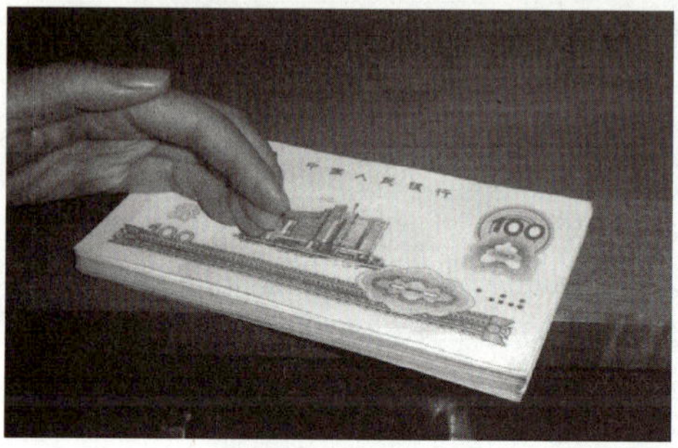

图 3－28

2. 点钞。

（1）两指点两张时，先用右手中指捻起第一张，随后用食指捻起第二张，然后用左手拇指向上推送到食指和中指间夹住。如此反复，点完为止（见图 3－29）。

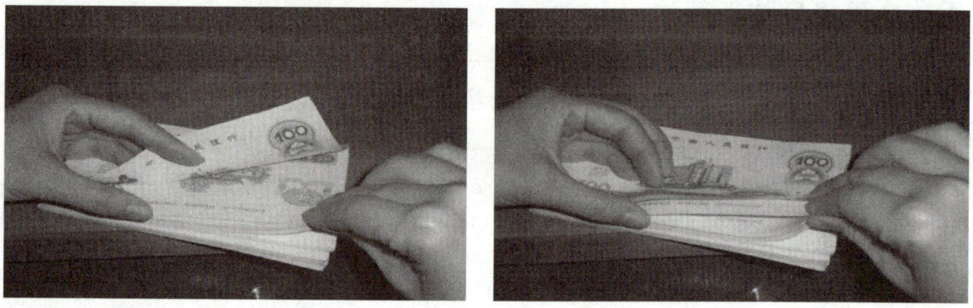

图 3－29

（2）三指点三张时，先用右手无名指捻起第一张，随后用中指和无名指分别捻起第二张和第三张；四指点四张时，先用小指捻起钞票第一张，随后用无名指、中指和食指分别捻起第二张、第三张、第四张。左手接钞方法与“两指两张”一样（见图 3－30）。

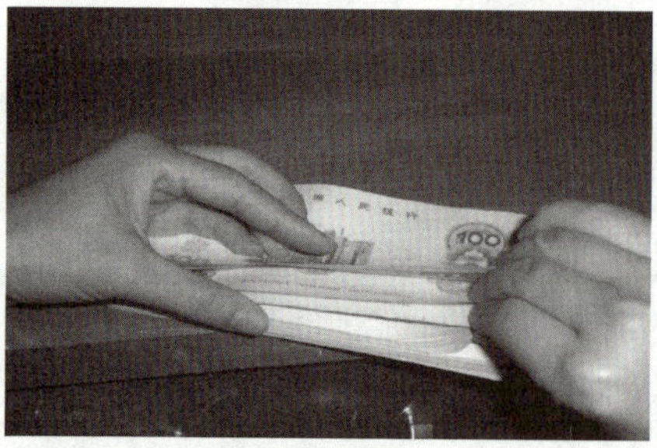

(a)三指点三张

(b)四指点四张

图 3－30

提示：在“手按式多指多张点钞法”中，“三指三张”点钞速度比“两指两张”点钞快，掌握上又比“四指四张”容易，且准确率较高。同学们可将“三指三张”点钞法作重

点练习。此外，点钞时右手掌心朝外，比较容易捻起钞票；点数时右手手指不宜抬得过高，否则会影响进纸的速度。

3. 记数。采用分组记数法，每3张为一组记一个数，数到33组最后余一张就是100张。

4. 扎把盖章（略）。

（三）手按式多指拨动点钞法

“手按式多指拨动点钞法”又分为“三指拨动点钞法”和“四指拨动点钞法”两种。现重点介绍“三指拨动点钞法”。

1. 按钞。按钞方法与“手按式单指单张点钞法”相同。但钞票应斜放在桌面上，与桌子边缘呈45°角（见图3－31）。

图3－31

2. 点钞。用右手食指从钞票右上角向胸前拨动第一张钞票，紧接着依次用中指、无名指分别拨起第二张、第三张钞票，每拨起三张钞票就用左手拇指向上推送到食指、中指间夹住，这样就完成了一组动作。以此重复，直至清点完毕（见图3－32）。

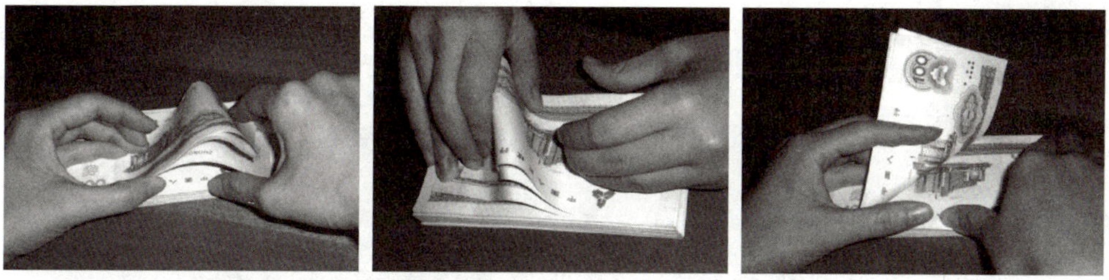

图3－32

3. 记数。采用分组记数法，每三张一组记一个数，数到33组余一张就是100张。

4. 扎把盖章（略）。

三、扇面式点钞法

“扇面式点钞法”，是从手持式点钞法发展起来的一种速度较快的点钞方法。适用于整点新币和复点工作，但这种点钞方法清点时只看到票边，看不到票面，不便挑选残损券和假币。

“扇面式点钞法”一般分为拆把、开扇、清点、记数、合扇等几个环节。其中“开扇”是掌握这种方法的难点和关键，初学者一般感觉较困难，需要较长时间的练习。“扇面式点钞法”又可分为“一指多张”和“多指多张”两种方法，下面重点介绍“扇面式一指多张点钞法”。

1. 持钞。钞券竖拿，左手拇指在前，食指和中指在后握住钞票下端的中心，无名指、小指自然放在钞票后面，右手拇指放在钞票右侧的1/3处，其余四指托在钞票的后面（见图3－33）。

图3－33

2. 开扇。也叫“打扇面”，是扇面点钞最关键的环节。扇面开得匀不匀直接影响到点钞的准确性。开扇有一次性开扇和多次开扇两种方法。一次性开扇法速度快，但难度较大，多次开扇法费时，但较易掌握，这里重点介绍多次开扇法。

“多次开扇法”：以左手拇指、食指和中指持票点为轴心，右手拇指向左侧推钞票的右边，同时食指、中指在钞票的后面将钞票的右侧向左下方压，压出一个弧形时，食指、中指由后向前，向右侧推按钞票的背面，使钞票左右边缘稍错开，如此往返运动，将钞票打开成扇面（见图3－34）。

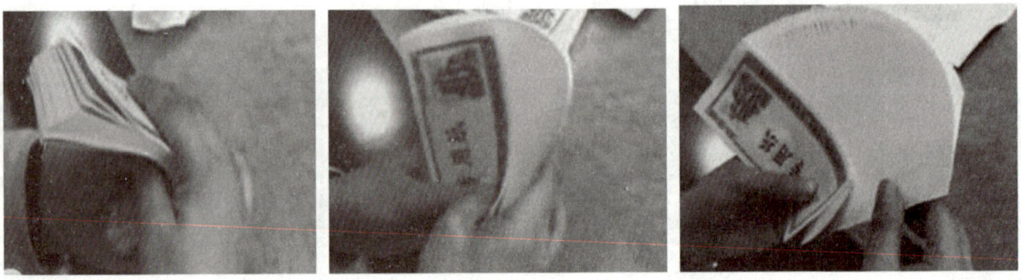

图3－34

提示：用多次开扇法时要注意开扇动作的连贯性，动作不连贯，会影响整体点钞速度。

3. 点钞。右手食指、中指等四指轻轻托住钞票的背面，拇指肚从前面依次点数5张或10张钞票并下压，食指迅速前移卡住已点过的钞票，拇指迅速回位继续向下点数钞票，直到点完为止（见图3－35）。

图3－35

4. 记数。采用分组记数法。如一次点5张，则5张为一组，记一个数，20组为100张；如一次点10张，则10张为一组记一个数，10组为100张。

5. 合扇。清点完毕即可以合扇，合扇时，左手向右手靠，右手用手指稍弯曲托住钞票的右侧由右向左合拢，左右手指稍向中间一起用力使钞票竖立在桌上，两手松拢轻墩，把钞票横持墩齐准备扎把。

6. 扎把盖章（略）。

课堂活动考评

- “单指单张点钞法”的指法训练。可根据练习情况进行随堂测试。

（注：“单指单张点钞法”随堂测试等级标准：优秀400张/5分钟；良好300张/5分钟；及格200张/5分钟。）

- 在熟练掌握“单指单张点钞法”的基础上，可选择一至两种“多指多张点钞法”进行训练，并进行随堂测试。

（注：多指多张点钞法随堂实训测试等级标准：优秀600张/5分钟；良好400张/5分钟；及格400张/5分钟。）

- 经过一段时间的练习后，为了检验同学们的练习效果，提高学习兴趣，可进行分组测试。

（1）测试形式和要求：

①形式：按组别，每轮测试每组出1人。

②要求：准、快、好。

（2）测试规则：

①采用定时计量的方法，要求在5分钟内完成点数、扎把等工序。

②点钞测试到最后30秒时，老师报时一次。

③点钞结束后，将所点钞券的把数和零头钞券填在记录单上，零头钞券不用捆扎。

（3）评分标准：

①一把为100张，凡多于或少于100张，该把不计成绩。

②零头钞券张数必须正确，否则不计成绩。

③因扎把不紧或扎条断裂造成散把，该把不计成绩。

（4）成绩标准见表3－1。

表3－1

时间	5分钟（张）	成绩标准
单指单张点钞法	600	合格
	800	良好
	1,000	优秀
多指多张点钞法	800	合格
	1,000	良好
	1,200	优秀

活动四　机器点钞操作技能

点钞机是一种以自动清点钞票数额为目的的机电一体化装置，一般带有伪钞识别功能。目前，点钞机的辨伪功能主要有：荧光检验装置、磁性检验、红外线穿透检验、激光检验等，随着科学技术的发展，防伪功能将会更加先进和完善。

知识链接

点钞机最早出现在20世纪初期的美国，这种设备称为“Currency Counter”。其工作原理是利用机械手按压每张纸币的边缘来进行计数。然而，由于当时的制造和技术限制，这种机器很容易出现故障，且只能计数而无法分类或辨别不同面额纸币的功能。

随着科技的进步，点钞机得到极大的改良和发展。在20世纪30年代，第一款全自动点钞机面世，它采用电子计数和传送纸币的方法，大大提高了效率。在第二次世界大战后20世纪50年代，数字打印机技术引入，使点钞机能自动把各种面额的纸币分类，并对错误和假币进行识别和报警。它可以帮助提高财会人员特别是银行、金融机构和商业场所的收银效率和准确性，减少人工计数错误和假币的流通，提高工作效率，对于防止经济犯罪和洗钱等方面有一定的作用，为财会人员、金融行业和商业活动提供重要保障和支持。

一、熟悉点钞机的功能键

图 3－36

点钞机有许多种类和型号，当然不管哪种类型的点钞机，其功能主要是点钞和防伪。点钞机的操作比较简单，在操作前应认真阅读说明书，清楚每个按键的功能和操作方法。现以各商业银行常用的数码防伪智能点钞机为例（见图 3－36），具体介绍点钞机的按键功能。

1. 启动键。当停机需再运行或使用手动键时，按动此键。

2. 清零键。按动此键，可清除当前计数值，即回到“0”重新计数。

3. 智能键。按此键，智能指示灯亮，计数窗显示“－0”，即已打开智能功能，包括检测荧光、磁性、夹张、安全线、宽度等功能，以及新旧版 100 元、50 元的混点。再按此键，计数窗显示“－1”，此时除了以上功能外，还有光谱、磁性以及分新旧版、大面额、小面额等功能，并显示相应票面面额。再按此键，智能指示灯灭，表示关闭此功能。

4. 荧光键。荧光功能对所有的纸币都能进行检测。

5. 磁性键。磁性功能对带有磁性油墨的纸币进行检测。

6. 累加键。累加功能可以连续累计清点数的总值，直至数值显示“9999”张后，即回到“0”重新计数。

7. 预置键。每按动此键一次，预置显示窗将会依次显示为 10、20、25、50、100、空白等字样，再按动【＋】或【－】键，预置窗显示将加或减“1”；如果持续按住【＋】或【－】键，预置显示窗将每隔 1/4 秒会自动加或减“1”。

二、掌握机器点钞的操作程序

（一）点钞前准备

1. 点钞机一般放在操作人员右前方，点钞机使用前要进行调整和实验，力求转速均匀、点钞准确、下钞流畅，落钞整齐。

2. 接上电源，打开电源开关，观察荧光数码显示是否为“00”，若不是，请按【清零】键，使其复“00”位。当蜂鸣发出“滴”声，自检停机后再开始点钞。

（二）拆把

右手持票，拇指和食指在票前，中指、无名指和小指在票后，捏住钞票的右上角，然后用食指勾断封条，准备下钞。

（三）点钞

右手握票，拇指稍用力，将钞票捻成前低后高的斜坡形，放入滑钞台钞斗，如果放钞不正确，会产生真钞误报或机器提示出钞不准。随着点钞机开始工作，握钞手指逐渐松开，切不可往下推挤钞票，钞票经下钞斗通过捻钞轮和荧光数码管，自然下滑到传送带，落到接钞台，下钞斗内的钞票清点完毕后，机器可自动停止。

机器运行时，操作人员要认真进行检查，如发现有假钞、破损或其他异物，或者有绵软、霉烂的钞票时，要立即剔除，然后再继续清点。清点过程中若发现假钞，机器就会自动停止，发出报警信号，或者在任意工作状态下指示灯亮，并且闪烁，计数器显示窗里显示相应的检测信息代号，可疑币停留在接钞台表面的第一张，取出假钞后，按启动键继续清点。

操作完毕，要注意检查机器上是否有遗漏钞票，如为整把清点，应核实显示器读数是否为100。

提示：对于压紧的纸币应拍松后再捻开，否则容易下双张或出现“拥塞”现象。

（四）扎把

左手从接钞台取出钞票，右手当即投入第二把，同时把钞票墩齐，进行扎把（扎把方法与手工点钞扎把法相同），扎把时眼睛仍需看住机器跑道上的钞票。

（五）盖章（略）

课后活动考评

1. 机器点钞的操作程序是怎样的？

2. 教师组织学生到学校的会计技能实训室进行点钞机模拟训练，有条件的可组织到商场、超市、银行，进行点钞机实际操作训练。

模块二　人民币真伪鉴别技巧

【任务导入】

假币的鉴别是一门专业性很强的技能。在银行转账的背景下，企业日常生活中，出纳员或多或少的会接触到少量的现金。

人民币是我们日常生活中经常接触的货币，你收到过假币吗？在生活中又应如何鉴别真假人民币呢？

鉴别人民币真伪的方法分为人工鉴别法和机器检测法。人民币是我国的法定货币，是我国经济主权的象征。人民币有主币和辅币之分，人民币主币的单位为元（简写“RMB”，以“¥”为代号），人民币辅币单位为角、分。

目前，我国流通中人民币实物总量超过世界上任何一个国家。为加强人民币管理，维护人民币信誉，稳定金融秩序，《中华人民共和国中国人民银行法》对人民币做了专门规定，并依据《中华人民共和国中国人民银行法》制定《中华人民共和国人民币管理条例》，将人民币的使用与流通管理上升到法律的层面予以规范。我们每位公民都应该依法使用人民币，爱护人民币，凡残损的人民币不宜继续流通，应按照《中国人民银行残缺污损人民币兑换办法》到办理人民币存取款业务的金融机构进行兑换，金融机构应无偿为公民兑换残缺、污损人民币，不得拒绝兑换。对故意损毁人民币的，可由公安机关给予警告，并处以1万元以下的罚款。在宣传品、出版物或者其他商品上非法使用人民币图样的，中国人民银行应当责令改正，并销毁非法使用的人民币图样，没收违法所得，并处以5万元以下的罚款。

活动一　鉴别人民币真伪的方法

随着市场经济的发展，国内一些不法分子、海外黑社会集团及敌对分子，从制造小面额人民币假币，转向了制造大面额假币。在制造技术上，从过去的手工描绘、木板、石板发展到今天的照相印版，机制多次套印、拓印、利用彩色复印件复印等手段，使假币更加逼真，欺骗性更大。

为此，金融部门和从事钞票收、付款和管理工作的专业人员以及每位公民都应当具有识别真假币的常识，不断提高对假币的鉴别能力。

知识链接

公安部有关负责人表示，假币犯罪不仅危害国家金融管理秩序和货币信誉，还严重损害广大群众切身利益，是社会经济生活中的一大“毒瘤”。

假币是国家金融安全的威胁，是人民群众财产安全的威胁，更是人民币信誉的威胁。打击假币犯罪，始终是公安机关的重点工作。

为了维护国家的金融安全和群众的切身权益，公安机关采取有力措施推进打击假币综合整治行动，对纸张源头、胶版源头、技术员等环节实施全链条打击。尤其是广东警方，抓获了许多长期聚集在广东地区从事假币犯罪活动的技术员，陆续破获了一大批印制假币案。

2015年9月17日，广东省破获了一起“猎豹905”特大假币案，缴获了2005年版第五套100元面额假人民币2.1亿元。

为了确保办案成功，警方用了9个月的时间，极为缜密地进行了侦查。当日凌晨五点，500名警力蓄势待发，惠州、汕尾、深圳、广州、汕头、揭阳6地警方统一行动，一举捣毁惠州市惠城区和仲恺区的特大伪造货币机制窝点2个，四台印刷机，在深圳、汕尾、惠州等地成功抓获朱某、李某、谢某等主要犯罪嫌疑人29名（包括8名技术员），缴获2005年版第五套100元面额假人民币2.1亿元，生产的假币无一流入市场。该案在假币还未印完时，犯罪嫌疑人已经找好销路，10元真币可以买100元假币，他们已经生产的半成品有2.1亿多元，2.1亿元光印制假币的纸就有3吨。按照现在的市场行情来估算，可以卖到2,100万元人民币。广东警方追踪了9个月的假币案成功告破。

该案是新中国成立以来，全国公安机关在打击假币犯罪中收缴假币量最多、生产窝点最多、一次性查获胶印设备最多、抓获团伙成员最多的一宗特大伪造假币案件。

在公安机关的严厉打击下，假币犯罪多发态势得到有效遏制，但形势依然严峻，我们始终要保持对假币犯罪的严打高压态势，以实际行动维护金融管理秩序、人民币信誉和广大群众的切身利益。

一、掌握假币的特征

目前在流通中见到的假币主要有机制假币和变造假币两种。从我国现阶段发现的假币来看，主要是机制假币，以第五套人民币100元和50元的大面额假币为主。随着人们对大面额票币的警惕和鉴别能力的提高，犯罪分子开始转向制作10元、5元的小面额假币。

（一）机制假钞的一般特征

1. 假币的水印大部分是在纸张夹层中涂抹白色浆料，层次较差，图像模糊；有的是在纸张表面描绘成水印的图案，冒充水印。

2. 假币的纸张在紫外光源下，多数有强烈的荧光反应。

3. 假币的正反面均采用全胶印方式印制，大多墨色深浅不一，而且凹印图文平滑，无浮雕感。

4. 制作假币的纸张，一般是普通纸，与印钞纸相比手感比较平滑、软绵，厚薄不均。

5. 假币的安全线是在纸张夹层中放置，纸与线有分离感。有的假币则正反两面各印制一个条状图案，仔细观察便能发现破绽。

（二）变造假币的一般特征

变造假币是在真币的基础上，经过人为加工变形而成的。多采用将真币正面或反面揭开，剪割拼凑、挖补制皮、涂改面额等手段，人为痕迹比较明显，比机制假币易于辨别。

二、鉴别人民币真伪的方法

当您收到疑似假币时，鉴别人民币纸币的真伪，通常采用“一看、二摸、三听、四测”四种方法进行鉴别。

（一）看（真假币对照法）

1. 看水印。

真币：人民币各种颜色光泽鲜亮，图案轮廓清晰，层次分明，立体感强，印制精细，当迎光透视，就能看到纸币中有立体感强的水印。

第五套人民币各券别纸币的固定水印位于各券别纸币票面正面左侧的空白处，迎光透视，可以看到立体感很强的水印。100 元、50 元纸币的固定水印为毛泽东头像图案。20 元、10 元、5 元纸币的固定水印为花卉图案。

知识链接

人民币（CNY）是中华人民共和国的法定货币，是中国经济主权的象征，由中国人民银行主要管理，中国人民银行负责人民币的设计、印刷和发行。人民币的辅币单位为角、分。我国自 1948 年发行人民币以来，随着经济发展以及人民生活需求而逐步完善和提高。截至 2021 年，已发行五套人民币，形成纸币与金属币、普通纪念币和金属纪念币等多品种、多系列的货币体系。

假币：一般没有水印，如有也是用印模后盖上去的，平放时有水印轮廓，迎光透视时，有的反面看不清楚，有的则特别明显，其水印图案结构简单模糊，无立体感，图案不清，票面颜色浑浊、色泽灰暗。当迎光观察时，正背图案重合得不够完整，有线条错位现象。

2. 看安全线。

真币：安全线是立体实物与钞票纸融为一体，有凸起的手感。

第五套人民币纸币在各券别票面正面中间偏左，均有一条安全线。100 元、50 元纸币的安全线，迎光透视，分别可以看到缩微文字“RMB100”“RMB50”的微小文字，仪器检测均有磁性；20 元纸币，迎光透视，是一条明暗相间的安全线，10 元、5 元纸币安全线为全息磁性开窗式安全线，即安全线局部埋入纸张中，局部裸露在纸面上，开窗部分能分别看到由微缩字符“，10”“，5”组成的全息图案，仪器检测有磁性。

假币：安全线有两种，一是在纸张夹层中放置的假安全线，与纸张结合较差；另一种是在假币表面用油墨印刷上一条假安全线，如加入立体实物，会出现与票面皱褶分离的现象。

3. 看光变油墨。

真币：第五套人民币100元、50元纸币正面左下方的面额数字采用光变墨印刷。将垂直观察的票面倾斜到一定角度时，100元纸币的面额数字会由绿色变为蓝色；50元纸币的面额数字则会由金色变为绿色。

假币：光变油墨面额数字不会产生颜色变化或变化不明显。

4. 看票面图案。

真币：票面花纹、线条粗细均匀，图章清晰，色彩鲜艳，颜色协调，层次分明，对接图案可以对接上。第五套人民币纸币的阴阳互补对印图案应用于100元、50元、10元纸币中。这三种纸币的正面左下方和背面右下方都印有一个圆形局部图案。迎光透视，两幅图案准确对接，组合成一个完整的古钱币图案。

用5倍以上放大镜观察票面，图案线条、缩微文字清晰干净。第五套人民币纸币各券别正面胶印图案中，多处均印有微缩文字，20元纸币背面也有该防伪措施。100元微缩文字为“RMB”和“RMB100”；50元为“50”和“RMB50”；20元为“RMB20”；10元为“RMB10”；5元为“RMB5”和“5”字样。

假币：票面图案不够清晰，色彩不够鲜艳，线条凌乱，粗细不一，图章、层次不清，水印模糊无立体感，对接图案没有对接上。

（二）摸（手感触摸法）

真币：花纹、线条粗细均匀，图章清晰，色彩鲜艳，颜色协调，层次分明。手指触摸人民币“人像、盲文点、中国人民银行”字样等，有较明显的凹凸感，较新钞票用指甲划过，有明显阻力，挺括度好，薄厚适中，耐揉折、不易撕裂。

假币：无凹凸手感，绵软、单薄，易撕裂、撕断。线条凌乱，粗细不一，图章、色彩、层次不清，水印模糊无立体感。

（三）听（纸张分析法）

真币：手持钞票用力抖动、手指轻弹或两手一张一弛轻轻对称拉动，能听到清脆响亮的声音。

假币：纸张发软，偏薄，声音发闷。

（四）测（工具检测法）

真币：借助放大镜来观察票面线条清晰度、胶印、凹印缩微文字等；用紫外灯光照射票面，可以观察钞票和油墨的荧光反映；用磁性检测仪可以检测双色异形横号码。有一到两处荧光文字，呈淡黄色；在紫光灯下，票面颜色无刺眼现象。

假币：在紫光灯下，出现刺眼的蓝白光。大多不含荧光纤维，缺少荧光图案，即使有荧光图案，其颜色不正，亮度偏暗，呈惨白色。

知识链接

2023年7月，河南、上海公安经侦部门联合侦破许某等人涉嫌伪造货币案，捣毁生产窝点3处，现场缴获假人民币2亿多元，查获印刷机5台和大批制假设备及原材料。

通过循线追踪、全链条打击，公安机关抓获涉嫌假币犯罪嫌疑人120余名，彻底摧毁了一个涉及全国9省市的特大假币犯罪团伙。

三、假币的处理

根据当前制造和贩卖假币的违法犯罪活动日趋严重、一些假币已在社会流通的现状，人民银行根据反假币工作的实际需要，明确规定了相关的处理措施，各单位和个人在收取假币后，应按规定及时处理。

1. 单位和个人在收款过程中，一旦发现有可疑币时，应先将可疑币扣留，再及时送银行鉴别。

2. 单位和个人若能确定是假币的，应将假币送缴银行和相关机构，同时必须向持有人出具凭证，凭证上应写明该假币的面值、号码和准备将假币上缴的银行机构名称，以便顾客日后持收据去有关银行查询。

3. 中国人民银行、公安机关发现假币，应当给予没收，加盖“假币”字样的戳记，并登记造册。金融机构发现假币，由该金融机构两名以上工作人员当面予以收缴，加盖“假币”字样的戳记，登记造册，向持有人出具统一印刷的收缴凭证，并告知持有人可以向中国人民银行或者中国人民银行授权的国有独资商业银行的业务机构申请鉴定。

4. 对于伪造、变造人民币，出售假币、明知是假币而运输的，购买假币，明知是假币而持有、使用的，均属违法行为，构成犯罪的，依法追究刑事责任。

课堂活动考评

- 鉴别人民币真伪的方法有哪些？

课后活动考评

在日常生活或实际工作中，如果收到假币应该怎样处理？

活动二　第五套人民币的防伪特征

中国人民银行成立至今共发行了五套人民币，有纸币也有金属币，每套人民币的设计特征都体现了各个时期的社会发展和民族风格。第一套、第二套、第三套人民币已停止在市面上流通。经国务院批准，中国人民银行自 2018 年 5 月 1 日起停止第四套人民币 100 元、50 元、10 元、5 元、2 元、1 元、2 角纸币和 1 角硬币（以下简称第四套人民币部分券别）在市场上流通。

1999 年 10 月 1 日，根据中华人民共和国国务院令第 268 号，中国人民银行发行了第五套人民币，共有 100 元、50 元、20 元、10 元、5 元、1 元纸币和 5 角、1 角硬币八种。第五套人民币（1999 年版）为 1999 年 10 月 1 日陆续发行。共有 1 元、5 元、10 元、20 元、50 元、100 元 6 种面额，其中 1 元有纸币、硬币 2 种。第五套人民币根据市场流通需要，增加了 20 元面额，取消了 2 元面额，使面额结构更加合理。第五套人民币各面额货币正面均采用毛泽东主席建国初期的头像，底衬采用了中国著名花卉图案，背面主景图案通过选用有代表性的寓有民族特色的图案。

自 2005 年 8 月 31 日起，中国人民银行发行 2005 年版第五套人民币，主图案与 1999 年版第五套人民币保持一致，但变光数字、面额水印位置调整，增加凹印手感线、防复印标记、背面面额数字加后缀“ YUAN ”等。

第五套人民币采取“一次公布，分次发行”的方式。1999 年 10 月 1 日，首先发行了 100 元纸币；2000 年 10 月 16 日发行了 20 元纸币、1 元和 1 角硬币；2001 年 9 月 1 日，发行了 50 元、10 元纸币；2002 年 11 月 18 日，发行了 5 元纸币、5 角硬币；2004 年 7 月 30 日，发行了 1 元纸币。

为提高第五套人民币的印刷工艺和防伪技术水平，经国务院批准，中国人民银行于 2005 年 8 月 31 日发行了第五套人民币 2005 年版 100 元、50 元、20 元、10 元、5 元纸币和不锈钢材质 1 角硬币。第五套人民币 1 角硬币材质由铝合金改为不锈钢，色泽为钢白色。正面为“中国人民银行”“1 角”和汉语拼音字母“YIJIAO”及年号，背面为兰花图案及中国人民银行的汉语拼音字母“ZHONGGUO RENMIN YINHANG ”，直径为 19 毫米。

中国人民银行自 2015 年 11 月 12 日起，发行了 2015 年版第五套人民币 100 元纸币；自 2019 年 8 月 30 日起，发行了 2019 年版第五套人民币 50 元、20 元、10 元、1 元纸币和 1 元、5 角、1 角硬币；自 2020 年 11 月 5 日起，发行了 2020 年版第五套人民币 5 元纸币，在保持现行第五套人民币 5 元纸币主图案、主色调、规格尺寸等相关要素不变的前提下，对票面效果、防伪特征及其布局等进行了调整，采用先进的防伪技术，提高防伪能力和印制质量，使公众和自助设备易于识别。

随着科学技术的发展，货币制造技术日益先进，防伪技术越来越高。但先进的造假技术也为一小撮不法分子提供了可乘之机，假币伪造形式多样化，仿真度越来越高的假币逐渐潜入流通市场。这对人民币的设计水平、防伪技术和印制质量提出了更高要求。

全国公安机关始终把打击假币犯罪作为一项维护国家金融秩序稳定、保障国家经济运行安全的重要任务。据报道，近年来，全国公安机关共破获假币犯罪案件 2 万多起，抓获犯罪嫌疑人 1986 名，假币年平均收缴量近 8 亿元。

因此，正确掌握人民币的防伪特征和反假币的技能，对于增强广大人民群众反假币的意识，充分认识假币的危害，维护和净化货币流通市场已成为当务之急。

一、第五套人民币 100 元人民币的防伪特征

（一）2005 年版

2005 年版 100 元人民币的防伪标志共有 11 处，它们分别是：

1. 固定人像水印：票面正面左侧空白处，仰光透视，可见与主景人像相同，立体感很强的毛泽东头像水印。

2. 全息磁性开窗安全线：位于票面中间偏右，上下贯通，开窗部分可以看到由微缩字符“￥100”组成的全息图案，仪器检测有磁性。

3. 手工雕刻头像：票面正面主景为毛泽东头像，采用手工雕刻凹版工艺，形象传神、凹凸感强，易于识别。

4. 胶印微缩文字：票面正面上方椭圆形图案中，多处印有微缩文字，在放大镜下可看到“RMB100”字样。

5. 光变油墨面额数字：票面正面左下角“100”字样，以垂直角度观察为绿色，倾斜一定角度则变为蓝色。

6. 阴阳互补对印图案：票面正面主景图案左侧中部和背面主景图案右侧中部均有一圆形局部图案，正面和背面的图案合并组成一个完整的古钱币图案。

7. 雕刻凹版印刷：票面正面主景毛泽东头像、中国人民银行行名、面额数字、盲文及

背面主景人民大会堂等均采用雕刻凹版技术，用手指触摸有明显的凹凸感。

8. 双色异形横号码：票面正面左下角印有双色异形横号码，左侧部分暗红色，右侧部分为黑色。字符由中间向左右两边逐渐变小。

9. 隐形面额数字：票面正面右上方有一装饰性图案，将票面置于与眼睛接近平行的位置，面对光源做上下倾斜晃动，可以看到面额数字“100”字样。

10. 白水印：正面双色隐形横号码的下方，仰光透视，可以看到透光性很强的水印“100”字样。

11. 凹印手感线：正面主景图案右侧，有一组自上而下规则排列的线纹，采用雕刻凹版印刷工艺印制，用手指触摸，有极强的凹凸感。

2005 年版 100 元人民币样币如图 3－37 所示。

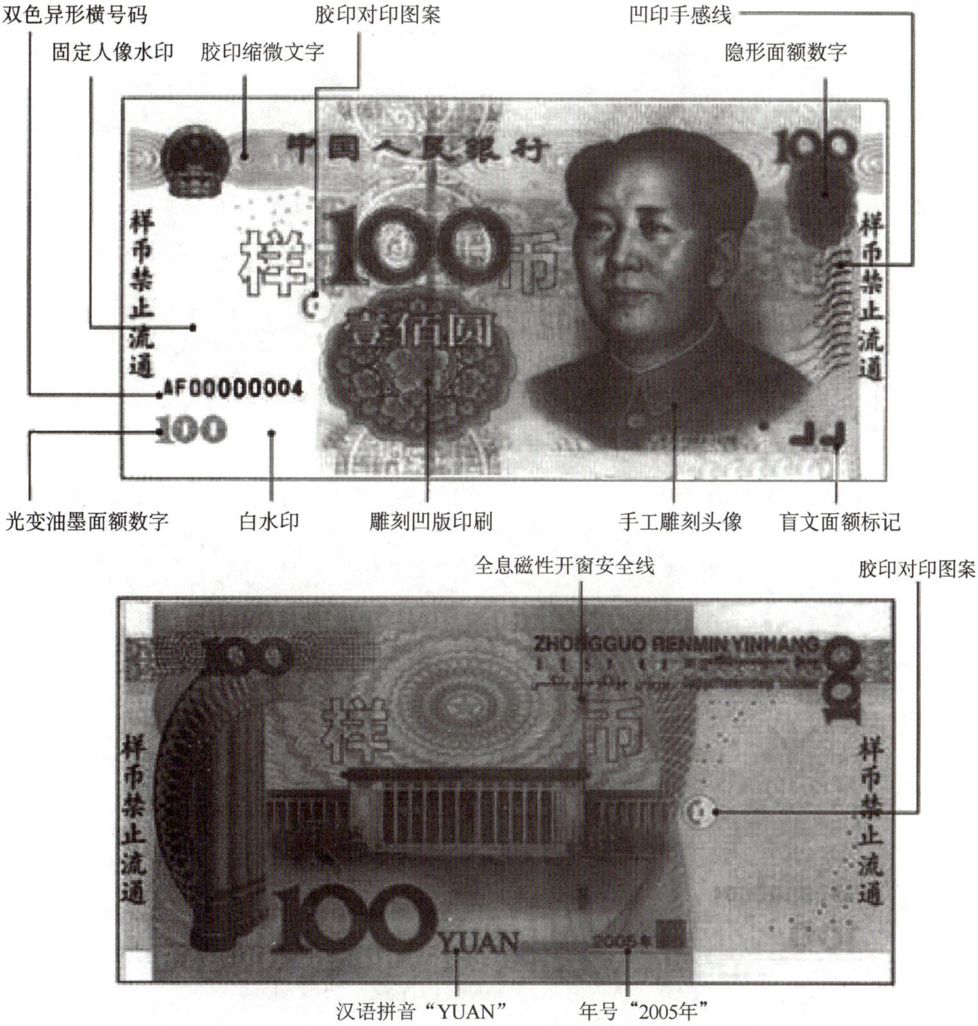

图 3－37 2005 年版 100 元人民币样币正、反面

（二）2015 年版

2015 年版第五套人民币 100 元纸币在 2005 年版第五套人民币 100 元纸币规格、正背面主图案、主色调、“中国人民银行”行名、国徽、盲文面额标记、汉语拼音行名、民族文字等要素不变的基础上，增加了防伪性能较高的光彩光变数字、光变镂空开窗安全线、磁性全埋安全线等防伪特征，提升了人像水印等防伪性能，改变了原有的冠字号码字形并增加了竖号码。根据防伪技术的新发展，取消了 2005 年版第五套人民币 100 元的光变油墨面额数字、隐形面额数字、凹印手感线 3 项防伪特征。总体来看，2015 年版第五套人民币 100 元纸币集成应用的防伪技术更为先进，布局更为合理，防伪技术水平较 2005 年版 100 元纸币有明显提升，使公众更易于识别真伪。

1. 2015 年版第五套人民币 100 元纸币和 2005 年版第五套人民币 100 元纸币正面改动（见图 3－38）。

图 3－38　两版百元人民币比较正面改动

2. 2015 年版第五套人民币 100 元纸币和 2005 年版第五套人民币 100 元纸币背面改动（见图 3－39）。

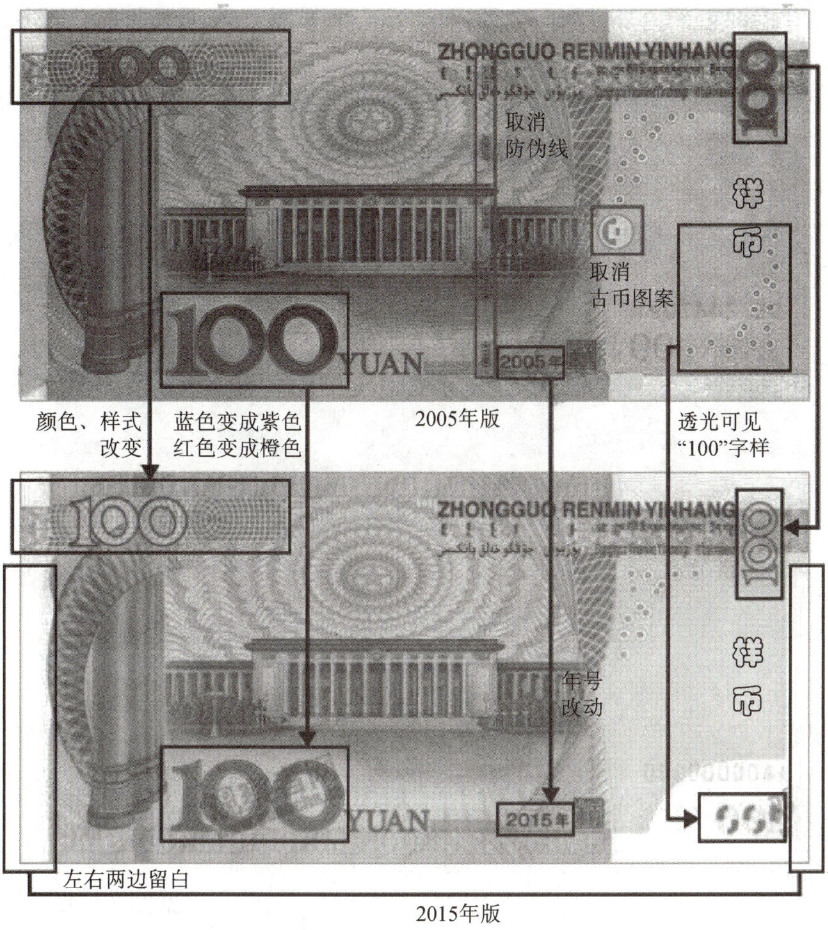

图 3－39　两版百元人民币比较背面改动

3. 2015 年新版第五套 100 元人民币防伪识别。

图 3－40 为正面防伪标识。

图 3－40　正面防伪标识

正面图案。票面中部增加光彩光变数字“100”，其下方团花中央花卉图案调整为紫色。取消左下角光变油墨面额数字，调整为胶印对印图案，其上方为双色横号码；正面主景图案右侧增加光变镂空开窗安全线和竖号码；右上角面额数字由横排改为竖排，并对数字样式进行了调整。

图 3－41 为背面防伪标识。

图 3－41　背面防伪标识

背面图案。票面年号改为“2015 年”；取消了右侧全息磁性开窗安全线和右下角防复印图案；调整了面额数字样式、票面局部装饰图案色彩和胶印对印图案及其位置。

（1）光变镂空开窗安全线。位于票面正面右侧，不同的角度观察票面，安全线颜色会变成红色或绿色：垂直票面观察时，安全线呈品红色；与票面与一定角度观察时，安全线呈绿色；透光观察时，安全线正反交替排列的镂空文字“￥100”（见图 3－42）。

图 3－42　光变镂空开窗安全线

（2）光彩光变数字。位于票面正面中部，不同角度观察票面，数字“100”会变为金色或绿色：垂直票面观察时，数字以金色为主；平面观察时，数字以绿色为主；随着观察角度的改变，数字颜色在金色和绿色之间交替变化，并可见到一条亮光带在数字上下滚动（见图 3－43）。

图 3－43

（3）人像水印。位于票面正面左侧，透光观察，可见毛泽东头像，而且头像比 2005 年版 100 元人民币更加清晰（见图 3－44）。

图 3－44

（4）胶印对印图案。位于票面正面左下方和背面右下方均有面额数字“100”的局部图案，透光观察，正背面图案组成一个完整的面额数字“100”（见图 3－45）。

图 3－45

（5）横竖双号码。位于票面正面左下方和正面右侧，票面正面左下方采用横号码，其冠字和前两位数字为暗红色；后六位数字为墨色；右侧竖号码为蓝色（见图 3－46）。

图 3－46

（6）白水印。位于票面正面横号码下方，透光观察，可以看到透光性很强的水印面额数字“100”，而且 2015 年新版人民币的水印比 2005 年版人民币的水印透光性更加强，看得更加清晰明了（见图 3－47）。

图 3－47

（7）雕刻凹印。票面正面毛泽东头像、国徽、“中国人民银行”行名、右上角数字、盲文及背面人民大会堂等均采用雕刻凹印印刷，用手触摸会有明显的凹凸感。旧版币是毛泽东头像的头发和衣领的凹凸感比较明显，2015 年新版人民币增加了更多地方的凹凸感，大大提升其防伪性（见图 3－48）。

图 3－48

二、第五套人民币 50 元主要防伪特征

（一）2005 年版

1. 票面特征。主色调为绿色，票幅长 150mm、宽 70mm。票面正面主景为毛泽东头像、左侧为“中国人民银行”行名、阿拉伯数字“50”、面额“伍拾圆”和花卉图案。票面左上角为中华人民共和国国徽图案，票面右下角为盲文面额标记。票面背面主景为“布达拉宫”图案。票面右上方为“中国人民银行”的汉语拼音字母和蒙、藏、维、壮四种民族文字的“中国人民银行”字样和面额。正面主景图案右侧为凹印手感线，左侧中间处为胶印对印图案；左下角为光变油墨面额数字和白水印面额数字，其上方为双色异形横号码。背面主景图案左下方为面额数字和汉语拼音“YUAN”；右侧中间处为胶印对印图案；年号为“2005 年”。

2. 防伪特征（见图 3－49）。

图 3－49

（1）固定人像水印。位于票面正面左侧空白处，迎光透视，可见与主景图像相同、立体感很强的毛泽东头像水印（见图3－50）。

图3－50

（2）胶印对印图案。票面正面左下角和背面右下角均有一圆形局部图案，迎光透视，可以看到正背面图案合并组成一个完整的古钱币图案（见图3－51）。

图3－51

（3）全息磁性开窗安全线。钞票背面中间偏右，有一条开窗安全线，开窗部分可以看到由缩微字符“￥50”组成的全息图案，仪器检测有磁性（见图3－52）。

（4）胶印缩微文字。票面正面上方图案中，多处印有胶印缩微文字，在放大镜下可看到“50”和“RMB50”字样（见图3－53）。

（5）手工雕刻头像。票面正面主景为毛泽东头像，采用手工雕刻凹版印刷工艺，形象逼真、传神，凹凸感强，易于识别（见图3－54）。

图3－52

图3－53

图3－54

（6）隐形面额数字。票面正面右上方有一装饰性图案，将票面置于与眼睛平行的位置，面对光源做上下倾斜晃动角，可以看到面额数字“50”字样（见图3－55）。

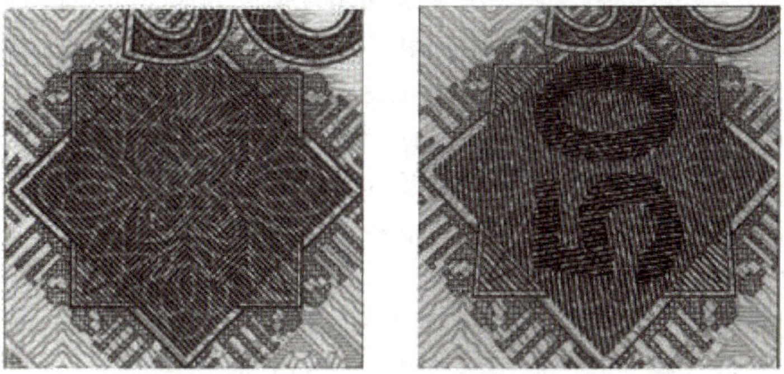

图3－55

（7）光变油墨面额数字。票面正面左下方“50”字样，与票面垂直角度观察为金色，倾斜一定角度则变为绿色（见图3－56）。

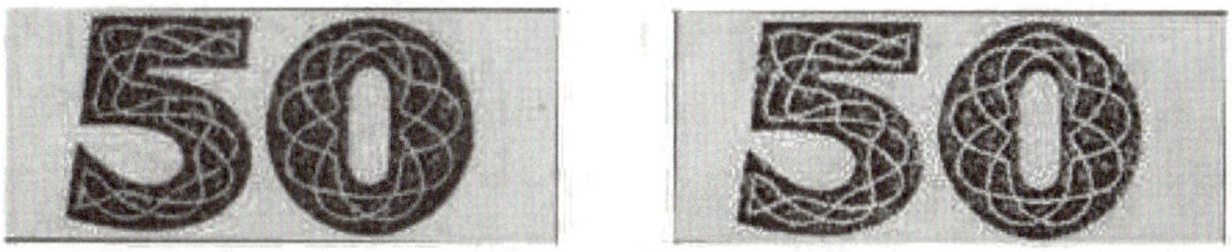

图3－56

（8）白水印。位于正面双色异形横号码下方，迎光透视，可以看到透光性很强的水印“50”字样（见图3－57）。

（9）雕刻凹版印刷。票面正面主景毛泽东头像、“中国人民银行”行名、盲文及背面主景“布达拉宫”图案等均采用雕刻凹版印刷，用手指触摸有明显凹凸感（见图3－58）。

（10）双色异形横号码。票面正面左下角印有双色异形横号码，左侧部分为暗红色，右侧部分为黑色。字符由中间向左右两边逐渐变小（见图3－59）。

（11）凹印手感线。正面主景图案右侧，有一组自上而下规则排列的线纹，采用雕刻凹版印刷工艺印制，用手指触摸，有极强的凹凸感（见图3－60）。

图3－57

图3－58

图3－59

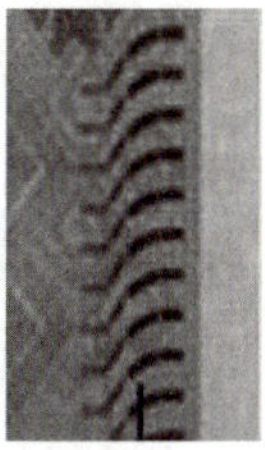

图3－60

（二）2019 年版

小贴士：为适应人民币流通使用的发展变化，更好地维护人民币信誉和持有人利益，提升人民币整体防伪能力，保持第五套人民币系列化，中国人民银行发行的 2019 年版第五套人民币 50 元、20 元、10 元纸币，在保持纸币规格、正背面主图案、主色调、“中国人民银行”行名、国徽、盲文面额标记、汉语拼音行名、民族文字等要素，雕刻凹印、白水印等防伪特征与 2005 年版第五套人民币 50 元、20 元、10 元纸币不变的前提下，对光彩光变面额数字和动感光变镂空开窗安全线防伪特征及其布局等进行了调整，采用先进的防伪技术，提高防伪能力和印制质量，使公众和自助设备易于识别。

1. 主要防伪特征。

（1）光彩光变面额数字。位于票面正面中部。改变钞票观察角度，面额数字“50”的颜色在绿色和蓝色之间变化，并可见一条亮光带上下滚动。

（2）动感光变镂空开窗安全线。位于票面正面右侧。改变钞票观察角度，安全线颜色在红色和绿色之间变化，亮光带上下滚动。透光观察可见“￥50”。

（3）雕刻凹印。票面正面毛泽东头像、国徽、“中国人民银行”行名、装饰团花、右上角面额数字、盲文面额标记及背面主景等均采用雕刻凹版印刷，触摸有凹凸感。

（4）人像水印。位于票面正面左侧。透光观察，可见毛泽东头像水印。

（5）白水印。位于票面正面左侧下方。透光观察，可见面额数字“50”。

（6）胶印对印图案。票面正面左下角和背面右下角均有面额数字“50”的局部图案。透光观察，正背面图案组成一个完整的面额数字“50”。

2. 主要防伪特征布局示意图（见图 3－61 至图 3－63）。

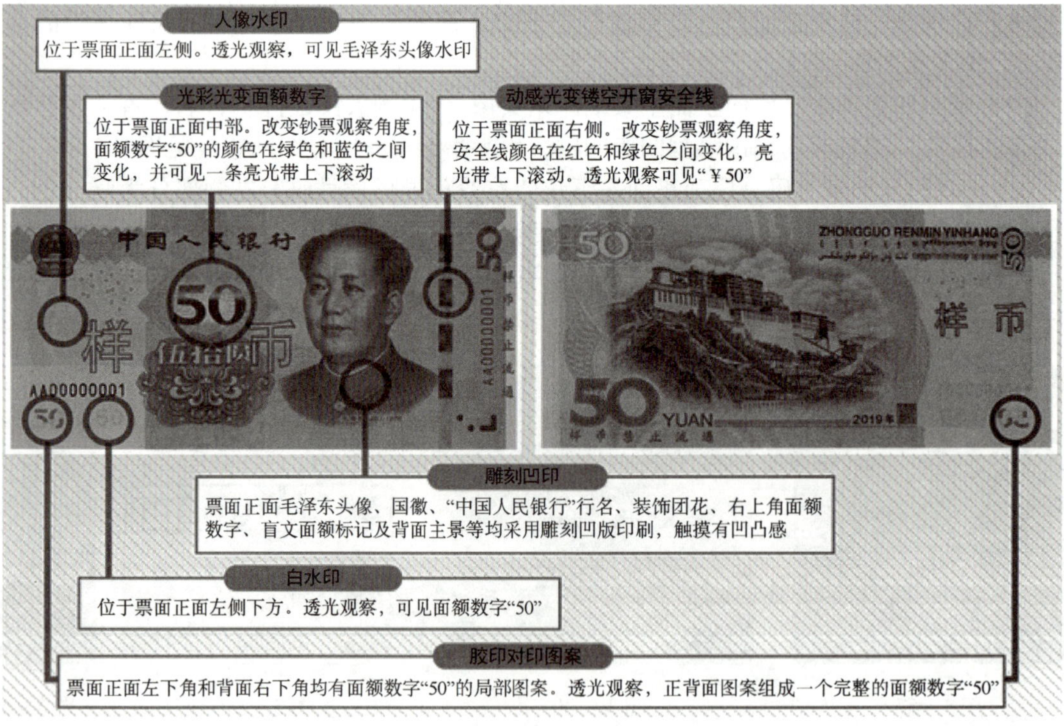

图 3－61

50元正面
中部面额数字调整为光影光变面额数字“50”
调整中部装饰团花的样式
左侧增加装饰纹样
调整左侧横号码的样式
调整左侧胶印对印图案的样式
右侧增加动感光变镂空开窗安全线
右侧增加竖号码
取消左下角光变油墨面额数字
9调整右侧毛泽东头像的样式
调整右上角面额数字的样式
取消右侧凹印手感线
中国人民银行
AA00000001
2019年版
2005年版

图 3－62

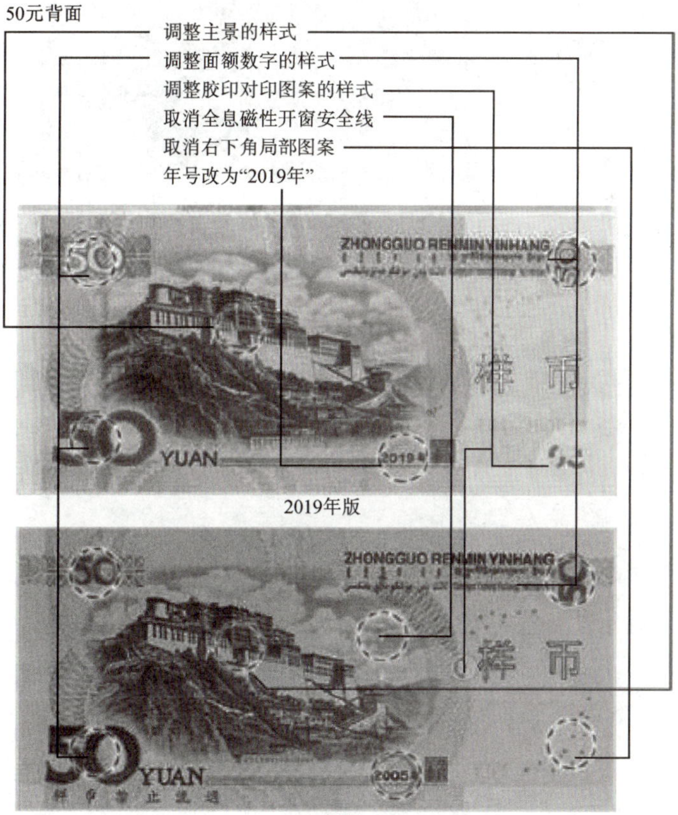
50元背面
调整主景的样式
调整面额数字的样式
调整胶印对印图案的样式
取消全息磁性开窗安全线
取消右下角局部图案
年号改为“2019年”
ZHONGGUO RENMIN YINHANG
YUAN
2019年版
2005年版

图 3－63

三、第五套人民币 20 元主要防伪特征

（一）2005 年版

1. 票面特征。主色调为棕色，票幅长 145mm、宽 70mm。票面正面主景为毛泽东头像、左侧为“中国人民银行”行名、阿拉伯数字“20”、面额“贰拾圆”和花卉图案。票面左上角为中华人民共和国“国徽”图案，右下方为盲文面额标记。票面背面主景为“桂林山水”图案。票面右上方为“中国人民银行”的汉语拼音字母和蒙、藏、维、壮四种民族文字的“中国人民银行”字样和面额。正面主景图案右侧为凹印手感线，左下角为胶印对印图案和白水印面额数字。背面主景图案左下方为面额数字和汉语拼音“YUAN”；年号为“2005年”。

2. 防伪特征（见图 3－64）。

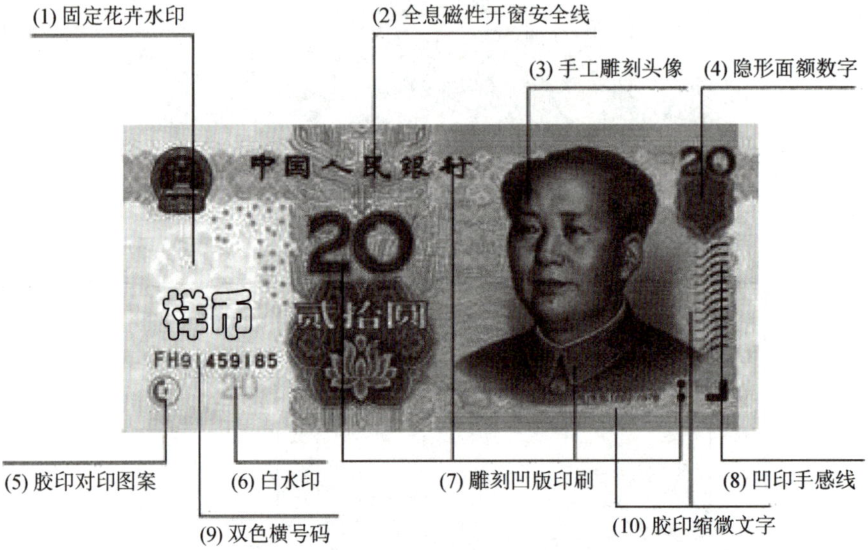

(a)正面

(b)背面

图 3－64

（1）固定花卉水印。位于票面正面左侧空白处，迎光透视，可以看到立体感很强的荷花水印（见图3-65）。

（2）全息磁性开窗安全线。正面中间偏左，有一条开窗安全线，开窗部分可以看到由缩微字符“¥20”组成的全息图案，仪器检测有磁性（见图3-66）。

（3）手工雕刻头像。票面正面主景毛泽东头像，采用手工雕刻凹版印刷工艺，形象逼真、传神，凹凸感强，易于识别（见图3-67）。

图3-65

图3-66

图3-67

（4）隐形面额数字。票面正面右上方有一装饰图案，将票面置于与眼睛平行的位置，面对光源做上下倾斜晃动，即可看到面额数字“20”字样（见图3-68）。

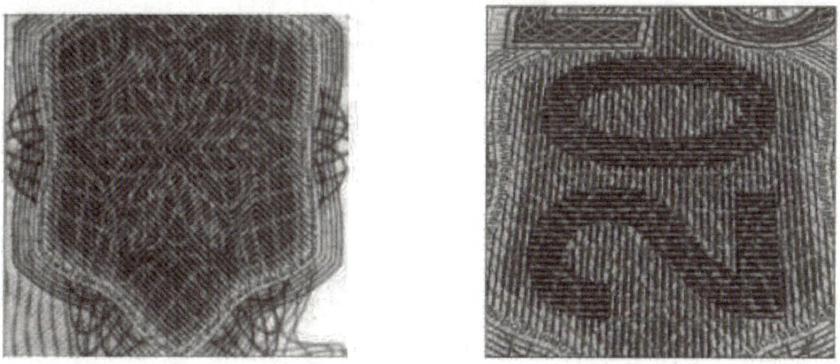

图3-68

（5）胶印对印图案。正面左下角和背面右下角均有一圆形局部图案，迎光透视，可以看到正背面的局部图案合并为一个完整的古钱币图案（见图3-69）。

（6）白水印。位于正面双色横号码下方，迎光透视，可以看到透光性很强的水印“20”字样（见图3-70）。

（7）雕刻凹版印刷。票面正面“中国人民银行”行名、面额数字、盲文面额标识等均采用雕刻凹版印刷，用手指触摸有明显凹、凸感（见图3-71）。

（8）凹印手感线。正面主景图案右侧，有一组自上而下规则排列的线纹，采用雕刻凹版印刷工艺印制，用手触摸，有极强的凹凸感（见图3-72）。

（9）双色横号码。票面正面采用双色横号码印刷，号码左半部分为红色，右半部分为黑色（见图3-73）。

（10）胶印缩微文字。票面正面右侧和下方及背面图案中，多处印有胶印缩微文字，在放大镜下可看到“RMB20”字样（见图3-74）。

图 3－69

图 3－70

图 3－71

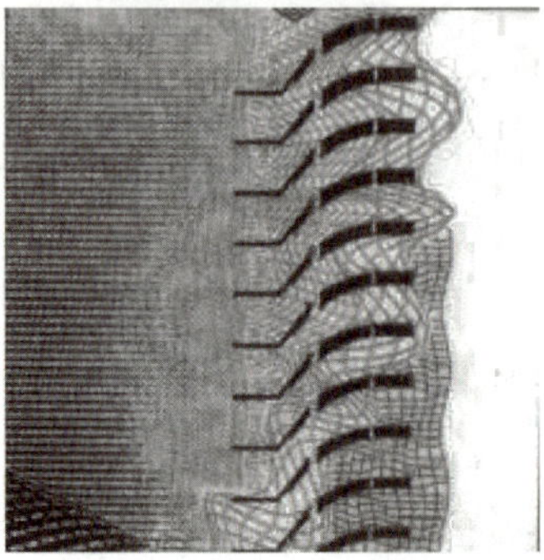

图 3－72

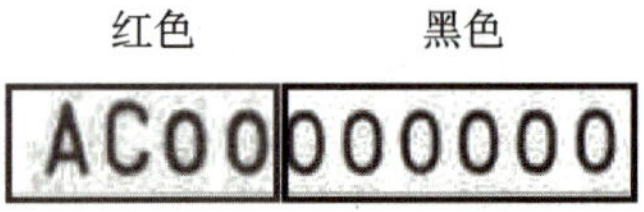

图 3－73

图 3－74

（二）2019 年版

1. 主要防伪特征。

（1）光彩光变面额数字。位于票面正面中部。改变钞票观察角度，面额数字“20”的颜色在金色和绿色之间变化，并可见一条亮光带上下滚动。

（2）光变镂空开窗安全线。位于票面正面右侧。改变钞票观察角度，安全线颜色在红色和绿色之间变化。透光观察可见“￥20”。

（3）雕刻凹印。票面正面毛泽东头像、国徽、“中国人民银行”行名、装饰团花、右上角面额数字、盲文面额标记及背面主景等均采用雕刻凹版印刷，触摸有凹凸感。

（4）花卉水印。位于票面正面左侧。透光观察，可见花卉图案水印。

（5）白水印。位于票面正面左侧下方。透光观察，可见面额数字“20”。

（6）胶印对印图案。票面正面左下角和背面右下角均有面额数字“20”的局部图案。透光观察，正背面图案组成一个完整的面额数字“20”。

2. 主要防伪特征布局示意图（见图 3－75）。

❶ 光彩光变面额数字
❷ 光变镂空开窗安全线
❸ 雕刻凹印
❹ 花卉水印
❺ 白水印
❻ 胶印对印图案

图 3－75

四、第五套人民币 10 元主要防伪特征

（一）2005 年版

1. 票面特征。主色调为蓝黑色，票幅长 140mm、宽 70mm。票面正面主景为毛泽东头像、左侧为“中国人民银行”行名、阿拉伯数字“10”、面额“拾圆”和花卉图案。票面左上角为中华人民共和国“国徽”图案，右下方为盲文面额标记。票面背面主景为“长江三峡”图案。票面右上方为“中国人民银行”的汉语拼音字母和蒙、藏、维、壮四种民族文字的“中国人民银行”字样和面额。正面主景图案右侧为凹印手感线。背面主景图案左下方为面额数字和汉字拼音“YUAN”；年号为“2005 年”。

2. 防伪特征（见图 3－76）。

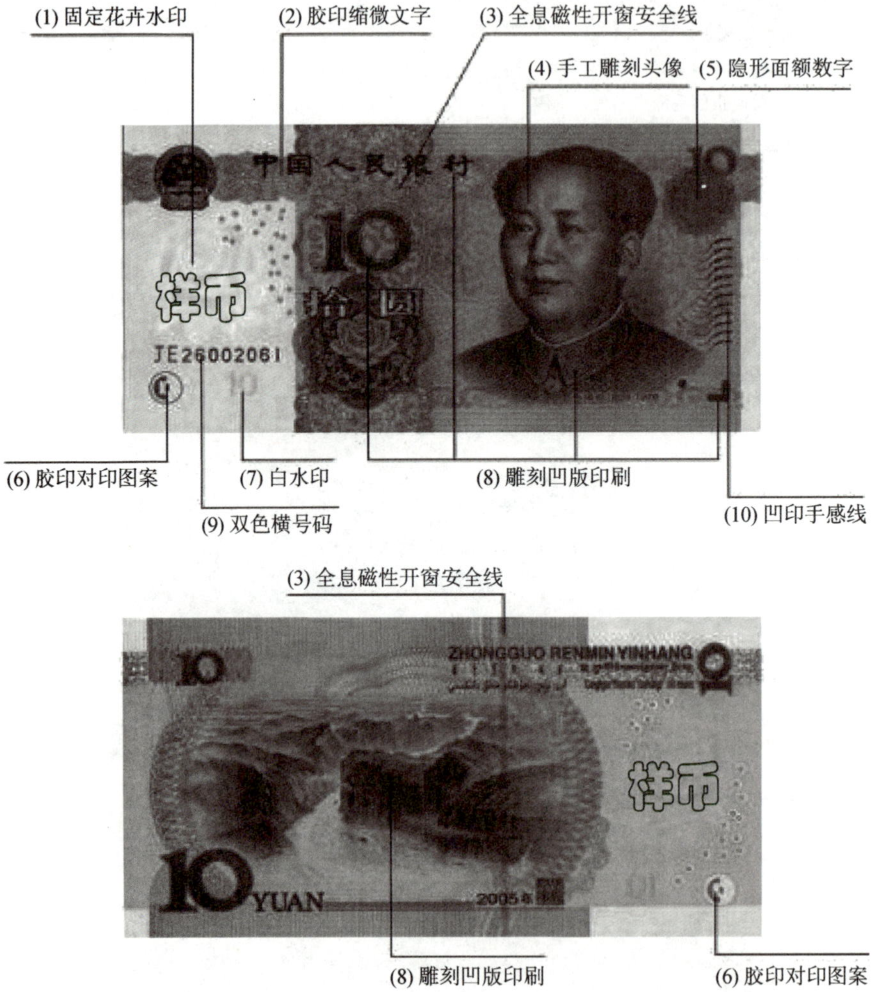

图 3－76

（1）固定花卉水印。位于票面正面左侧空白处，迎光透视，可以看到立体感很强的月季花水印（见图 3－77）。

（2）胶印缩微文字。票面正面上方胶印图案中，多处印有胶印缩微文字，在放大镜下

可看到“RMB10”字样（见图 3－78）。

（3）全息磁性开窗安全线（见图 3－79）。正面中间偏左，有一条开窗安全线，开窗部分可以看到由缩微字符“￥10”组成的全息图案，仪器检测有磁性。（开窗安全线，指局部埋入纸张中，局部裸露在纸面上的一种安全线。）

（4）手工雕刻头像。票面正面主景毛泽东头像，采用手工雕刻凹版印刷工艺，形象逼真、传神，凹凸感强，易于识别（见图 3－80）。

图 3－77

图 3－78

图3－79

图 3－80

（5）隐形面额数字。票面正面右上方有一装饰性图案，将票面置于与眼睛平行的位置，面对光源做上下倾斜晃动，即可看到面额数字“10”字样（见图 3－81）。

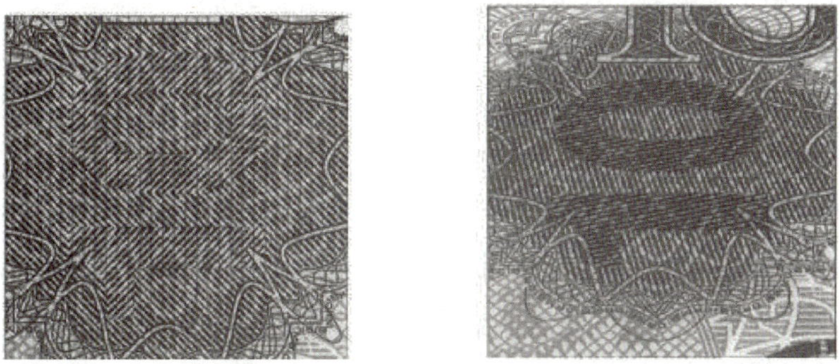

图 3－81

（6）胶印对印图案。票面正面左下角和背面右下角均有一圆形局部图案，迎光透视，可以看到正背面图案合并组成一个完整的古钱币图案（见图 3－82）。

图 3－82

（7）白水印。位于双色横号码下方，迎光透视，可以看到透光性很强的图案“10”水印（见图3－83）。

（8）雕刻凹版印刷。票面正面主景毛泽东头像、“中国人民银行”行名、面额数字、盲文面额标识和背面主景“长江三峡”图案等均采用雕刻凹版印刷，用手指触摸有明显凹凸感（见图3－84）。

图3－83

图3－84

（9）双色横号码。票面正面采用双色横号码印刷，左侧部分为红色，右侧部分为黑色（见图3－85）。

（10）凹印手感线。正面主景图案右侧，有一组自下而上规则排列的线纹，采用雕刻凹版印刷工艺印制，用手指触摸，有极强的凹凸感（见图3－86）。

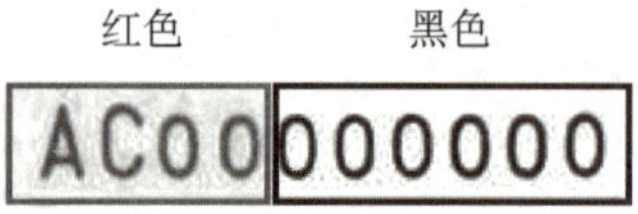

图3－85

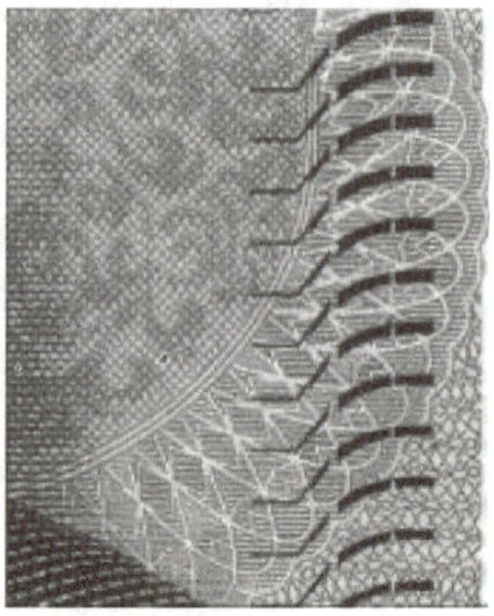

图3－86

（二）2019年版

1. 主要防伪特征。

（1）光彩光变面额数字。位于票面正面中部。改变钞票观察角度，面额数字“10”的颜色在绿色和蓝色之间变化，并可见一条亮光带上下滚动。

（2）光变镂空开窗安全线。位于票面正面右侧。改变钞票观察角度，安全线颜色在红色和绿色之间变化。透光观察可见“￥10”。

（3）雕刻凹印。票面正面毛泽东头像、国徽、“中国人民银行”行名、装饰团花、右上角面额数字、盲文面额标记及背面主景等均采用雕刻凹版印刷，触摸有凹凸感。

（4）花卉水印。位于票面正面左侧。透光观察，可见花卉图案水印。

（5）白水印。位于票面正面左侧下方。透光观察，可见面额数字“10”。

（6）胶印对印图案。票面正面左下角和背面右下角均有面额数字“10”的局部图案。透光观察，正背面图案组成一个完整的面额数字“10”。

2. 主要防伪特征布局示意图（见图3－87）。

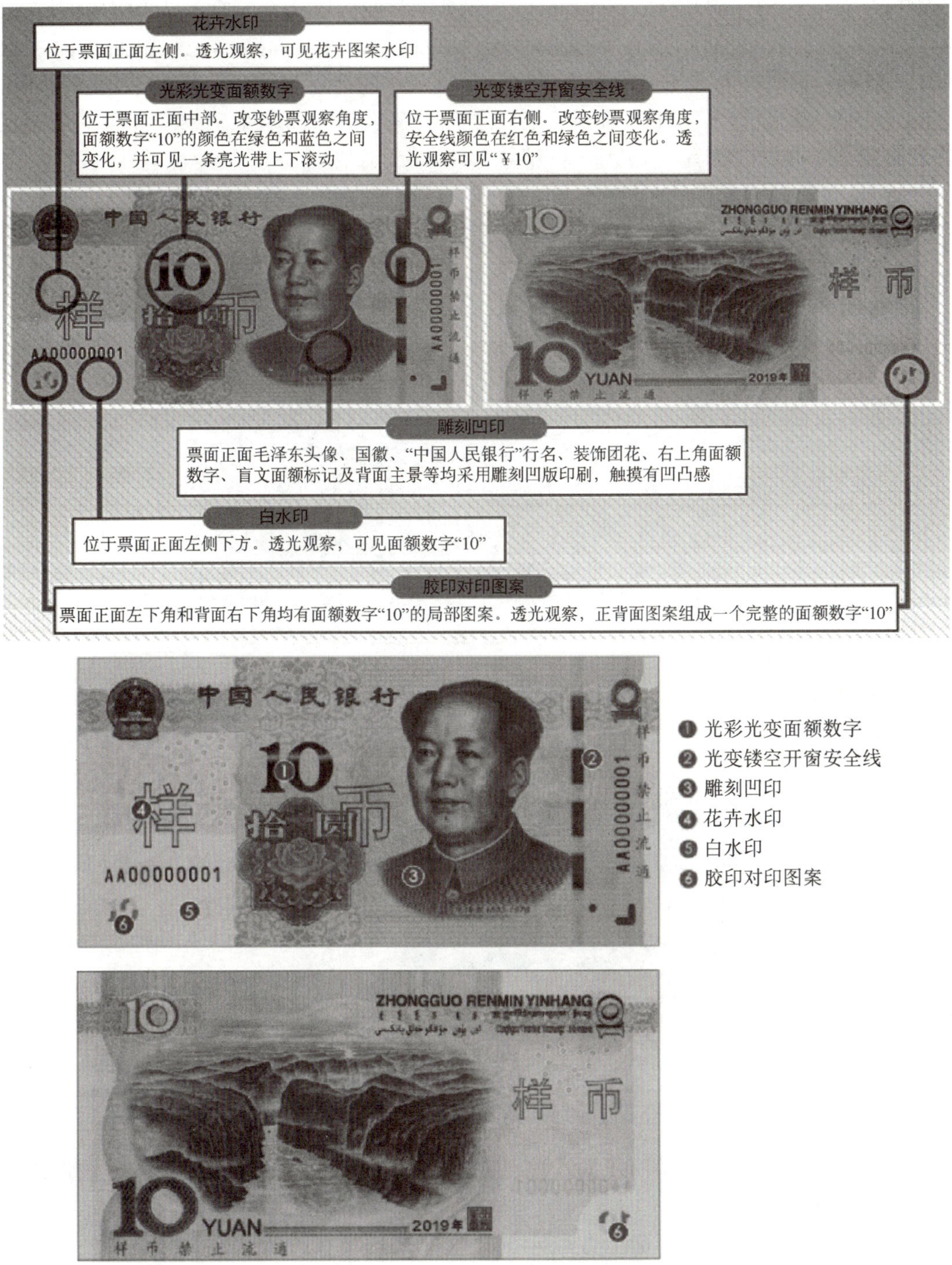

图3－87

五、2005年版第五套人民币5元主要防伪特征

（一）票面特征

主色调为紫色，票幅长135mm、宽63mm。票面正面主景为毛泽东头像、左侧为“中国人民银行”行名、阿拉伯数字“5”、面额“伍圆”和花卉图案。票面左上角为中华人民共和国“国徽”图案，左下角印有双色横号码，右下方为盲文面额标记。票面背面主景为“泰山”图案。票面右上方为“中国人民银行”的汉语拼音字母和蒙、藏、维、壮四种民族文字的“中国人民银行”字样和面额。正面主景图案右侧为凹印手感线。背面主景图案左下方为面额数字和汉语拼音“YUAN”；年号为“2005年”。

（二）防伪特征（见图3－88）

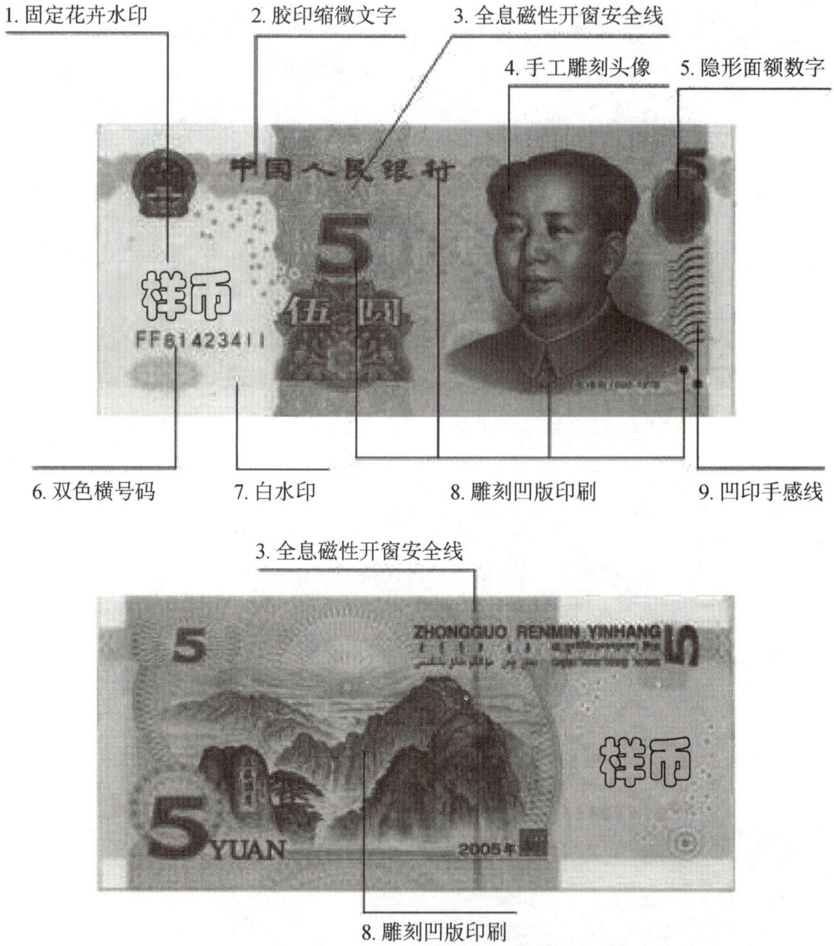

图3－88

1. 固定花卉水印。位于票面正面左侧空白处，迎光透视，可以看到立体感很强的水仙花水印（见图3－89）。

2. 胶印缩微文字。票面正面上方胶印图案中，多处印有胶印缩微文字，在放大镜下可看到“RMB5”和“5”字样（见图3－90）。

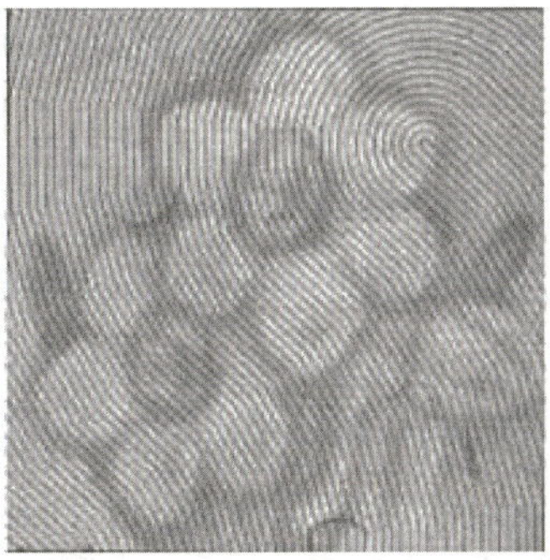

图 3－89

图 3－90

3. 全息磁性开窗安全线。正面中间偏左，有一条开窗安全线，开窗部分可以看到由缩微字符“￥5”组成的全息图案，仪器检测有磁性（开窗安全线，指局部埋入纸张中，局部裸露在纸面上的一种安全线）（见图 3－91）。

4. 手工雕刻头像。票面正面主景毛泽东头像，采用手工雕刻凹版印刷工艺，形象逼真、传神，凹凸感强，易于识别（见图 3－92）。

图 3－91

图 3－92

5. 隐形面额数字。票面正面右上方有一装饰图案，将票面置于与眼睛平行的位置，面对光源做上下倾斜晃动，即可看到面额数字“5”字样（见图 3－93）。

图 3－93

6. 双色横号码。票面正面采用双色横号码印刷，左侧部分为红色，右侧部分为黑色

（见图 3－94）。

7. 白水印。位于双色横号码下方，迎光透视，可以看到透光性很强的图案“5”水印（见图 3－95）。

图 3－94

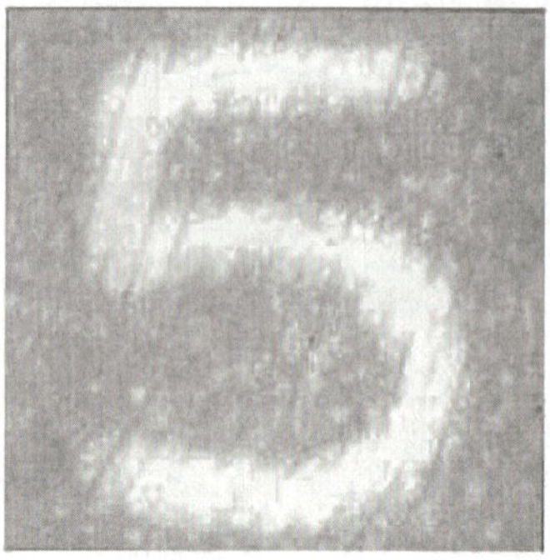
图 3－95

8. 雕刻凹版印刷。票面正面主景毛泽东头像、“中国人民银行”行名、面额数字、盲文面额标识和背面主景“泰山”图案等均采用雕刻凹版印刷，用手指触摸有明显凹、凸感（见图 3－96）。

9. 凹印手感线。正面主景图案右侧，有一组自下而上规则排列的线纹，采用雕刻凹版印刷工艺印制，用手指触摸，有极强的凹凸感（见图 3－97）。

图 3－96

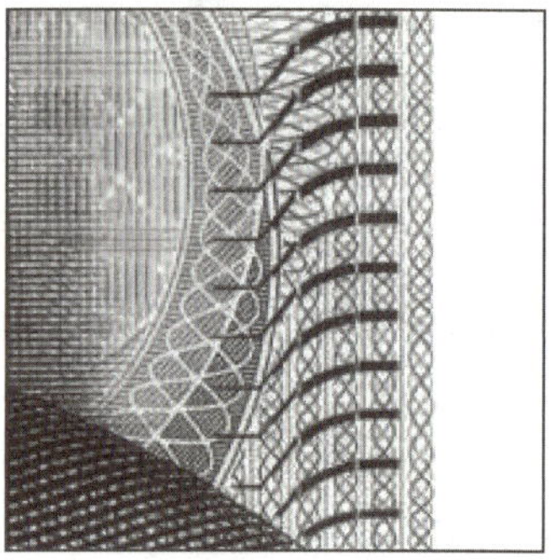
图 3－97

六、2019 年版第五套人民币 1 元纸币防伪特征

2019 年版第五套人民币 1 元纸币规格、主图案、主色调、“中国人民银行”行名、国徽、盲文面额标记、汉语拼音行名、民族文字等要素，雕刻凹印等防伪特征，均与 1999 年版第五套人民币 1 元纸币相同。取消了正面右侧凹印隐形面额数字和手感线图案。

（一）主要防伪特征

1. 雕刻凹印。票面正面毛泽东头像、国徽、“中国人民银行”行名、装饰团花、右上角面额数字、盲文面额标记等均采用雕刻凹版印刷，触摸有凹凸感。

2. 花卉水印。位于票面正面左侧。透光观察，可见花卉图案水印。

3. 白水印。位于票面正面左侧下方。透光观察，可见面额数字“1”。

（二）主要防伪特征布局示意图（见图 3－98）

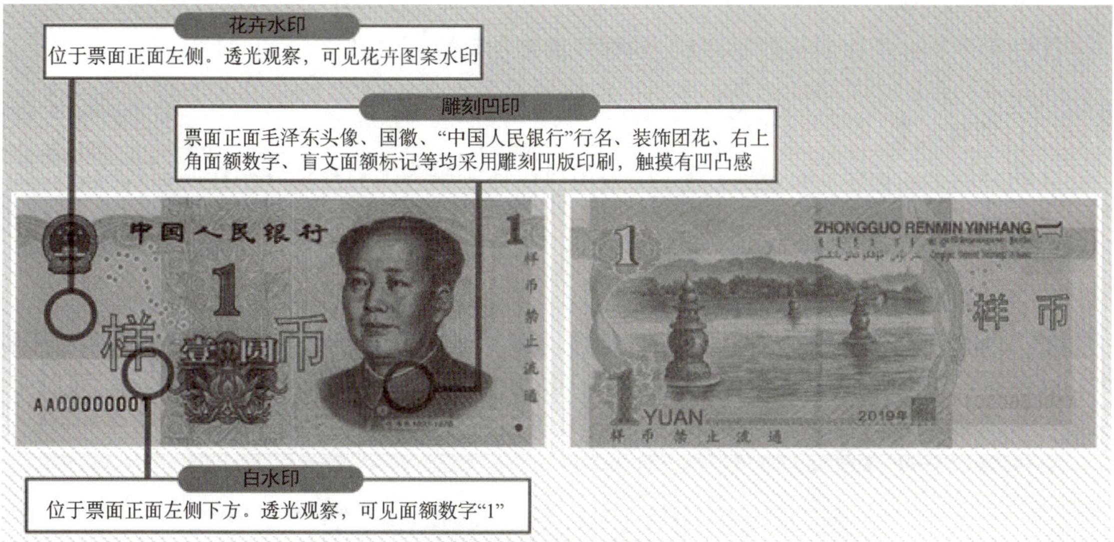

(a)雕刻凹印

(b)花卉水印

(c)白水印

图 3－98

七、2019 年版第五套人民币 1 元硬币防伪特征

1. 2019 年版第五套人民币 1 元硬币保持 1999 年版第五套人民币 1 元硬币外形、外缘特征、“中国人民银行”行名、汉语拼音面额、人民币单位、花卉图案、汉语拼音行名、材质

等要素保持不变的情况下，做了如下调整：

（1）增加元素。

①隐形图文：正面面额数字“1”轮廓线内增加隐形图文“￥”和“1”。

②圆点：正面边部增加圆点，丰富了币面形式美。

（2）调整元素。

①面额数字：正面面额数字“1”字体由衬线体调整为无衬线体并稍作倾斜处理。

②菊花：背面菊花图案适当收缩。

③规格：直径由 25 毫米调整为 22.25 毫米。

2. 主要防伪特征。

（1）隐形图文。在硬币正面面额数字轮廓线内，有一组隐形图文“￥”和“1”。转动硬币，从特定角度可以观察到“￥”，从另一角度可以观察到“1”。

（2）外缘滚字。在硬币外缘的圆柱面，有等距离分布的三组字符“RMB”。

3. 主要防伪特征布局示意图（见图 3－99）。

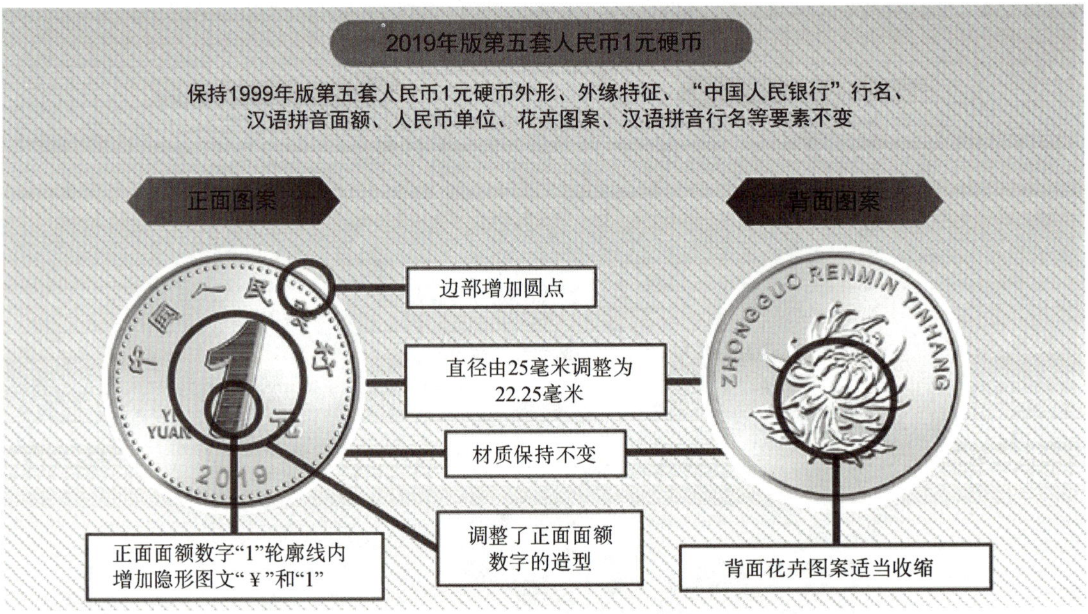

图 3－99

（1）1 元硬币币面特征（见图 3－100）。

硬币直径调整

面额数字造型调整

面额数字“1”轮廓线内增加隐形图文“¥”和“1”

边部增加圆点

图 3－100

（2）1 元硬币防伪特征。

①隐形图文：在硬币正面面额数字轮廓线内，有一组隐形图文“￥”和“1”。转动硬币，从特定角度可以观察到“￥”，从另一角度可以观察到“1”（见图 3－101）。

②外缘滚字：在硬币外缘的圆柱面，有等距离分布的三组字符“RMB”（见图 3－102）。

图 3－101

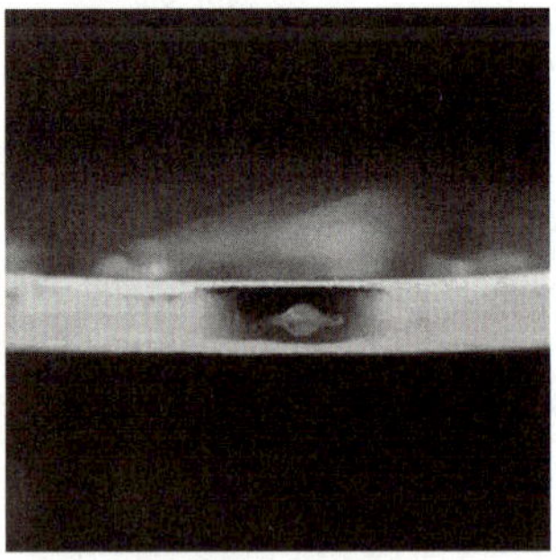

图 3－102

八、2019 年版第五套人民币 5 角硬币防伪特征

2019 年版第五套人民币 5 角硬币保持 1999 年版第五套人民币 5 角硬币外形、外缘特征、“中国人民银行”行名、汉语拼音面额、人民币单位、花卉图案、汉语拼音行名等要素不变，正面面额数字“5”字体由衬线体调整为无衬线体并稍作倾斜处理。背面花卉图案适当收缩。材质由钢芯镀铜合金改为钢芯镀镍，色泽由金黄色改为镍白色。正背面内周缘形状由圆形调整为多边形，直径保持不变。

（一）主要防伪特征

间断丝齿：在硬币外缘的圆柱面，共有六个丝齿段，每个丝齿段有八个齿距相等的丝齿。

（二）主要防伪特征布局示意图（见图 3－103）

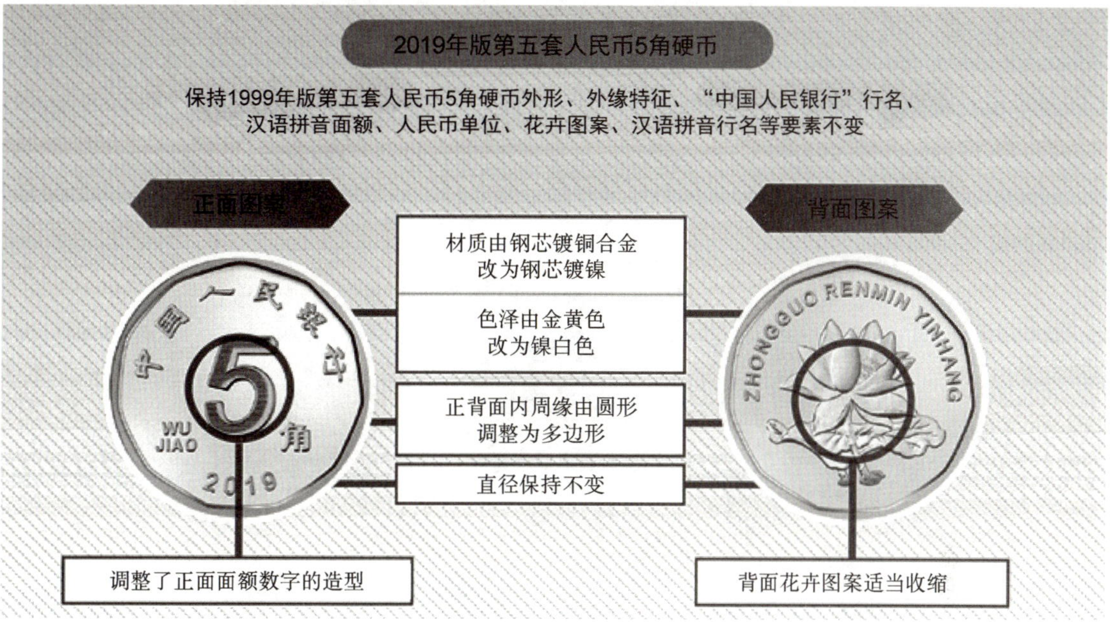

图 3－103

1. 5 角硬币币面特征（见图 3－104）。

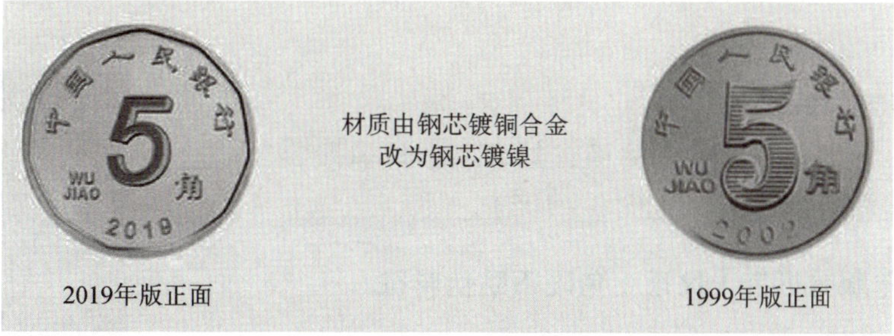

图 3－104

2. 5 角硬币防伪特征。

间断丝齿：在硬币外缘的圆柱面，共有六个丝齿段，每个丝齿段有八个齿距相等的丝齿（见图 3－105）。

图 3－105

九、2019 年版第五套人民币 1 角硬币防伪特征

2019 年版第五套人民币 1 角硬币保持 2005 年版第五套人民币 1 角硬币外形、外缘特征、“中国人民银行”行名、汉语拼音面额、人民币单位、花卉图案、汉语拼音行名等要素不变，调

整了正面面额数字的造型，背面花卉图案适当收缩。正面边部增加圆点。直径和材质保持不变。

（一）主要防伪特征布局示意图（见图 3－106）

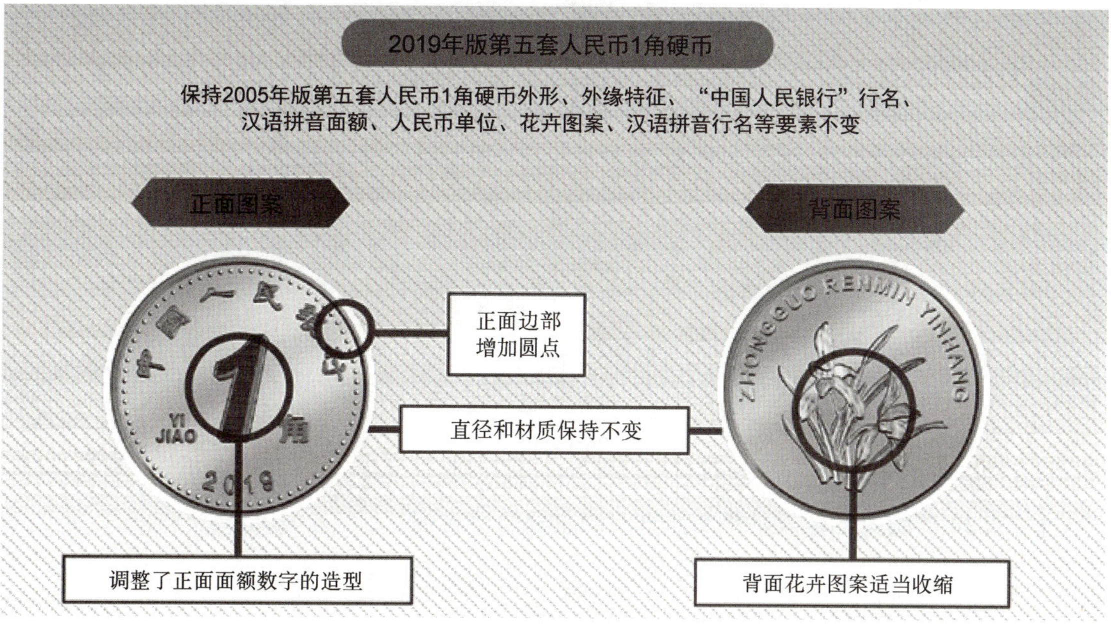

图 3－106

（二）1 角硬币币面特征（见图 3－107）

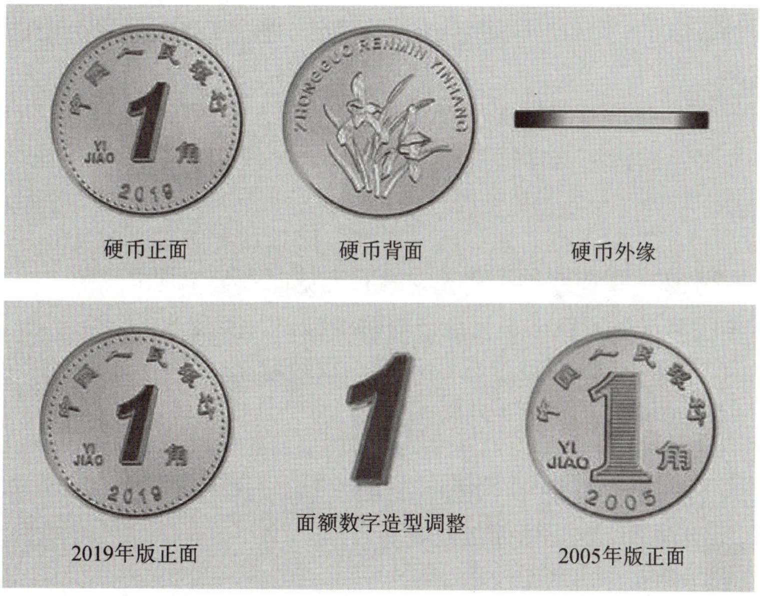

图 3－107

十、2020 年版第五套人民币 5 元纸币的主要防伪特征

中国人民银行于 2020 年 11 月 5 日起，发行了 2020 年版第五套人民币 5 元纸币。

（一）主要防伪特征

1. 光彩光变面额数字。位于票面正面中部。改变钞票观察角度，面额数字“5”的颜色在金色和绿色之间变化，并可见一条亮光带上下滚动。

2. 凹印对印面额数字与凹印对印图案。票面正面左下角、右上角和其对应背面的右下角、左上角有面额数字“5”和对印图案的局部图案，透光观察，正背面图案组成完整的面额数字与对印图案。

3. 雕刻凹印。票面正面毛泽东头像、国徽、“中国人民银行”行名、对印面额数字与图案、装饰团花、盲文面额标记及背面主景、对印面额数字与图案等均采用雕刻凹版印刷，触摸有凹凸感。

4. 花卉水印。位于票面正面左侧。透光观察，可见花卉图案水印。

5. 白水印。位于票面正面左侧。透光观察，可见面额数字“5”。

（二）2020 年版第五套人民币 5 元纸币的防伪标识（见图 3－108）

1. 位于票面正面中部。改变钞票观察角度，面额数字“5 ”的颜色在金色和绿色之间变化，并可见一条亮光带上下滚动（见图 3－109）。

2. 调整装饰团花与层次效果。

3. 取消全息磁性开窗安全线（见图 3－110）。

4. 取消右侧凹印手感线和隐形面额数字。

5. 调整花卉水印样式和白水印位置。

位于票面正面左侧。透光观察，可见花卉图案水印。

位于票面正面左侧。透光观察，可见面额数字“5”（见图 3－111）。

(a)正面

(b)背面

图 3－108

图 3－109

图 3－110

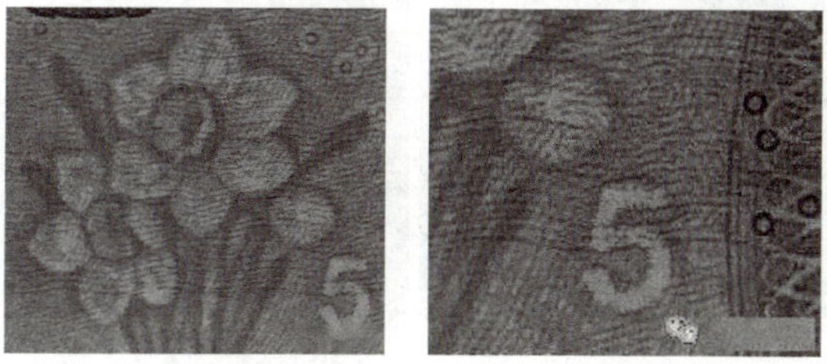

图 3－111

6. 调整左下方双色横号码字形。

7. 调整装饰纹样为凹印对印图文。

8. 调整毛泽东头像样式与雕刻凹印。

票面正面毛泽东头像、国徽、“中国人民银行”行名、对印面额数字与图案、装饰团花、盲文面额标记及背面主景、对印面额数字与图案等均采用雕刻凹版印刷，触摸有凹凸感（见图 3－112）。

图 3－112

9. 凹印对印面额数字。

票面正面右上角和其对应的背面左上角有面额数字“5 ”触摸有凹凸感；透光观察，正背面图案组成完整的面额数字与对印图案（见图 3－113）。

图 3－113

10. 凹印对印面额数字、图案。

票面正面左下角和其对应的背面右下角花卉图案触摸有凹凸感，透光观察，正背面图案组成完整的对印图案。

票面正面左下角和其对应的背面右下角有面额数字“5”触摸有凹凸感；透光观察，正背面图案组成完整的面额数字与对印图案（见图 3－114）。

图 3－114

11. 调整背面主景图案造型和层次效果。

12. 年号改为“2020”年（见图 3－115）。

图 3－115

十一、2020 年版第五套人民币 5 元纸币图案与现行 2005 年版第五套人民币 5 元纸币区别

2020 年版第五套人民币 5 元纸币与 2005 年版第五套人民币 5 元纸币相比，优化了票面结构层次与效果。

2020 年版 5 元纸币保持 2005 年版第五套人民币 5 元纸币规格、主图案、主色调、“中国人民银行”行名、国徽、盲文面额标记、汉语拼音行名、民族文字等要素不变，优化了票面结构层次与效果，提升了整体防伪性能。

（一）正面

1. 中部面额数字调整为光彩光变面额数字“5”（见图 3－116）。

图 3－116

2. 调整中部装饰团花的样式（见图 3－117）。

图 3－117

3. 取消中部全息磁性开窗安全线（见图 3－118）。

图 3－118

4. 左侧增加装饰纹样（见图 3－119）。

图 3－119

5. 调整左侧花卉水印的样式（见图 3－120）。

图 3－120

6. 调整左侧面额数字白水印的位置（见图 3－121）。

图 3－121

7. 调整左侧横号码的样式（见图 3－122）。

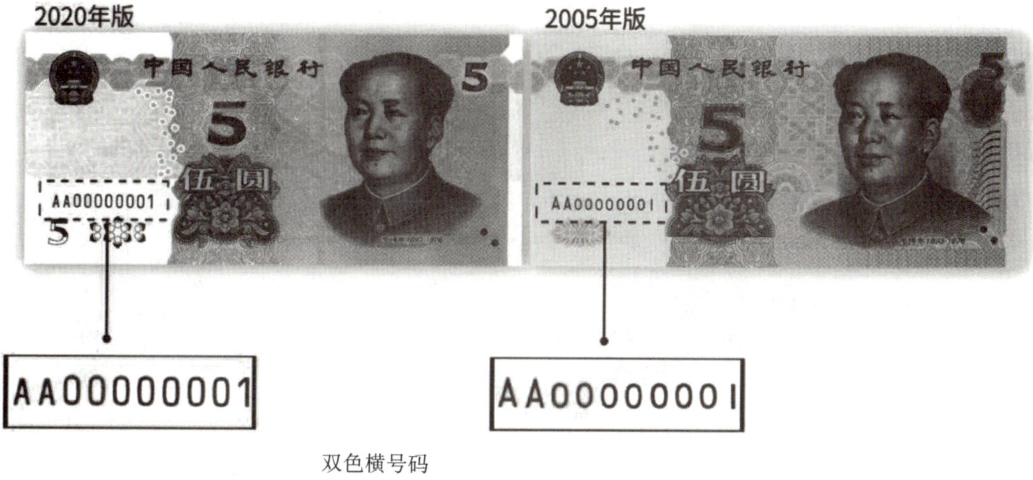

图 3－122

8. 左下角和右上角局部图案调整为凹印对印面额数字与凹印对印图案（见图 3－123）。

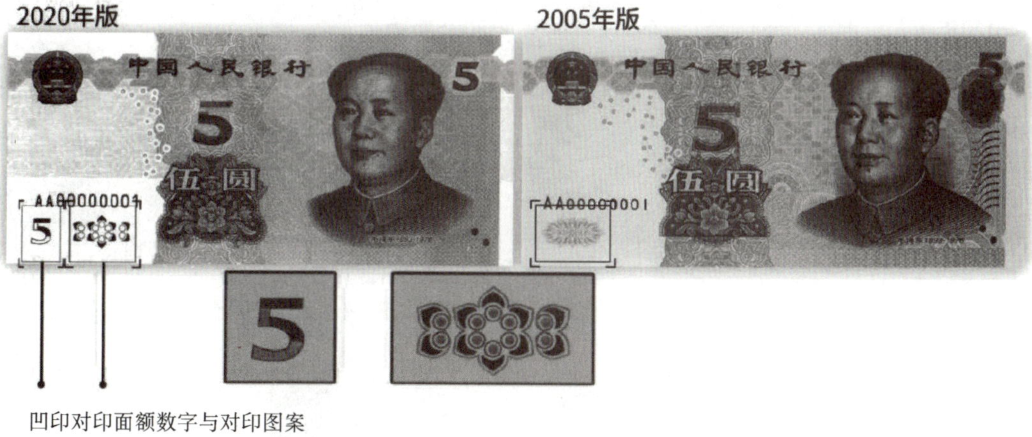

图 3－123

9. 调整右侧毛泽东头像的样式（见图 3－124）。

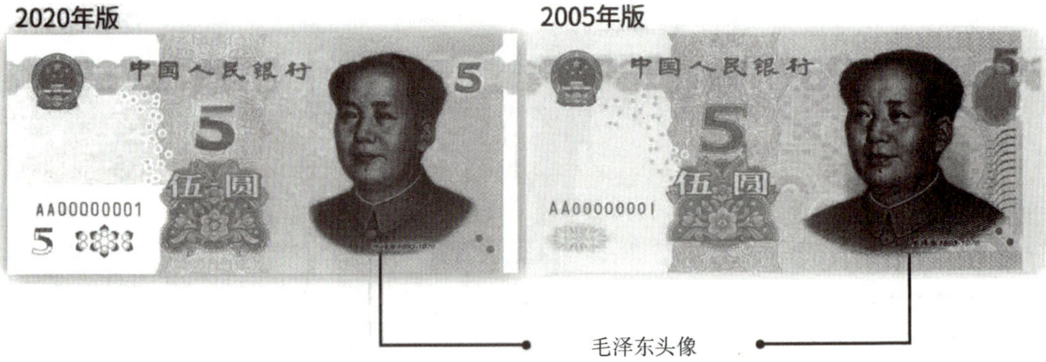

图 3－124

10. 取消右侧凹印手感线（见图 3－125）。

图 3－125

（二）背面

1. 左上角和右下角局部图案调整为凹印对印面额数字与凹印对印图案（见图 3－126）。

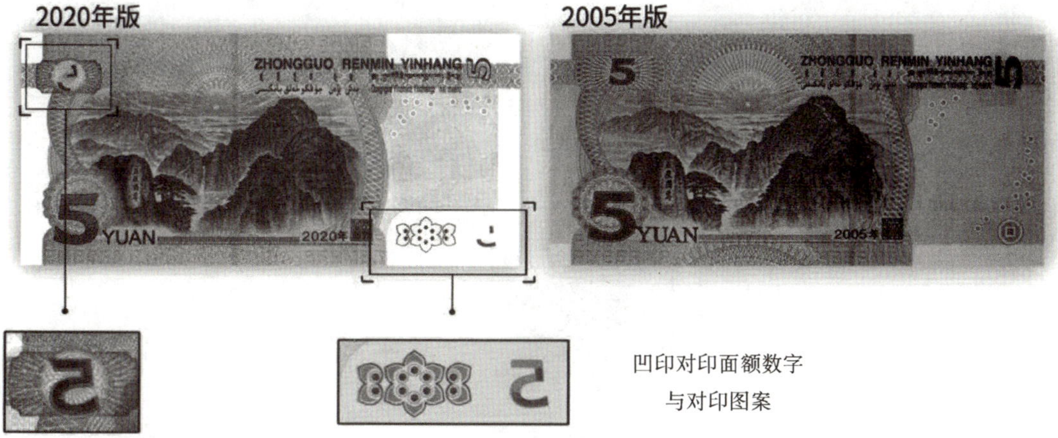

图 3－126

2. 调整主景的样式（见图 3－127）。

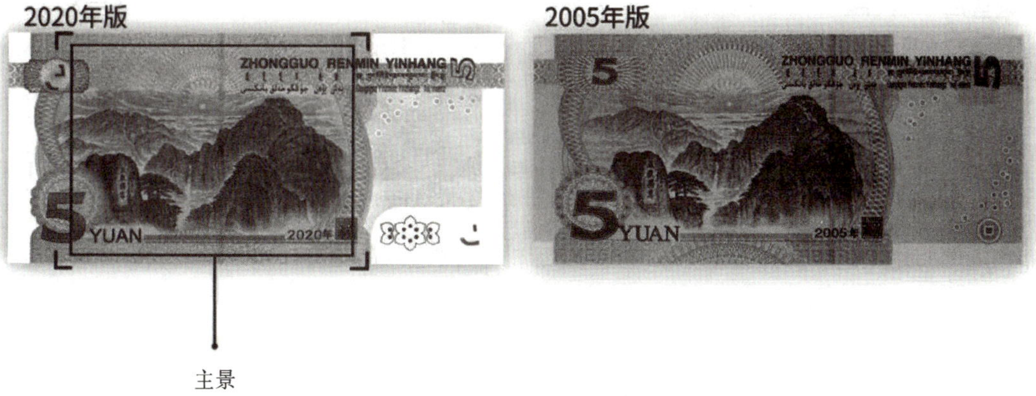

图 3－127

3. 调整面额数字的样式（见图 3－128）。

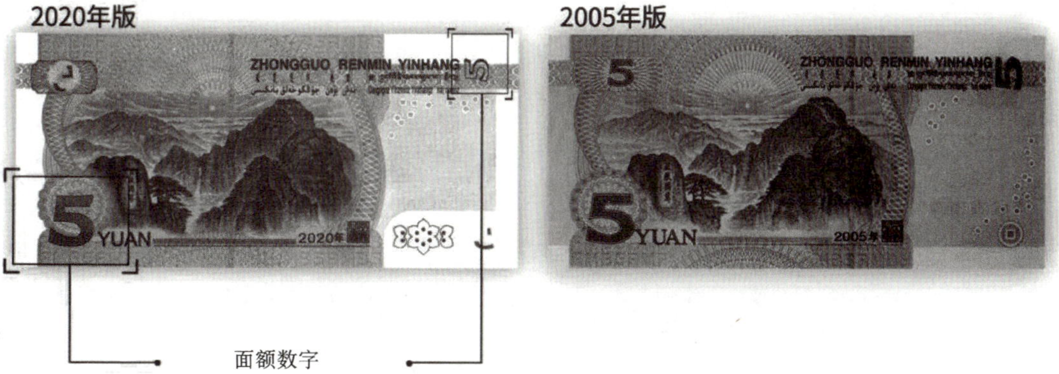

图 3－128

4. 票面年号改为“2020 年”（见图 3－129）。

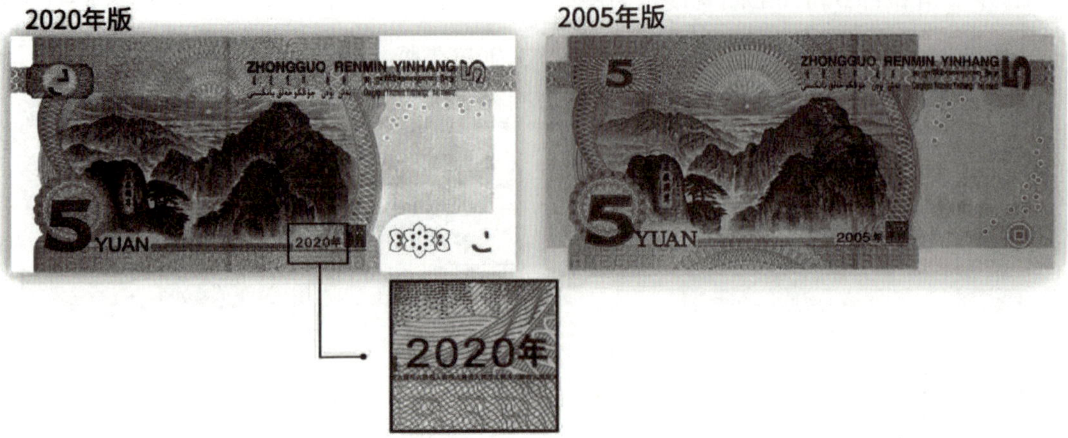

图 3－129

提示：不同的假币其特征是不同的。只有掌握人民币的防伪特征，才能更有效地提高识别假币的能力。

课堂活动考评

- 2005 年版第五套人民币 100 元、50 元、20 元、10 元、5 元纸币，分别有哪些防伪特征？

课后活动考评

1. 2015 年版第五套人民币 100 元、2019 年版第五套人民币 50 元、20 元、10 元、1 元纸币，分别有哪些防伪特征？
2. 2020 年版第五套人民币 5 元纸币，有哪些防伪特征？

第四篇

会计资料的整理和装订技能

项目五　会计资料的整理和装订技术

项目描述	本项目主要介绍会计档案资料的整理和装订技术。通过对本项目的教学和学习，使学生掌握会计档案资料整理的基本要领，认识掌握会计档案资料整理的重要性。为学生日后从事会计档案管理工作做好准备，有利于会计工作的正确实施，提高会计工作效率。
项目内容	模块一　原始凭证的整理技巧 模块二　会计凭证和账簿及报表的装订技巧 活动一　会计凭证角订法 活动二　会计凭证侧订法 活动三　会计账簿及报表的装订
知识目标	原始凭证整理的基本要求 会计凭证装订的基本要求 会计资料归档保管的基本要求
能力目标	熟练掌握原始凭证的整理技巧 熟练掌握会计凭证装订的方法 熟练掌握会计账簿、报表的装订方法
德育目标	1. 培养学生严谨、认真、细致的学习作风 2. 培养学生良好的职业观念、职业作用和职业行为习惯 3. 培养学生团结协作的职业态度和节能高效的生活理念 4. 培养学生会计工作的安全和保密意识 5. 党的二十大报告指出："全面推进科学立法、严格执法、公正司法、全民守法"，加快建设法治社会，努力使遵法学法守法用法在全社会蔚然成风。培养明底线、守规矩、知敬畏、信念坚定、对党忠诚、德法兼修、明法笃行的高素质会计后备力量
建议学时数	4

模块一　原始凭证的整理技巧

【任务导入】

会计人员一般做完当月的账务后，就会将记账凭证等资料整理、归档、分类放置。包括整理记账凭证、填写记账凭证封面、凭证盒封面、将凭证装入盒中，最后就是按账套分类，同类别按时间顺序放置于档案柜中。原始凭证要怎么整理呢？郭姗初次接触会计，对于真实的原始凭证的整理和装订，还没有真正接触过（在校就读时，在会计实训室接触的是仿真实训材料）。因此，她在整理和装订原始凭证时，难免会畏手畏脚。在老会计的鼓励和悉心指导下，她信心倍增，很快就熟练掌握原始凭证的整理和装订。

原始凭证的整理是会计档案管理的重要内容，是存放、利用会计档案的前提。会计资料一般包括会计凭证、会计账簿、会计报表以及其他会计核算资料，它是记录和反映经济业务的历史资料，一般在会计年度终了后，都要对原始凭证进行整理立卷，按照要求装订，以便将来查阅和保管。

会计凭证的整理工作，主要是对凭证进行排序、粘贴和折叠。因为原始凭证的纸张面积与记账凭证的纸张面积不可能全部一样，有时前者大于后者，有时前者小于后者，这就需要会计人员在制作会计凭证时对原始凭证加以适当整理，以便下一步装订成册。手工粘贴原始凭证，应是财会人员应知应会的一门业务技能。

在实际工作中记账凭证所附的原始凭证种类繁多，为了便于日后的装订和归档保管，在填制记账凭证的时候应对附件进行必要的整理和外形加工。而会计账簿和会计报表的格式、大小基本固定，装订时的整理主要是针对账簿类别的区分和顺序的编排。

知识链接

会计档案是指会计凭证、会计账簿和财务报告等会计核算专业资料，是记录和反映企事业单位经济业务发生情况的重要史料和证据，属于单位的重要经济档案，是检查企事业单位过去经济活动的重要依据，也是国家档案的重要组成部分。通过会计档案，可以了解每项经济业务的来龙去脉，可以检查一个单位是否遵守财经纪律，在会计资料中有无弄虚作假、违法乱纪等行为；会计档案还可以为国家、单位提供详尽的经济资料，为国家制定宏观经济政策及为单位制定经营决策提供参考。

《会计法》规定，“各单位对会计凭证、会计账簿、财务会计报告和其他会计资料应建立档案，妥善保管。会计档案的保管期限和销毁办法，由国务院财政部门会同有关部门制定”。因此，法律的主要依据是《会计档案管理办法》，由国务院财政部门会同国家档案局制定。

一、对较大原始凭证的整理活动

对于纸张面积大于记账凭证的原始凭证，不需要对原始凭证进行粘贴，只需将其按记账凭证的面积尺寸，先自右向左，再自下向上两次折叠，自下向上折叠时应特别注意先在左下角折一个斜角，这样往上折后才可以把凭证的左上角或左侧面让出来，不致于在装订时会被订起后无法展开。然后将其用回形针或大头针别在记账凭证后面，待装订时再抽去回形针或大头针（见图4－1）。

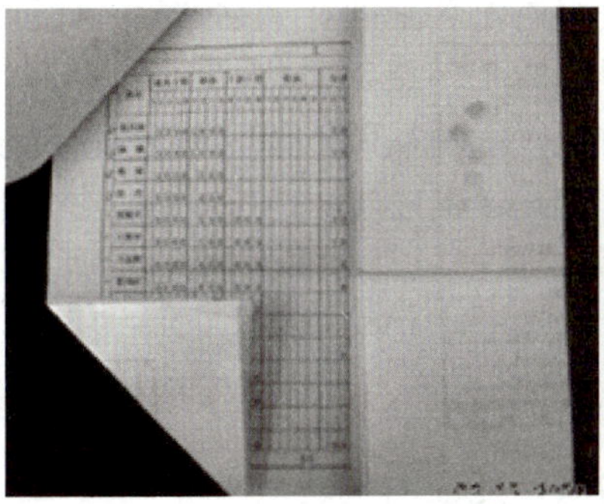

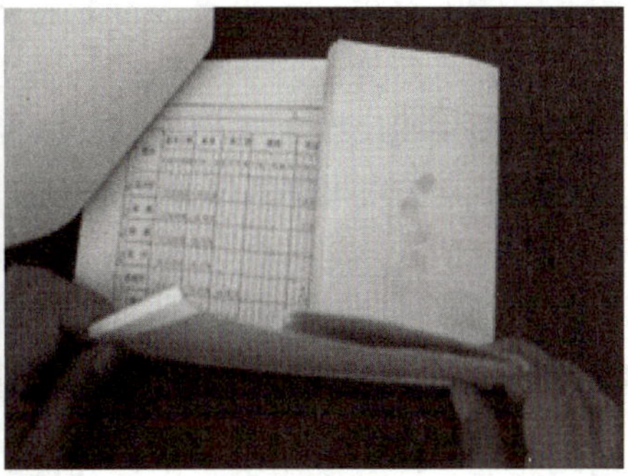

图4－1

提示：折叠后的附件外形尺寸，不应长于或宽于记账凭证，同时还要便于翻阅；附件本身不必保留的部分可以裁掉，但不得因此影响原始凭证内容的完整。

二、对较小原始凭证的整理活动

1. 对于纸张面积过小的原始凭证，一般不能直接装订，可先按一定次序和类别排列，再粘在一张同记账凭证大小相同的白纸或专门的原始凭证粘贴单上，粘贴时宜用胶水。证票应分张排列，同类、同金额的单据尽量粘在一起，同时，在一旁注明张数和合计金额。如果是板状票证，可以将票面票底轻轻撕开，厚纸板弃之不用（见图4－2）。

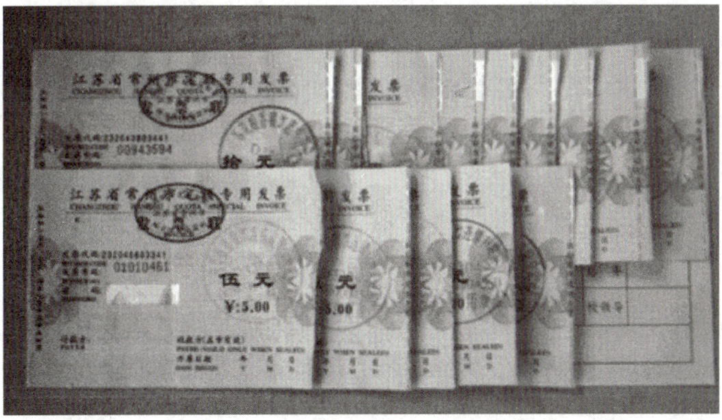

图4－2

2. 原始凭证应按照末级会计科目（如办公费、招待费等）进行分类整理，同类末级会计科目的原始凭证应粘贴在一起。同类原始凭证如果数量较多，大小不一，应按凭证规格的大小进行分类，同一张单据粘贴单上所粘贴的凭证尽量保持大小一致。每张单据粘贴单所粘贴的凭证不得过多，规格较大的凭证（如购物发票等）可粘贴 2 ~ 6 张；规格较小的凭证（如停车费、过路过桥费、定额餐饮发票等）可粘贴 8 ~ 10 张。在单据粘贴单上粘贴凭证时，应由上而下、自左至右、均匀排列粘贴，一般粘贴 2 列，每列 4 ~ 5 张，在粘贴线内均匀粘贴，上、下及右方不得超出粘贴线，两列之间不得重叠、留空或大量累压粘贴。原始凭证应保持原样粘贴，有奖发票应去掉兑奖联，个别规格参差不齐的凭证，可先裁边整理后再行粘贴，但必须保证原始凭证内容的完整性。出差报销凭证（如住宿费、过路过桥费、车船票等），均应使用差旅费报销汇总单做封面。粘贴时，应先将凭证粘贴在单据粘贴单上，然后加贴差旅费报销汇总单，不得直接在差旅费报销汇总单的背面粘贴报销凭证。出差期间因工作需要支出的接待费凭证需单独粘贴，不得混同于差旅费报销。

3. 原始凭证应使用优质胶水进行粘贴，以保证凭证的粘贴效果。粘贴时将胶水涂抹在票据左侧背面，从粘贴单左侧两厘米位置开始粘贴，将票据向右边均匀排开横向粘贴，注意不要将票据集中在粘贴纸中间，以免造成中间厚四周薄、凭证装订起来不整齐的现象；如果凭证数量较多、厚度较高，应在粘贴线外加粘贴条，粘贴好后及时用重物压平，以防褶皱、膨松，确保凭证整体平整。粘好以后要捏住记账凭证的左上角向下抖几下，看是否有未粘住或未粘牢的。

三、与记账凭证一样大或略小于记账凭证的原始凭证的整理

1. 对于纸张面积略小于记账凭证的原始凭证，无须粘贴，也无须折叠，可先归类后用回形针或大头针顺序别在记账凭证后面，待装订时再抽去回形针或大头针。

提示： 原始凭证附在记账凭证后面的顺序应与记账凭证所记载的内容顺序一致，不应按原始凭证的面积大小来排序。

2. 原始凭证较多时，可单独装订，但应在凭证封面注明所属记账凭证的日期、编号和种类，同时在所属的记账凭证上应注明“附件另订”及原始凭证的名称和编号，以便查阅。

课堂活动考评

- 要求同学们用老师所提供的原始凭证进行整理训练。

模块二　会计凭证和账簿及报表的装订技巧

【任务导入】

会计凭证是记录会计核算单位经济业务、明确经济责任的书面证明。根据财政部《会计基础工作规范》规定，记账凭证登记完毕后，应当按照分类和编号顺序保管，不得散乱丢失。为此，必须对会计凭证进行整理和装订。会计凭证和账簿及报表的整理与装订是郭姗日常工作中的一项工作，它既单调、烦琐，又细致、重要，是会计基础工作的一个重要组成部分。

会计凭证和账簿及报表整理与装订的好坏，不但影响其外形的整齐美观，更重要的是其直接影响会计资料的安全、完整及保管与调阅。因此，郭姗在日常工作中非常重视该项工作。

会计凭证的装订是指把定期整理完毕的会计凭证按照编号顺序，外加封面、封底，装订成册，并在装订线上加贴封签。在封面上，应写明单位名称、年度、月份、记账凭证的种类、起讫日期、起讫号数，以及记账凭证和原始凭证的张数，并在封签处加盖会计主管的骑缝图章。会计凭证封面如图 4－3 所示。

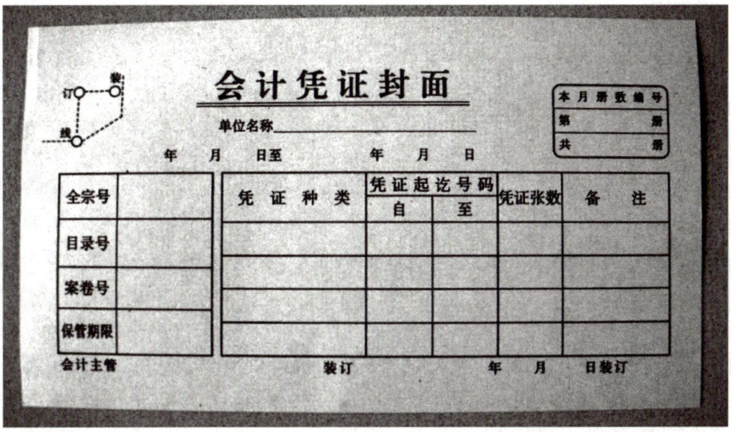

图 4－3

1. 如果采用单式记账凭证，在整理装订凭证时，必须保持会计分录的完整。应按凭证号码顺序还原装订成册，不得按科目归类装订。因此装订前应整理检查凭证顺序号，如有颠倒要重新排列，发现缺号要查明原因。再检查附件是否漏缺，领料单、入库单、工资、奖金发放单是否随附齐全，同时检查记账凭证上有关人员（如财务主管、复核、记账、制单等）的印章是否齐全。对各种重要的原始单据，以及各种需要随时查阅和退回的单据，应另编目录，单独登记保管，并在有关记账凭证和原始凭证上相互注明日期和编号。

2. 会计凭证装订的要求是既美观大方又便于翻阅，所以在装订时要先设计好装订册数及每册的厚度。一般来说，一本凭证，厚度以 1.5～2.0 厘米为宜，太厚了不便于翻阅核查，太薄了又不利于戳立放置。凭证装订册数可根据凭证多少来定，原则上以月份为单位装订，每月订成一册或若干册。有些单位业务量小，凭证不多，把若干个月份的凭证合并订成一册，并在凭证封面注明本册所含的凭证月份即可。

3. 记账凭证的装订应包括以下资料：原始凭证、记账凭证、科目汇总表、银行对账单等等。科目汇总表的工作底稿也可以装订在内，作为科目汇总表的附件。使用计算机的企业，还应将转账凭证清单等装订在内。

在实际工作中，记账凭证的装订方法可以分为角订法和侧订法，角订法比较方便日后的翻阅，而侧订法则更牢固，翻阅时不易损坏。角订法按具体操作过程又可分为两眼装订法和三眼装订法。

活动一　会计凭证角订法

角订法是在凭证左上角进行装订的一种装订方法，在实际工作中比较广泛地使用，一般采用“三针引线法”，装订时在凭证左上角部位打上三个针眼，实行三眼一线打结，装订时应尽可能缩小所占总部位（但应以装订牢固为前提），使记账凭证及其附件有尽可能大的显露面，以便于事后查阅。

具体活动程序如下：

1. 把会计凭证叠放整齐，加封皮（护角）、封面、封底向左上角磕齐，并用铁夹夹紧（见图 4 –4）。

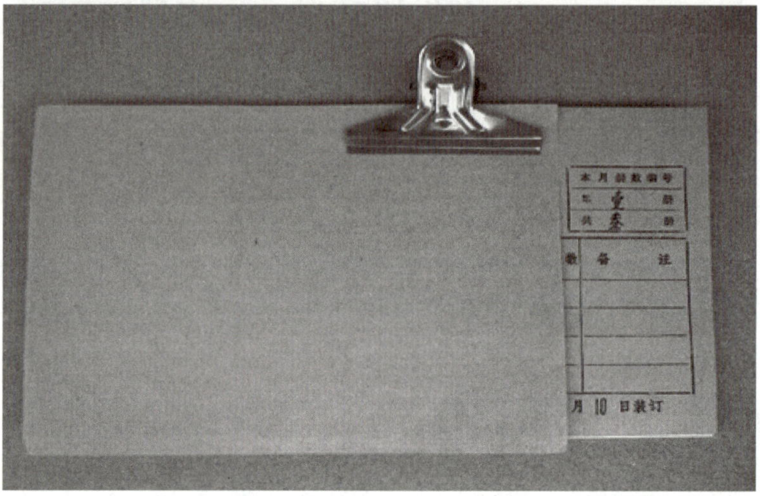

图 4 –4

2. 在会计凭证的左上角打三个孔（见图 4 –5）。

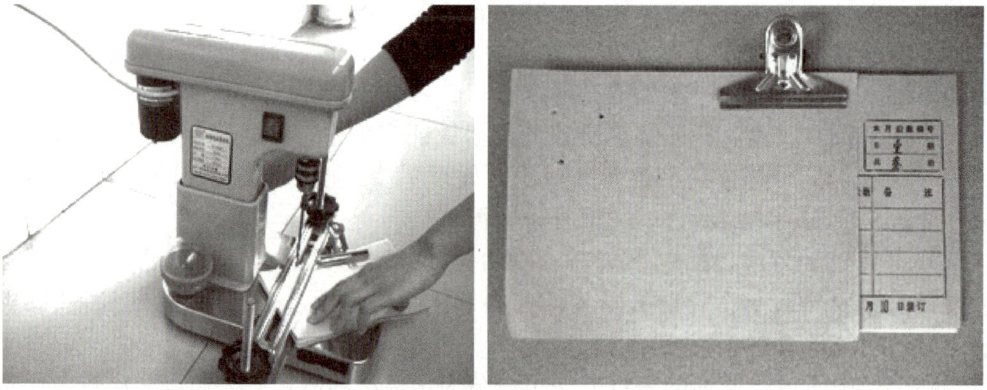

图 4 –5

3. 用线订好，将结打在会计凭证背面（封底），并将线结塞入装订孔（见图 4 –6）。

4. 将封皮（护角纸）向后翻并裁掉多余部分（见图 4 –7）。

5. 涂上胶水，用护角纸封住装订线（见图 4 –8）。

6. 在封面上签字，在背面封口处盖骑缝章（见图 4 –9）。

（1）为保证打眼不歪，在用装订机打眼之前可以在凭证的左上角画一边长为 5 厘米的等腰三角形，用夹子夹住。

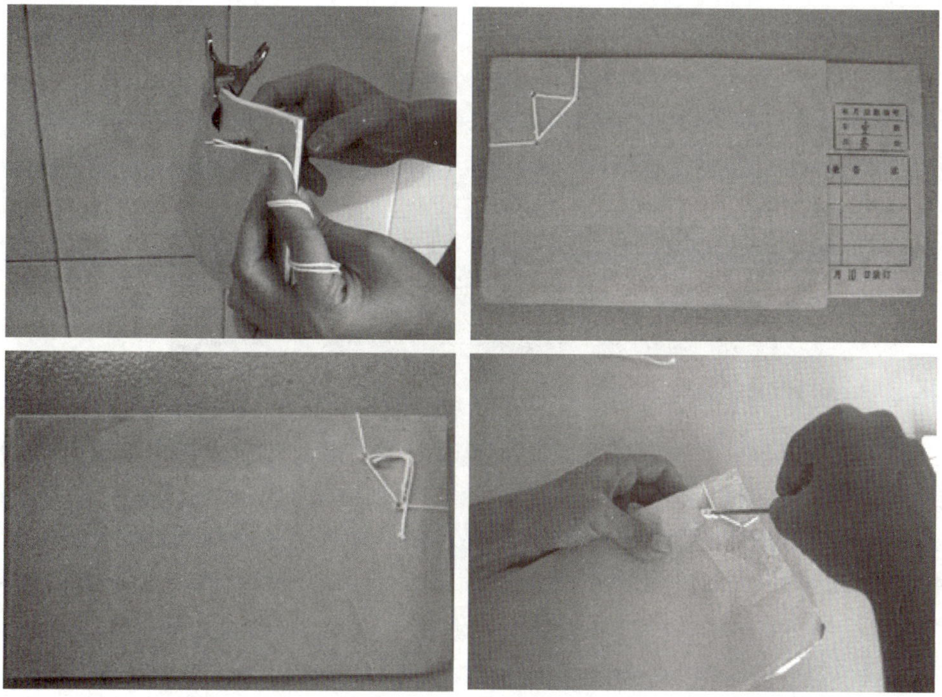

图 4－6

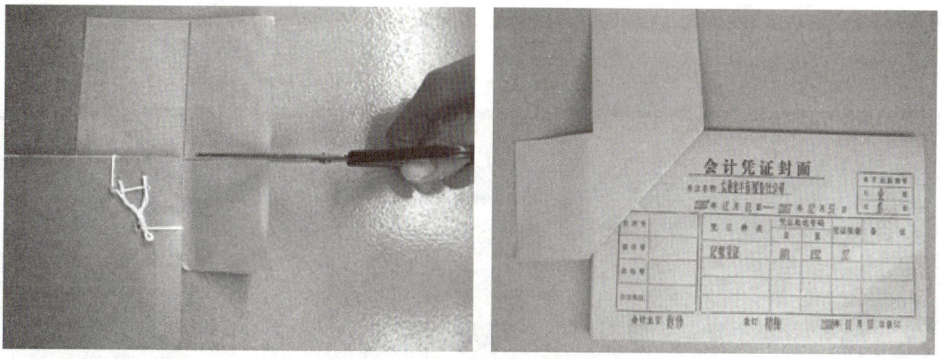

图 4－7

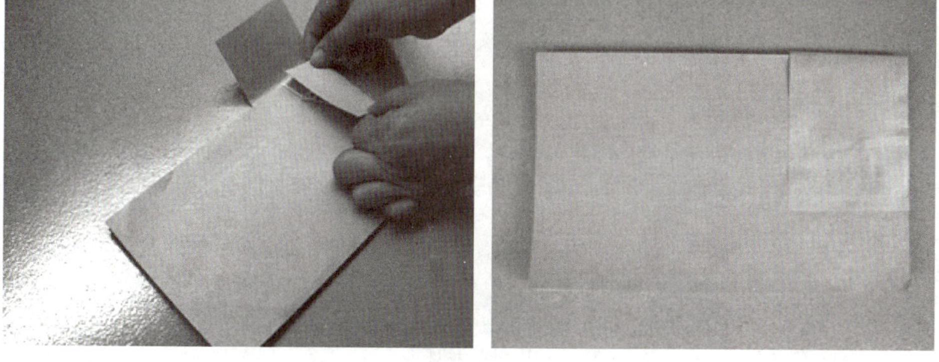

图 4－8

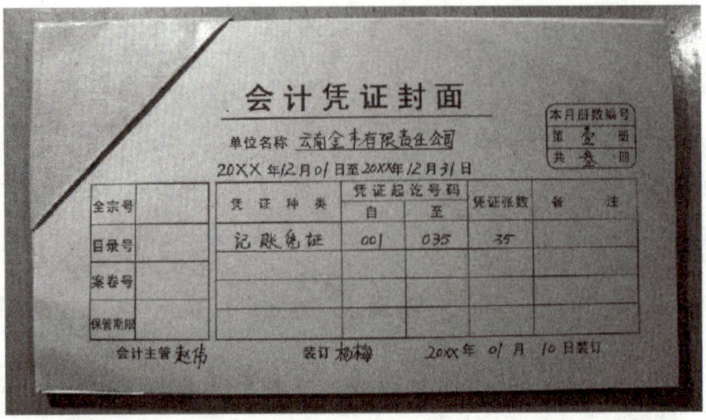

图 4－9

（2）护角纸可以用一张与凭证封面质地相同的牛皮纸剪裁而成，也可以直接用半张空白的凭证封面代替。

（3）为了使装订成册的会计凭证外形美观，在装订时要考虑到凭证的整齐均匀，特别是装订线的位置，如果太薄可用纸折一些三角形纸条均匀地垫在此处，以保证它的厚度与凭证中间的厚度一致。

（4）装订之前应注意摘除凭证内所有金属物（如订书针、大头针、回形针）。

提示：在角订法中，不管是用两眼装订还是用三眼装订，装订线绳的缠绕方法可以灵活掌握，但应把握以下几个要点：一是装订线一定要拉紧；二是装订一定要牢固；三是线结一定要打在凭证的背面并系在中端。

图 4－10 是不同绕线方法展示。

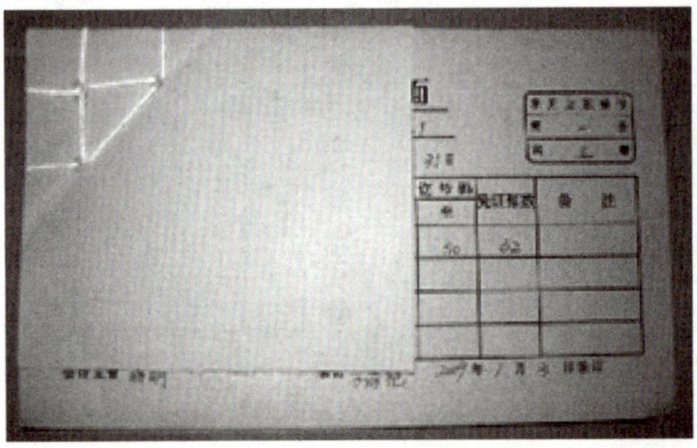

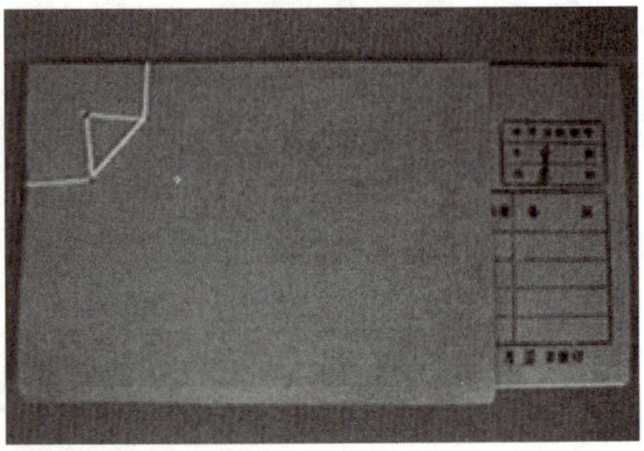

(a) 三眼装订法

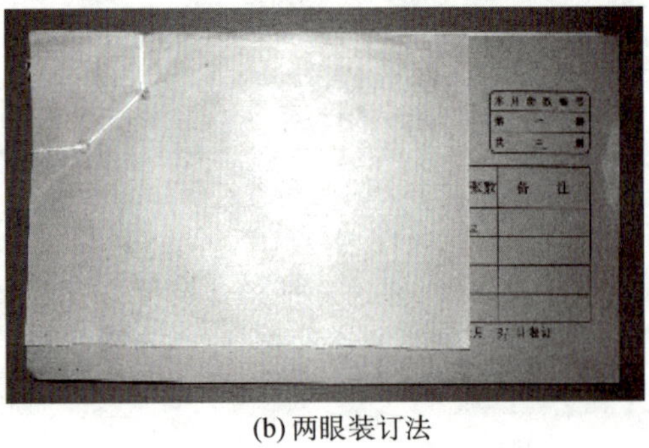

(b) 两眼装订法

图 4－10

活动二 会计凭证侧订法

侧订法也叫“包边法”，是在凭证的左侧面进行装订的一种装订方法，这种方法将凭证的整个左侧面装订后封住，简便易行，但不便于附件的折叠和日后的翻阅。装订时，先在凭证的左侧边用装订机打三个眼，实行三眼一线打结，线绳在凭证背面打结，封签封住后不应看到线绳。具体操作步骤如下：

1. 把会计凭证叠放整齐，封皮、封面、封底向左侧面磕齐，并用铁夹夹紧（同角订法）。
2. 在会计凭证的左侧边打三个孔（见图4－11）。

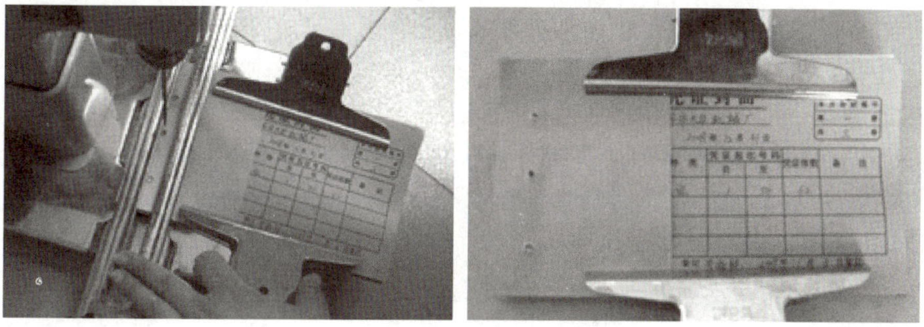

图4－11

3. 用线订好，将结打在会计凭证背面（见封底），并将线结塞入装订孔（见图4－12）。

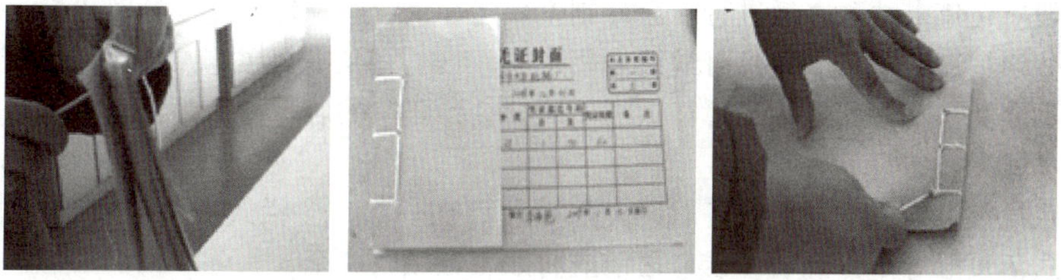

图4－12

4. 将预置封皮涂上胶水，向后翻贴，封住装订线（见图4－13）。

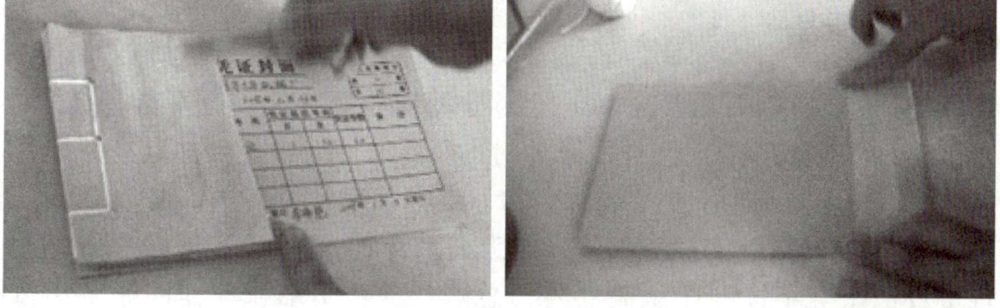

图4－13

5. 在封面上签字，在背面封口处盖骑缝章（见图 4－14）。

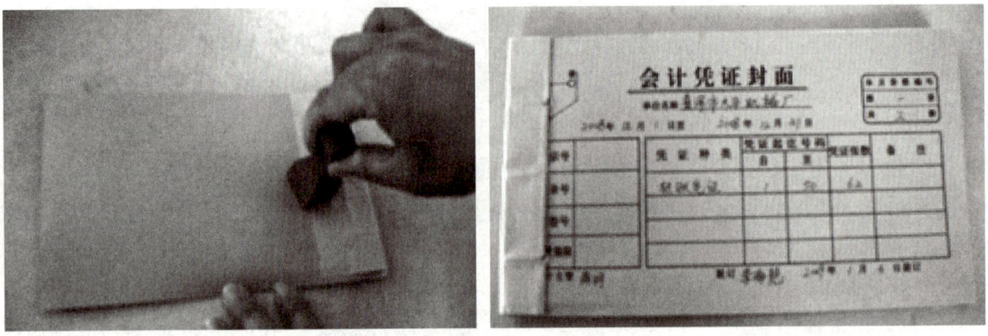

图 4－14

提示： 装订时应注意不要太靠边，以免装订不牢，但也不能太靠里，以免将凭证内容订住，不利于查阅，影响凭证内容的完整。侧订法一般只能用三眼装订，不采用两眼装订。

课堂活动考评

- 要求同学们分别采用角订法和侧订法，用老师提供的模拟会计凭证进行装订训练。

活动三　会计账簿及报表的装订

会计账簿按外表形式分为订本式、活页式和卡片式。由于账簿记录的连续性，会计账簿的装订一般应在年末结账之后进行。会计制度规定：企业应于每年度开始时更换总账、日记账和大部分明细账，对于少数尚可继续使用的明细账，不必每年更换，如固定资产明细账。根据上述不同类型账簿所采用账簿格式的不同，会计账簿的装订通常只针对其中活页式账簿进行，订本式无须装订。

会计账簿装订前应按同类业务、同类账页装订在一起，多栏式活页账、三栏式活页账、数量金额式活页账等不得混装，装订之前应将账页数填写齐全，去除空白页和撤掉账夹，对其按顺序编号。并根据已用账页编写要装订账簿的目录，补齐扉页应填写的内容。会计账簿的装订应选用结实、耐磨、韧性较强的牛皮纸作为其封面和封底，封面应齐全、平整，并注明所属年度及账簿名称、编号。

一、账簿装订的要求

账簿装订要求主要有以下几点：（1）会计账簿应牢固、平整，不得有折角、缺角、错页、掉页、空白纸的现象；（2）会计账簿的封口要严密，封口处要加盖有关印章；（3）封面应齐全、平整，并注明所属年度及账簿名称、编号，编号为一年一编，编号顺序为总账、现金日记账、银行存（借）款日记账、分户明细账；（4）会计账簿按保管期限分别编制卷号，如现金日记账全年按顺序编制卷号；总账、各类明细账、辅助账全年按顺序编制卷号。

提示： 对小企业会计报表可按季装订。一是装订前要按编报目录核对是否齐全，上边和左边对齐压平，防止折角，如有损坏部位，修补后完整无缺地装订；二是装订顺序为：报表封面、编制说明、按编号顺序排列、报表的封底；三是按保管期限编制卷号。

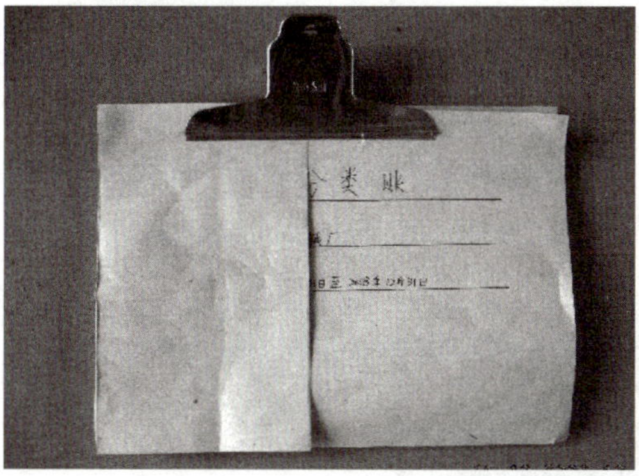

图 4－15

二、会计账簿装订操作步骤

1. 把要装订的账页叠放整齐，按账簿封面、账簿启用表、账户目录、该账簿按页数顺序排列的账页、会计账簿封底的顺序排列好，向左侧面磕齐，并用铁夹夹紧（见图 4－15）。

2. 由于活页账簿上已经有装订孔，无须使用装订机进行打眼，只需用装订线沿左侧装订孔将账页拴牢，并将线结塞入装订孔内（见图 4－16）。

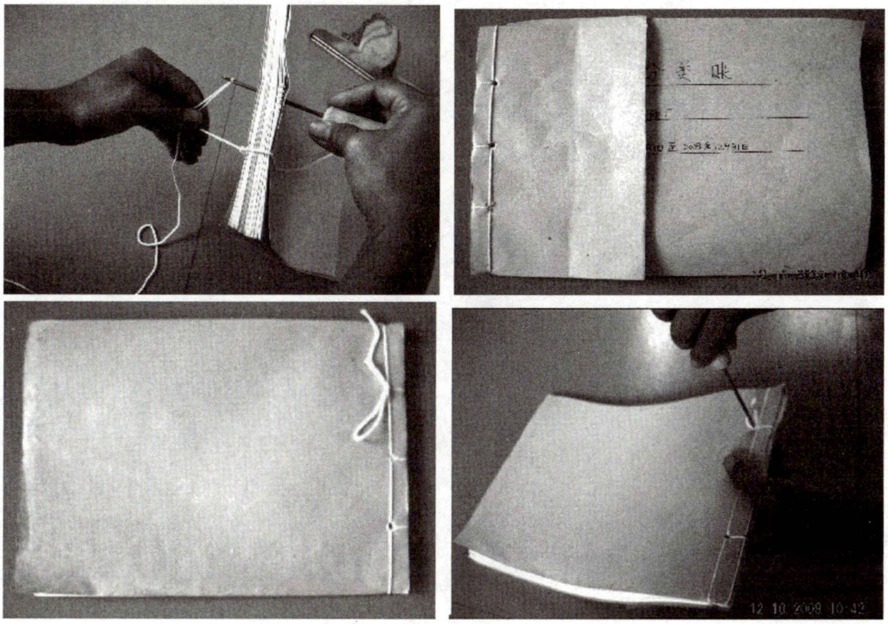

图 4－16

3. 将预置封皮向后翻折，涂上胶水，封住装订线（见图 4－17）。

4. 在封面上签字，在封口处盖章（见图 4－18）。

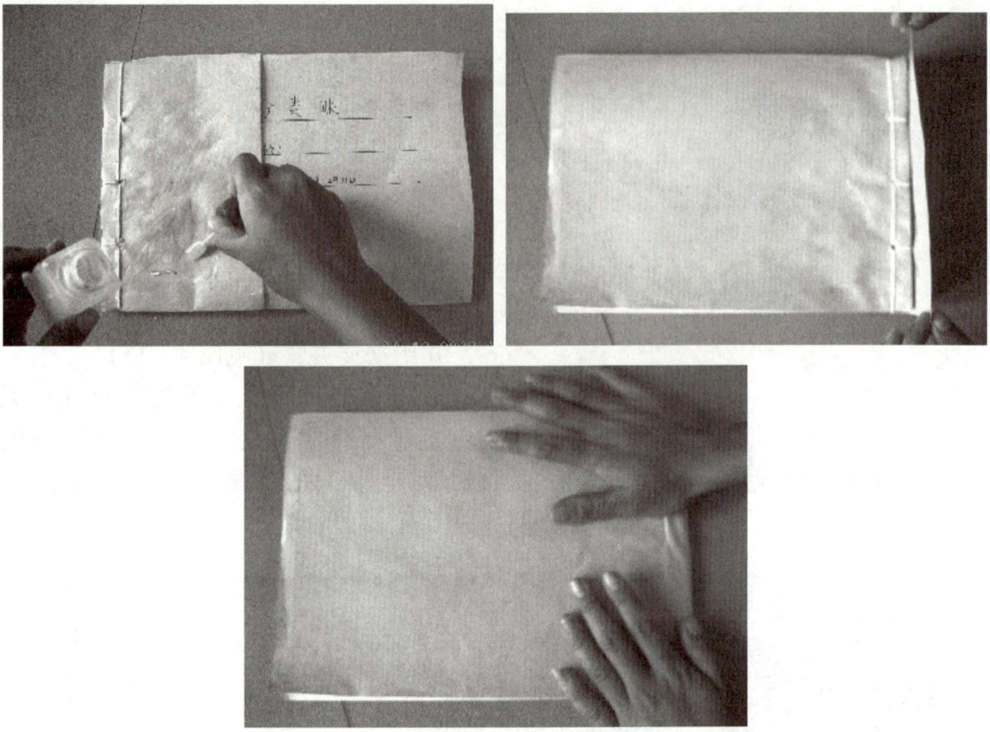

图 4－17

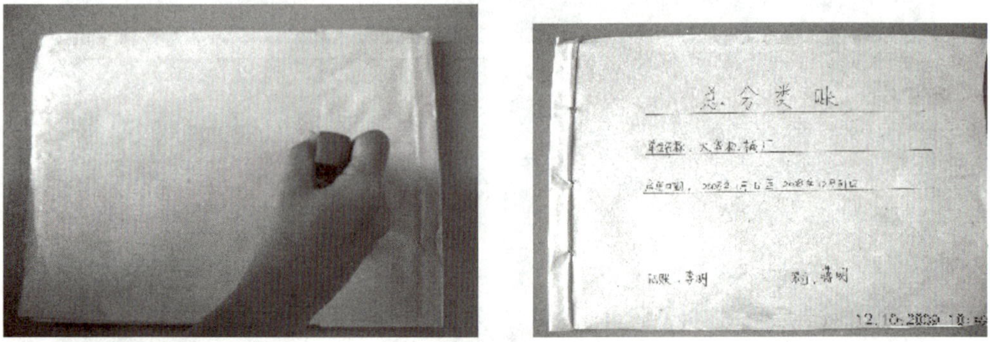

图 4－18

课后活动考评

- 要求同学们按照老师上课时讲授的方法模拟会计账簿及报表进行实操装订训练。

第五篇
会计计算基本操作技能

项目六　珠算基础知识

项目描述	通过本项目教学和学习，使学生对珠算有一个新的认识，熟悉珠算种类与结构；掌握珠算运算的记数、看数和写数技巧以及端正打算盘的基本姿势；熟练掌握珠算的拨珠指法，为学习珠算加减乘除四则运算方法打下良好的基础。
项目内容	模块一　算盘的种类和结构 模块二　珠算拨珠指法 　　活动一　三指拨珠法 　　活动二　双手拨珠法 　　活动三　记数和看数与写数
知识目标	知道珠算的种类和结构
能力目标	熟练掌握珠算拨珠指法 掌握珠算运算的记数、看数和写数技巧
德育目标	1. 培养学生对中华优秀传统文化、人类非物质文化遗产——珠算的求知欲望和浓厚兴趣 2. 培养学生热爱科学、实事求是的学风和创新意识 3. 培养学生爱国主义思想，增强民族自尊心、自豪感和责任心 4. 培养学生珠算技能的全过程，就是对学生进行爱国主义教育的过程，是对中华优秀传统文化的传承过程 5. 培养学生继承和弘扬中华民族优秀珠算文化，全面实施素质教育，进一步发挥珠心算教育的功能，大力弘扬爱国主义精神，发挥珠心算教育在提升学生智力、增强竞争意识与意志品质等非智力潜能的作用，减轻学生课业负担，为学生未来发展打下良好的基础 6. 珠算是中国古代的重大发明，是我国劳动人民的智慧结晶，它为世界文明发展作出重大贡献。要求会计专业学生苦练珠算基本功，重视珠算文化保护和传承，对于珠算非物质文化遗产，培养好传承人，一代一代接下来、传下去有重要意义
建议学时数	6

模块一　算盘的种类和结构

【任务导入】

算盘是一种手动操作的计算辅助工具，起源于中国，是中国古代的一项重要发明。它有着计算和算数、教育和启智、文化象征及历史贡献等作用。算盘在历史上发挥了重要作用，如在“两弹一星”事业中，通过算盘的运用向计算部门提供了大量的精准数据，为“两弹一星”的设计、制造和发射提供重要的支持。

算盘是按照一定规格构成的算珠系统，它是我国古代劳动人民发明创造的一种计算工具。它设计合理，构造简单，是经济领域最通用的计算工具之一。珠算是以算盘为计算工具，以数学理论为基础，运用手指拨珠进行数字运算的一门计算技术。

知识链接

中国是算盘的故乡，珠算，被誉为“世界上最古老的计算机”。它是中华民族传统的优秀文化瑰宝。框梁档珠运千秋，加减乘除利天下。珠算文化极具历史人文价值，在中华大地代代相传。

在计算机迅猛发展的今天，古老的算盘不仅没有被废弃，反而由于其运算方便、快速，成为几千年来中国古代劳动人民普遍使用的计算工具。2008 年 6 月 14 日，经国务院批准，珠算（程大位珠算法、珠算文化）被列入我国第二批国家非物质文化遗产名录。2013 年 12 月 4 日，联合国教科文组织在阿塞拜疆首都巴库宣布珠算正式成为人类非物质文化遗产，也是我国第 30 项被列为非遗的项目。

中国珠算源于商周，始于秦汉，成于唐宋，盛于元明，传于清代民国，兴于新中国，逾千年久盛而不衰的发展历程。人们往往把算盘的发明与中国古代四大发明相提并论。北京名画清明上河图中赵太丞家的药铺柜上就画有一架算盘。

珠算既直观又形象，具有优越的计算功能、教育功能和启智功能，是任何其他计算工具不能取代的。

珠算通过民俗、商业、绘画、音乐、戏曲、舞蹈、文学等艺术作品中的珠算元素，展现中国珠算文化蕴含的魅力。

珠算为推动人类文明和社会进步，促进世界文化教育交流，增进各国人民之间的友谊，作出积极贡献。

一、算盘的种类

算盘主要是用算珠来表示数字，因此，算盘的种类基本上是按算珠来划分的。我国常用的算盘有三种：圆珠大算盘、菱珠小算盘和菱形中型算盘，现只介绍最常用的菱形中型算盘。

菱形中型算盘是在传统圆珠大算盘的基础上，吸收菱珠小算盘的优点改制而成。与圆珠大算盘相比，缩短了档距，变小并减少了算珠，增多了档位，并加装了清盘器和垫脚。中型算盘一般为“上一下四”的菱珠，有17~21档，是目前流行最广的一种算盘。它具有算珠适中、拨幅较小、噪音小、清盘快速等优点。

知识链接

中国算盘蕴藏着大智慧。框方珠圆是天圆地方，告诫生意人要为人正直，不能偷奸耍滑。上珠当五，下一珠当为一百一十五。寓意人在算，天在看，君子爱财，取之有道。算珠上二下五，是为阴阳五行，寓意逢七则变。上框24颗算珠，对应二十四节气，下框60颗算珠，对应60一甲子。算盘一响，黄金万两，更是财富的象征，代表招财进宝，财源广进。俗话说，不懂算盘，不配当家。

13世纪，算盘被马可波罗传到欧洲，当时欧洲各国还在使用沙石刻线计算，中国算盘已在世界上得到广泛的传播和应用。随后，又传到日本、朝鲜，直接推动了世界计算技术的发展。在一穷二白的20世纪60年代，我国没有一台计算机，却硬是用算盘计算，造出了原子弹和第一颗人造卫星，算盘也为中国的发展立下了汗马功劳。

当前，欧美等许多国家的学校都设置了中国珠算课，日本甚至将每年的8月8日定为算盘节，算盘在日本发扬光大，成为机械化操作、流水线生产的大企业。著名科技史学家李约瑟博士还将算盘视为中国的第五大发明。

遗憾的是，目前我国有些财经商贸类院校却取消了珠算课，在这些院校里，更是很难再看到算盘的身影，取而代之的是计算速度更快的计算机或计算器。计算机或计算器尽管在许多方面具有很强的功能，但在运算多位数的加减乘除时，操作计算机还比不上使用算盘来得更快、更准确。

小小算盘大乾坤，知算者先胜，谋算者常赢。曾经朗朗上口的算盘口诀，如今却已逐渐消失在这些财经商贸类院校学生的生活中，被人们彻底遗忘了。

二、算盘的结构

算盘是长方形，由框（边）、梁、档、珠四个基本部分构成。改进后的算盘又增加了清盘器、计位点和垫脚等装置（见图5-1）。

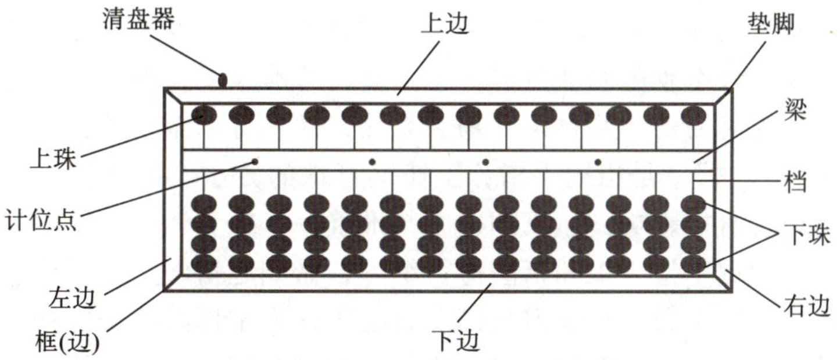

图5-1　算盘示意图

1. 框。又称作“边”，是指算盘四周的框架，分上边、下边、左边和右边。它用以固定算盘中的梁、档、珠各部分，决定了算盘的大小及形状。

2. 梁。是指固定于算盘左右两边的横木。它将算盘分为上、下两部分，使上、下示数不同，通常靠梁珠表示数值。

3. 档。是指穿过横梁连接上下边的细杆，用以穿算珠并表示数位，空档表示“0”。

4. 珠。还称“算珠”或“盘子”，用以表示数。梁上部分的珠叫“上珠”，梁下部分的珠叫“下珠”；靠梁的算珠叫“内珠”或“梁珠”，靠边的算珠叫“外珠”或“边珠”；内珠表示数，上珠每珠代表5，下珠每珠代表1。

5. 记位点。是指梁上每隔三位，档与档之间镶嵌的金属点。它与阿拉伯数字书写时的三位分节号对应，便于认定数位，其作用主要是便于记数和定位。

6. 清盘器。是指算盘上边靠左的铜按钮。是用于清数的装置，只要轻微按动，便可使靠梁珠全部离梁靠边，主要用于提高清盘的速度。

7. 垫脚。是指安装在算盘框下的支撑装置，分别装有三个，左边底部两个，右边底部一个，三点决定一个平面。其作用为：一是稳定算盘，避免晃动；二是架空算盘底面，便于移动下面的计算资料，防止算珠被带动。

课后活动考评

珠算的种类有哪几种？最常用的菱形中型算盘的特点是什么？其结构由哪几个部分组成？

模块二　珠算拨珠指法

【任务导入】

出纳陈静在校就读时是学校珠算集训队队员，曾代表学校多次参加广西区大中专珠算技能比赛获全能和单项一等奖。她总结出，在拨珠时应遵循以下几点原则以提高效率和准确性：一是用力适中。在拨珠时要适当地用力，既不能过于用力而导致算珠难以移动，也不能力度不足而使算珠滑动不均。二是手指离盘面近。在拨珠时，手指应靠近盘面，以便更好地控制算珠的位置和方向。三是看准目标后再拨。在进行拨珠操作时，应该先看清目标算珠，避免无谓地重复拨动或错误地移动物品。四是遵守拨珠顺序。在进行珠算运算时，应该按照一定的顺序进行，确保每个步骤都井然有序，不会因为顺序混乱而影响最终的计算结果。五是动作流畅自然。拨珠时的动作应该是流畅且自然，这样可以帮助手指协调进行操作。

拨珠方法又称“指法”，是指用手指分工拨动算珠的方法。拨珠指法是学习珠算最重要的基本功，其正确与否直接影响到运算的速度与准确率。珠算运算效率的高低取决于拨珠速度和准确程度，必须根据手指分工和指法进行练习，做到起指轻、落指稳、不带珠，尽量运用三指联拨，以减少拨珠次数。在学习与训练中必须认真掌握好拨珠的指法。一是要严格按指法拨珠，纠正随意乱拨算珠的习惯；二是要平时多花时间进行反复练习，做到正确而又熟练拨珠；三是初学者要持之以恒，严格按照拨珠指法规定的顺序，由慢到快，由快到熟，由熟到巧，练就一手过硬的基本功。

一、姿势与执笔

（一）姿势

打算盘的姿势如同看书、写字，如果姿势不对，形成习惯后不易纠正，会影响运算速度。

在打算盘时，要姿势端正，姿态自然。这就是说身体要坐端正，手指稍曲，胳膊稍平，腰要挺直，头部稍低，便于看数和拨珠，要求把算盘上多档算珠和计算资料全部纳入视野，力争做到：当眼睛主光看资料上的数字时，余光能看到算盘；当眼睛的主光看算盘时，余光能看到资料上的数字。用眼睛的主光和余光交替的方法去代替头部的左右摆动。胳膊肘稍微抬离桌面；算盘和人体的位置要根据自己的实际情况，灵活放置，计算资料放在算盘下面；手腕、手掌和盘面始终保持平行，并有一定距离。

（二）执笔拨珠

为了提高运算速度，减少在运算过程中拿起笔与放下笔的时间，计算者要养成执笔拨珠的好习惯，它是打算盘的基本功之一。

常用的执笔拨珠方法有三种：

1. 无名指和小指抓式执笔法。是指笔夹在右手无名指和小指中间，笔尖从小指根部探出，将笔杆抓于掌心，靠无名指和小指的力量把笔扣牢。这种夹笔法可以腾出拇指、食指和中指，方便拨珠（见图5－2）。

2. 无名指勾式执笔法。是指笔杆夹于无名指和小指之间，笔尖从无名指与小指中间穿出，以无名指钩住笔杆的下端，靠无名指的力量把笔扣牢，上端搁于虎口处。这种方式可以腾出拇指、食指和中指来自由运算（见图5－3）。

3. 中指和食指夹式执笔法。笔杆以拇指和食指为依托，中指和食指夹住笔杆的下端，笔尖从中指和食指之间穿出，上端搁于虎口处，无名指和小指自然蜷曲向掌心，运用拇指、食指和中指拨珠运算（见图5－4）。

图5－2

图5－3

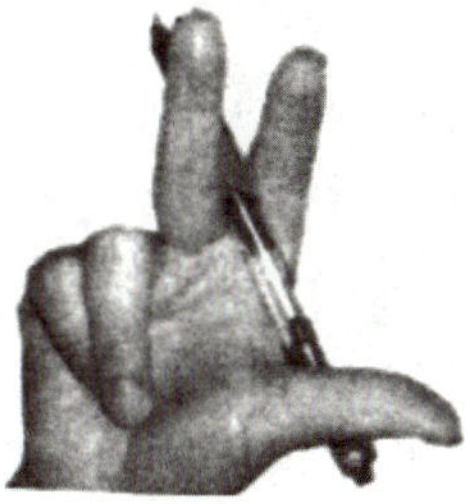

图5－4

二、拨珠指法

（一）指法的种类

算盘的大小决定着拨珠的方法。根据计算量的需要，可以灵活改变拨珠方法。指法主要有以下三种：

1. 三指法（适用中型算盘）。凡使用中型算盘的，只要珠粒稍大，手指动作方便，就可用拇指、食指和中指配合拨珠。该法在运算速度上更具优势。

2. 二指法（适用小型算盘）。凡使用小型算盘，无论其多少珠，珠小盘小不，宜用多指动作，就用食指和拇指拨珠。

3. 双手拨珠法。就是说在拨珠时双手一齐上盘。有时在做除法和乘法运算时使用双手；做除算时，用左手置商，右手减除；做乘算时，左手按未乘的数，右手加积。这样进行连续作业的，叫“双手拨珠法”。

（二）手指分工

通常情况下，多数是用右手拨珠的，从左往右运行。无论用左手或右手拨珠，其手指分工完全相同。

1. 拇指。专管下珠靠梁。下框四珠分别靠梁，即下珠“上”时，用拇指去拨。

2. 食指。专管下珠离梁。下珠各位需要离梁而向下拨动，即下珠“去”时，都用食指。

3. 中指。专管上珠的靠梁和离梁。上珠需拨动，即上珠“下”和“去”时，都使用中指去拨。

提示：不管采用何种拨珠指法，手指分工一定要正确，目的是相互配合，方便运算，在具体使用中应灵活掌握，注意克服习惯性错误动作，不要因分工不同而受束缚，反而弄巧成拙。正确掌握珠算拨珠技巧有助于提高运算速度和准确率。如按规定用拇指专管下珠的上拨，但在4+2的时候，如果用中指和拇指一齐往下拨，更为顺手。

（三）拨珠技巧

1. 拨珠用力要均匀适度，轻巧灵活，具有轻快感。用力过重，会使动作生硬，甚至使珠算反弹，造成漂珠；用力过小，会使算珠不能达到预定位置，也会造成漂珠，从而不易分辨盘面数值，影响准确性。

> **小贴士**
>
> 漂珠又叫“漂子”，是指拨珠时由于用力过轻或过重造成反弹，不靠梁不着边，浮漂在档中间的算珠。

2. 拨珠必须干脆利落。落子要稳、准、快，具有节奏感。拨珠时手指与盘面要略成直角，用指尖准确地拨到算珠的刃边，部位要准，要一拨到位，注意避免带珠。

> **小贴士**
>
> 拨珠时，将本档或邻档不应拨入或拨去的算珠带入或带出叫作“带珠”。

3. 上、下、进、退要按秩序拨珠，该先去后进位的，不能先进后去；同样，该先退后还的，不能先还后退。运算时要行如流水，流畅自如。

下面我们主要介绍最常用的三指拨珠法和能提高运算速度的双手拨珠法。

活动一　三指拨珠法

“三指拨珠法”是指用拇指、食指和中指三个手指拨珠，无名指和小指屈向掌心。手指拨珠的一般要求是：一是手指稍倾斜，指尖触珠，用力适当；二是不要用指甲或指腹拨珠。

一、单指独拨

“单指独拨”是每次用一个手指拨珠的方法。为使拨珠准确而迅速，拇指、食指和中指应有一定的分工，分别进行托、拨和挑等基本指法。

1. 拨。用中指拨动上珠靠梁，用食指拨下珠离梁。
2. 托。用拇指拨动下珠靠梁。
3. 挑。用中指拨动上珠离梁。

二、两指联拨

“两指联拨”是指为减少拨珠次数，提高拨珠速度，在熟练掌握单指独拨的基础上，在同一时间内用两个手指拨珠的方法。两指有不同的组合，拇指和中指联拨的有：合（双合或齐合）、分（双分或齐分）、提（双上或齐上）、降（双下或齐下）；拇指和食指联拨的有：进（扭进）、退（扭退）、冲。具体指法见表 5－1。

表 5－1　　指法训练表

拇指和中指联拨	双合	本档	同一档上下珠同时靠梁：应在拇指拨下珠靠梁的同时，用中指拨同档上珠靠梁，用于不进位的加。如直接置数 6、7、8、9 及 1＋6、2＋6、3＋6、1＋7、1＋8 等。
		左右两档	左档下珠、右档上珠同时靠梁：应在拇指拨左档下珠靠梁的同时，用中指拨右档上珠靠梁。如直接置数 15、25、35、45 等。
	双分	本档	同一档上珠离梁、部分下珠离梁：应在中指拨上珠离梁的同时，用拇指拨同档部分下珠离梁，可用于不退位的减。如 7－6、8－6、9－6、9－7、9－8 等。
		左右两档	左档部分下珠离梁、右档上珠离梁：应在拇指拨左档部分下珠离梁的同时，用中指拨右档上珠离梁。如 25－15、45－25、45－35 等。
	双上	本档	同一档上珠离梁、下珠靠梁：应在中指拨上珠离梁的同时，用拇指拨同档下珠靠梁，可用于“破五的减”。如 5－2、5－3、5－4、8－4 等。
		左右两档	左档下珠靠梁、右档上珠离梁：应在拇指拨左档下珠靠梁的同时，用中指拨右档上珠离梁。如 5＋5、5＋25 等。
	双下	本档	同一档上珠靠梁、部分下珠离梁：应在中指拨上珠靠梁的同时，用拇指拨同档部分下珠离梁。可用于“补五的加”。如 3＋2、4＋1、2＋4 等。
		左右两档	左一档部分下珠离梁、右一档上珠靠梁：应在拇指拨左档部分下珠离梁的同时，用中指拨右档上珠靠梁。如 25－15、30－5、40－15 等。
食指和中指联拨	双分	本档	同一档上珠和全部下珠同时离梁：应在食指拨全部下珠离梁的同时，用中指拨同档上珠离梁。如 8－8、7－7、6－6 等。
		左右两档	左档全部下珠、右档上珠同时离梁；应在食指拨左档全部下珠离梁的同时，用中指拨右档上珠离梁，如 15－15、25－25 等。
	双下	本档	同一档上珠靠梁、下珠全部离梁：应在中指拨上珠靠梁的同时，用食指拨同档全部下珠离梁。如 4＋1、2＋3 等。
		左右两档	左档全部下珠离梁、右一档上珠靠梁：应在食指拨左档全部下珠离梁的同时，用中指拨右档上珠靠梁，如 10－5、30－15 等。
拇指和中指联拨	扭进	左右两档	左档下珠靠梁、右档下珠离梁：应在拇指拨左一档下珠靠梁的同时，用食指拨右一档下珠离梁，如 4＋6、3＋7、2＋8、1＋9 等。
	扭退	左右两档	左档下珠离梁、右档下珠靠梁；应在食指拨左一档下珠离梁的同时，用拇指拨右一档下珠靠梁，如 10－6、10－7、10－8 等。

三、三指联拨

"三指联拨"是指用拇指、食指和中指同时拨珠，共同完成复杂的拨珠动作。

1. 三指进。指一档下珠靠梁的同时，后档上下珠离梁。即在拇指托一档下珠靠梁的同时，用中指和食指挑拨后档上下珠离梁。

课堂活动考评

- 练习"三指进"的拨珠动作：

  9 + 1 =　　9 + 2 =　　8 + 2 =　　7 + 3 =　　6 + 4 =

2. 三指退。指一档下珠离梁的同时，后档上下珠同时靠梁。即在食指拨一档下珠离梁的同时，用中指和拇指托后档上下珠靠梁。

课堂活动考评

- 练习"三指退"的拨珠动作：

  10 − 3 =　　10 − 4 =　　10 − 6 =　　11 − 4 =

课后活动考评1

（一）练习主题：珠算三指拨珠法

（二）练习内容：

1. 姿势。打算盘时肘部摆动的幅度不宜过大，手离开桌面距离大约为0.5cm，过低在运算中会产生带珠，过高会发生手指上下跳动拨珠。要做到指不离档，手指与盘面的角度一般为45°～60°较好。

2. 清盘。在每次置数运算之前，要使算盘上的所有算珠都离梁靠边，使全盘成为空盘。

3. 三指拨珠法。利用右手的无名指、小指向掌心自然弯曲，拇指、食指、中指伸出，垂直于算盘进行拨珠。

拇指、食指、中指在拨珠过程中有严格的分工：拇指专拨下珠靠梁；食指专拨下珠离梁；中指：专拨上珠靠梁与离梁。

（三）练习步骤

1. 单指独拨。

2. 两指联拨：利用拇指与中指、拇指与食指、食指与中指相互配合来进行拨珠。

3. 三指联拨：利用拇指、食指、中指三个手指同时拨动算珠。

课后活动考评2

练习三指分工。

（1）拇指：在四个档位上来回加1各十次。

（2）食指：在算盘是4、4、4、4的基础上来回减1各十次。

（3）中指：在算盘的上四个档位上来回加减5各十次。

（4）双合、双分：在空盘上分别加减6、7、8、9各十次。

（5）双上、双下：盘上置数4、4、4、4，然后分别加减1、2、3、4各十次。

活动二 双手拨珠法

为了进一步加快珠算拨珠速度，提高运算效率，在熟练掌握“三指拨珠法”的基础上，可以运用“双手拨珠法”，即以右手拨珠为主、左手协助右手同时完成某一拨珠动作。

一、左手协助进位

该活动主要指右手在右档完成某一拨珠动作的同时，左手在左档完成进位或退位动作，主要适用于加法和乘法加积，在做除法时，用左手置商，右手减除。

（一）左手单指拨珠

【实例5－1】如：4＋8，右手食指在右档上拨两颗下珠离梁，同时用左手拇指在左档上拨一颗下珠靠梁。

【实例5－2】如：8＋4，右手在右档上用中指、拇指分别拨上、下珠离梁（双分），同时左手在左档上用拇指拨一颗下珠靠梁。

（二）左手两指联拨

【实例5－3】如：46＋4，右手在右档上用中指、食指分别拨上、下珠离梁（双分），同时，左手在左档上用中指拨一颗上珠靠梁、食指拨四颗下珠离梁（双下）。

【实例5－4】如：45＋7，右手在右档上用中指拨上珠离梁，用拇指拨下珠靠梁（双上）。同时，左手在左档上用中指拨一颗上珠靠梁，食指拨四颗下珠离梁（双下）。

二、左手协助退位

该活动是指右手在右档完成某一拨珠动作的同时，左手在左档完成退位动作，主要适用于减法和除法减积。

（一）左手单指拨珠

【实例5－5】如：40－8，左手食指在左档上拨一颗下珠离梁，同时右手拇指在右档上拨二颗下珠靠梁。

【实例5－6】如：40－4，左手食指在左档上拨一颗下珠离梁的同时，右手拇指、中指在右档上分别拨一颗上、下珠靠梁（双合）。

（二）左手两指联拨

【实例5－7】如：50－6，左手在左档上用中指拨一颗上珠离梁，拇指拨四颗下珠靠梁（双上）。

【实例5－8】如：53－6，左手在左档上用中指拨一颗上珠离梁，拇指拨四颗下珠靠梁（双上），同时右手在右档上用中指拨一颗上珠靠梁，用拇指拨一颗下珠离梁（双下）。

课后活动考评

训练双手拨珠法：以右手为主左手为辅，空盘拨成双位数，如2、4、6、8位，双手从高位依次拨到低位，如拨4位时，左手、右手同时分别拨千位和百位，然后左手、右手同时分别拨十位和个位。

遇到单位数，1、3、5、7 位，双手从高位依次拨到低位，如拨 3 位时，右手先拨百位，然后左手、右手同时分别拨十位和个位。如果遇到相加后个位、十位、百位都需满十进位，左手拨进位数，右手拨本位数。

活动三　记数和看数与写数

一、记数

算盘的记数是用算珠表示的，每档上的算珠表示一个数字。算珠的位置不同，所表示的数字也不同。某一档的全部算珠都靠框叫“空档”，表示数字“0”，即没有数；算盘上所有的档都是空档时叫“空盘”。

提示：记数时要拨珠靠梁，拨入下珠一颗，二颗，三颗，四颗分别表示 1，2，3，4，满 5 升到梁上，叫“五升”；拨入一颗上珠表示 5，因此用 $\begin{matrix}5\searrow\\1\nearrow\end{matrix}$表示 6；$\begin{matrix}5\searrow\\2\nearrow\end{matrix}$表示 7；$\begin{matrix}5\searrow\\3\nearrow\end{matrix}$表示 8；$\begin{matrix}5\searrow\\4\nearrow\end{matrix}$表示 9；满 10 向前（左）一位进 1，叫“进十”，这种上下珠记数法叫“五升十进制”。

位次的记数与读数都与笔算相同，即高位在左边，低位在右边，从左到右。计算时，可以选定一个记位点为小数点，在它的左边第一档为个位档，依次是十位、百位、千位……这些多位数的整数部分，每三位为一节；在记位点即小数点右边第一档为十分位档，不分节，依次为百分位、千分位……（见表 5－2）。

表 5－2

整数位次										小数位次				
…	第三分节			第二分节			第一分节							
…	亿位	千万位	百万位	十万位	万位	千位	百位	十位	个位	十分位	百分位	千分位	万分位	…

用算盘表示，如图 5－5 所示。

二、看数

将数字置数和将算盘上的运算结果记录下来，都需要看数。看数是珠算运算的关键环节。打算盘是一种思维和手指运动配合综合运动。打算盘时，需要眼、脑、手密切配合，用眼睛看数是第一环节，看数的目的是反映给大脑，用大脑支配手指去拨珠。这就要求看数要既快又准，看一遍就记住，做到眼看与手动并进。因为计算的效率和正确看数有很大关系，如果看数慢、看错数、看漏数，就会影响手指拨珠的正确性和速度。要做到过目不忘、边看

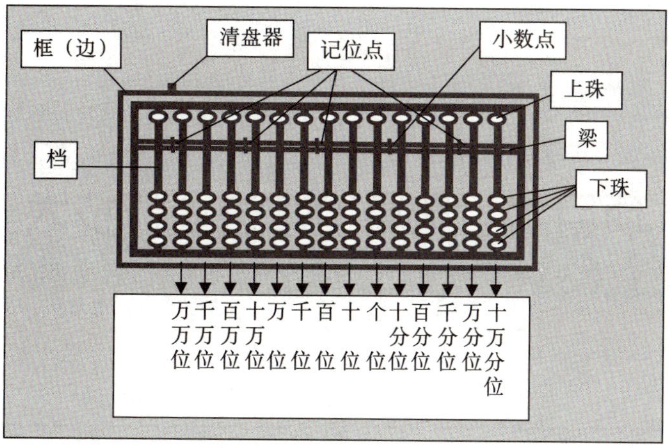

图 5－5

边打，才能节省时间，保持操作的连续性。因此，看数时，边看边打，不要看一个数拨一个珠，或者看完一个数后再拨珠。当看数熟练时，可在单行看数的基础上练习多行看数，如一目两行、一目三行等，做到眼到数出。

知识链接

书写数字也是珠算运算过程中的一个重要环节。虽然它看起来与计算过程无关，但实际上，书写数字的准确性和速度会直接影响到计算的正确性。

因此，在珠算运算中，应当养成良好的书写习惯，即使在计算繁忙的高峰时段，也要保持字迹清晰、整洁并快速书写。

三、写数

计算完毕后，写数一环至关重要，尤其是小数点，要点准，避免计算的结果虽然正确，却因书写错了而造成疏忽性错误。计算的效率除与正确的看数、记数和拨珠有关外，还与写数有较大关系。一是数字抄写是否准确、清晰；二是抄写是否快捷。打算盘时要笔不离手，写数时眼盯着算盘一次从高位到低位快速写完。

课堂活动考评

- 正确的记数、看数和写数应掌握哪些技巧？

课后活动考评

常用的夹笔拨珠方法有哪几种？珠算的拨珠指法有哪几种指法？用三指拨法拨珠时应注意哪些事项？

项目七　珠算加减法操作技术

项目描述	通过本项目的教学和学习，使学生在理解加减法口诀及其含义的基础上，熟练掌握珠算加减法要领和口诀在操作运算中的指导作用，能熟练运用加减法口诀进行加减法运算。通过加减法的训练活动，培养学生敏捷、清晰、精细的思维能力，锻炼学生的毅力和能力，使学生养成认真做事，工作一丝不苟的优良品质
项目内容	模块一　珠算基本加法操作技巧 　　活动一　熟记珠算加法口诀并理解其含义 　　活动二　珠算口诀加法操作 模块二　珠算基本减法操作技巧 　　活动一　熟记珠算减法口诀并理解其含义 　　活动二　珠算口诀减法操作
知识目标	知道珠算加减法口诀及其含义
能力目标	能熟练运用加减法口诀进行珠算加减法操作运算
德育目标	1. 培养学生树立团队合作、互帮互助、共同探究的团结协作意识 2. 培养学生良好的学习习惯，严谨的科学态度，让学生了解加减混合计算在会计实际工作和生活中的应用，激发学生的学习兴趣 3. 培养学生具备辩证思维的能力，正确处理快与准的辩证关系
建议学时数	12

模块一　珠算基本加法操作技巧

【任务导入】

目前，现代化计算技术有了很大发展，计算器、计算机等新式计算工具得到广泛使用和推广。然而，在加减计算时，如凭证汇总、账面余额的确定等，算盘就更为简捷、快速，比计算机更优越。就像现代空中客车难以取代陆地列车等交通工具一样。大多数电子计算器，只要输入的数字超过十二位，通常无法真实显示或继续操作，不能适应高科技长数字的计算。中国的珠算盘具有最好的通用性和工具协作性，用几架算盘能随意串联或配合操作，不管是几十位的长龙数或者复杂又重要的“龙函数”，均可以计算，这说明珠算比电算更适应高科技的复杂计算。

加法就是把几个数合并起来，计算总数是多少的方法。珠算加法运算熟练与否，直接影响到学习珠算减法和乘除法运算水平的高低。因此，我们必须认真学好加法。珠算基本的加法有两种：一是运用口诀进行运算的传统算法，即口诀式加法；二是根据“五升十进制”原理，通过对 5 和 10 分解和合成，利用“凑数”“补数”概念，运用一定的计算规律进行拨珠运算的一种方法。本模块主要介绍常用的传统算法——口诀式加法。

活动一　熟记珠算加法口诀并理解其含义

口诀式加法是我国传统的加法运算方法。它是根据一套完整的口诀来指导拨珠，完成加法计算过程的一种方法。初学珠算加法，只要理解和熟记及灵活运用加法口诀，用加法口诀指导拨珠运算，就能快速计算所需要的数据。因此，要熟记珠算加法口诀并理解其含义，掌握加法混合运算方法。珠算加法口诀共 26 句，分两大类，即不进位口诀和进位口诀。

一、熟记“直接加”和“补五加法”口诀并理解其含义

“直接加”和“补五加法”口诀见表 5－3。

表 5－3

<table>
<tr><th>类型
口诀
加数</th><th>直接的加</th><th>理解含义</th><th>二指拨珠法</th><th>三指拨珠法</th><th>补五的加</th><th>理解含义</th><th>二指拨珠法</th><th>三指拨珠法</th></tr>
<tr><td>1</td><td>一上1</td><td>+1 = +1</td><td rowspan="4">用拇指拨下珠靠梁。</td><td rowspan="4">用拇指拨下珠靠梁。</td><td>一下5去4</td><td>+1 = +5 −4</td><td rowspan="4">用食指拨上珠靠梁，同时用食指（或拇指）拨下珠离梁。</td><td rowspan="4">用中指拨上珠靠梁，同时用食指拨下珠离梁。</td></tr>
<tr><td>2</td><td>二上2</td><td>+2 = +2</td><td>二下5去3</td><td>+2 = +5 −3</td></tr>
<tr><td>3</td><td>三上3</td><td>+3 = +3</td><td>三下5去2</td><td>+3 = +5 −2</td></tr>
<tr><td>4</td><td>四上4</td><td>+4 = +4</td><td>四下5去1</td><td>+4 = +5 −1</td></tr>
<tr><td>5</td><td>五上5</td><td>+5 = +5</td><td>用食指拨上珠靠梁。</td><td>用中指拨上珠靠梁。</td><td rowspan="5"></td><td rowspan="5"></td><td rowspan="5"></td><td rowspan="5"></td></tr>
<tr><td>6</td><td>六上6</td><td>+6 = +6</td><td rowspan="4">用食指拨上珠，拇指拨下珠同时靠梁。</td><td rowspan="4">用中指拨上珠，拇指拨下珠同时靠梁。</td></tr>
<tr><td>7</td><td>七上7</td><td>+7 = +7</td></tr>
<tr><td>8</td><td>八上8</td><td>+8 = +8</td></tr>
<tr><td>9</td><td>九上9</td><td>+9 = +9</td></tr>
</table>

二、熟记“进十位”和“破五进十”的加法口诀并理解其含义

“进十位”和“破五进十”的加法口诀见表5－4。

表5－4

类型 口诀 加数	进十位的加	理解含义	二指拨珠法	三指拨珠法	破五进十的加	理解含义	二指拨珠法	三指拨珠法
1	一去9进1	+1＝－9＋10	先用食指和拇指拨上下珠离梁，然后用拇指向左一档拨一颗下珠靠梁。	先用中指和食指同时拨上下珠离梁，然后用拇指向左一档拨一颗下珠靠梁。				
2	二去8进1	+2＝－8＋10						
3	三去7进1	+3＝－7＋10						
4	四去6进1	+4＝－6＋10						
5	五去5进1	+5＝－5＋10	先用中指拨上珠离梁，同时用拇指向左一档拨一颗下珠靠梁。	用食指拨上珠离梁，同时用拇指向左一档拨一颗下珠靠梁。				
6	六去4进1	+6＝－4＋10	用食指拨下珠离梁，同时用拇指向左一档拨一颗下珠靠梁。	用食指拨下珠离梁，同时用拇指向左一档拨一颗下珠靠梁。	六上1去5进1	+6＝+1－5+10	用拇指拨本档下珠靠梁，同时用食指拨上珠离梁，然后用拇指向左一档拨一颗下珠靠梁。	用拇指拨本档下珠靠梁，同时用中指拨上珠离梁，然后用拇指向左一档拨一颗下珠靠梁。
7	七去3进1	+7＝－3＋10			七上2去5进1	+7＝+2－5+10		
8	八去2进1	+8＝－2＋10			八上3去5进1	+8＝+3－5+10		
9	九去1进1	+9＝－1＋10			九上4去5进1	+9＝+4－5+10		

小贴士

每句口诀的第一个数字表示加数，不表示拨珠动作，后面的数字表示被拨动的算珠，“上”“下”“去”“进”表示拨珠动作。“上几”即拨动代表“几”的算珠靠梁；“下5”即拨一颗代表“5”的上珠靠梁；“去几”即拨去代表“几”的算珠离梁；进“1”表示将前一档的一颗下珠拨靠梁。

课后活动考评

熟记“直接加”“补五加法”“进十位的加”和“破五进十”的加法口诀。

活动二　珠算口诀加法操作

珠算口诀加法运算的基本原则是：“数位对齐，高位算起。”口诀熟练后，可用不同的口诀直接运算，口诀要领概括为：“上”“下”“去”“进”。加法运算一般有“直接的加法”

“补五的加法”“进十位的加法”和“破五进十位的加法”四种类型。

> **小贴士**
>
> “拨入即加，拨去即减”是珠算加减运算的特点。珠算加减法是珠算运算最基本的方法。加减法掌握的熟练程度如何，直接影响着乘除法的运算效果。在加减法运算中，难度较大的是混合运算，必须在掌握好加法和减法的基础上，才能做到运算自如。珠算加减法是出纳员日常核算中常用的运算方法，为会计核算、数字统计等提供及时、准确的基础数字。在实际工作中，加减法运算（包括凭证、汇总运算、账表运算）占有计算量的绝大部分，用珠算进行加减运算，比笔算、电子计算器更为迅速、准确。

一、“直接的加法”操作

“直接的加法”是指同一数位上的两数相加，加数能在本档直接加上，不必变动原已靠梁的算珠，只需按加数拨珠靠梁的加法。运算要领：加看外珠，够加直加。即口诀中的“几上几”，共有九句：“一上1、二上2、三上3、四上4、五上5、六上6、七上7、八上8、九上9”；如1+3=4，本档已有被加数1，要加上3，用口诀“三上3”。

【实例5-9】 123+351=474

教师点拨：对下面每个运算步骤，运用“直接的加法”口诀在盘上进行计算。

（1）拨上第一个加数123（一上1，二上2，三上3），见图5-6。

（2）先加百位数3（三上3），见图5-7。

（3）再加十位数5（五上5），见图5-8。

（4）最后加个位数1（一上1），见图5-9。

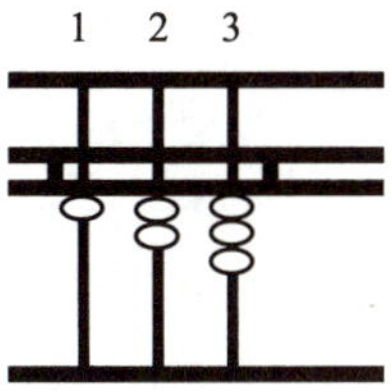

图5-6

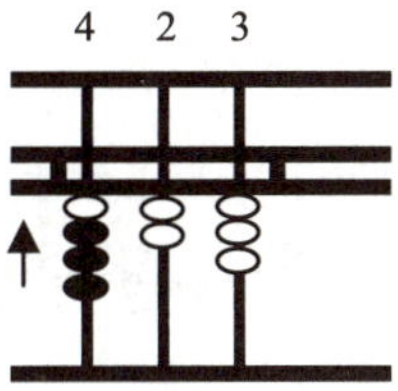

图5-7

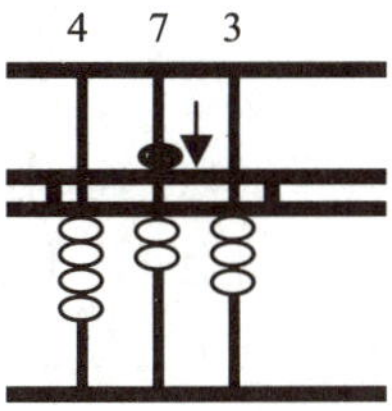

图5-8

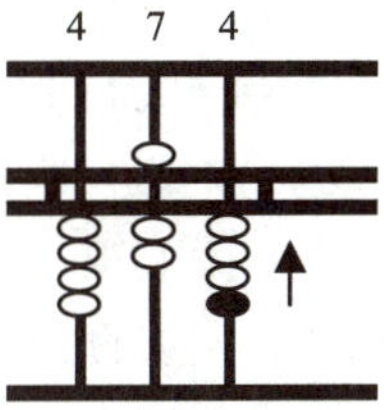

图5-9

课堂活动考评

- 根据实例5-9的运算步骤，运用“直接的加法”口诀在盘上计算：

  234+215=　　　　421+568=

二、“补五的加法”操作

“补五的加法”是指本档不能直接加上小于5的数，需要拨入上珠5，同时减去其凑数（两数之和为5的数互为凑数）的方法。两个小于5的数相加，如果遇到靠边的下珠不足应加的数，就要用“几下5去几”口诀计算，共有四句：“一下5去4、二下5去3、三下5去2、四下5去1”；这类口诀的特点是：加数“几”与“去几”的数凑成5，其要领是“下珠不够，补五减凑”。如4+4=8，本档已有被加数4，要加上4，下珠无法直接加，必须加上上珠5，并减去下珠1，用口诀“四下5去1”。

【实例 5－10】243＋432＝675

教师点拨：对下面每个运算步骤，运用“补五的加法”口诀在盘上进行计算。

（1）拨上第一个加数 243（二上 2，四上 4，三上 3），见图 5－10。

（2）先加百位数 4（四下 5 去 1），见图 5－11。

（3）再加十位数 3（三下 5 去 2），见图 5－12。

（4）最后加个位数 2（二下 5 去 3），见图 5－13。

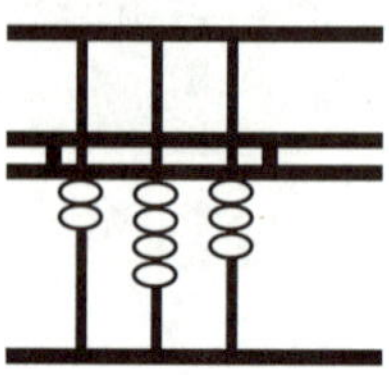

图 5－10

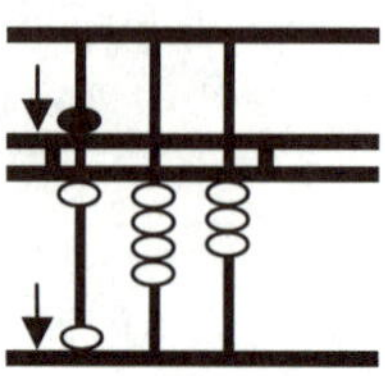

图 5－11

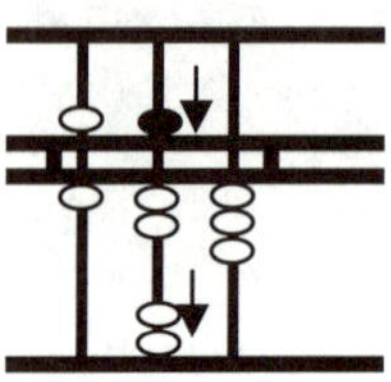

图 5－12

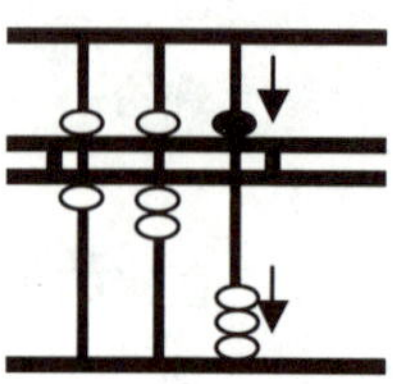

图 5－13

课堂活动考评

- 根据实例 5－10 的运算步骤，运用“补五的加法”口诀在盘上进行计算：

  423＋134＝　　　　432＋134＝

三、“进十位的加法”操作

“进十位的加法”是在运算时，本档两数相加之和等于或大于 10，需要向前一档进位 1 的加法。即口诀中的“几去几进 1”，共有九句：“一去 9 进 1、二去 8 进 1、三去 7 进 1、四去 6 进 1、五去 5 进 1、六去 4 进 1、七去 3 进 1、八去 2 进 1、九去 1 进 1”。如 4＋8＝12，本档已有加数 4，要加上 8，用口诀“八去 2 进 1”。

【实例 5－11】778＋548＝1,326

教师点拨：对下面每个运算步骤，运用进十位加的口诀在盘上进行计算。

（1）拨上第一个加数 778（七上 7，七上 7，八上 8），见图 5－14。

（2）先加百位数 5（五去 5 进 1），见图 5－15。

（3）再加十位数 4（四去 6 进 1），见图 5－16。

（4）最后加个位数 8（八去 2 进 1），见图 5－17。

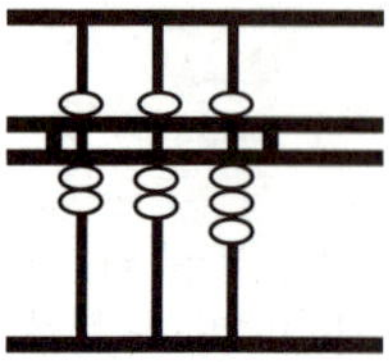

图 5－14

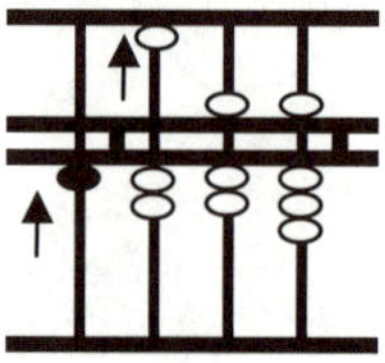

图 5－15

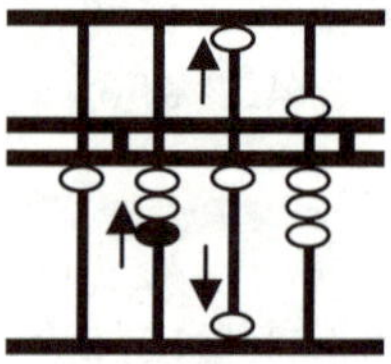

图 5－16

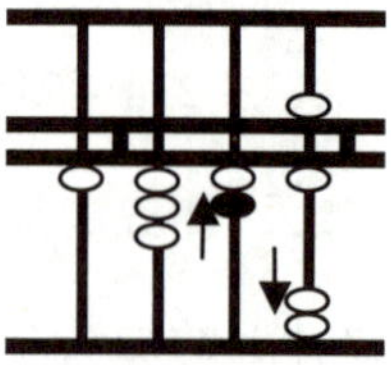

图 5－17

课堂活动考评

- 根据实例 5－11 的运算步骤，运用进十位加的口诀在盘上进行计算：

  988＋673＝　　　　789＋921＝

四、“破五进十位的加法”操作

在加法运算中，本档的被加数大于或等于5，加数也大于5时，本档满10要向前档进1，但下珠不够减去补数，需要拨去上珠5，并在下珠加还多减的珠数（加数补数的凑数），这种加法称为“破五进十位的加法”，即口诀中的“几上几去5进1”，共有四句：“六上1去5进1、七上2去5进1、八上3去5进1、九上4去5进1”。如7+6=13，本档已有被加数7，要加上6，用口诀“六上1去5进1”。

【实例5－12】 566+768=1,334

教师点拨： 对下面每个运算步骤运用“破五进十位的加法”口诀在盘上进行计算。

（1）拨上第一个加数566（五上5，六上6，六上6），见图5－18。

（2）先加百位数7（七上2去5进1），见图5－19。

（3）再加十位数6（六上1去5进1），见图5－20。

（4）最后加个位数8（八上3去5进1），见图5－21。

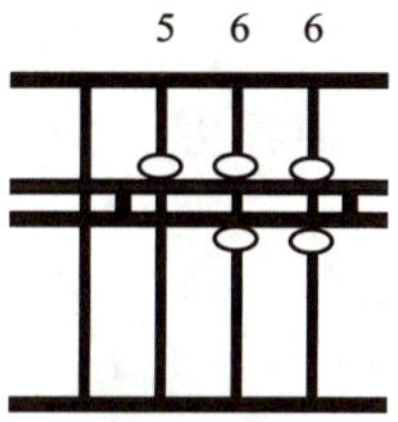

图5－18

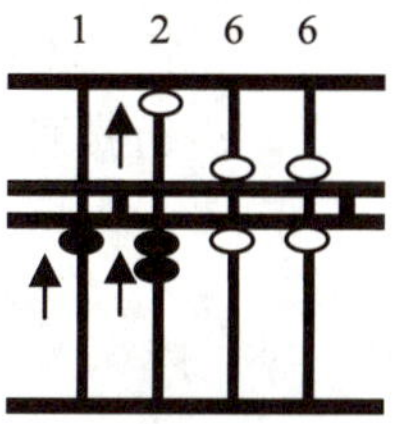

图5－19

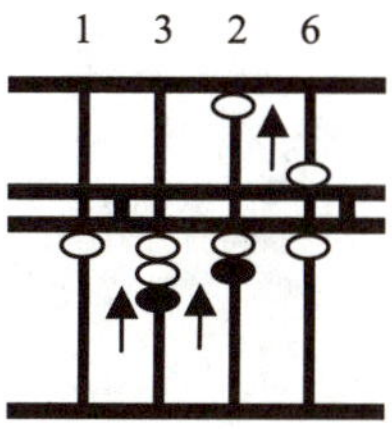

图5－20

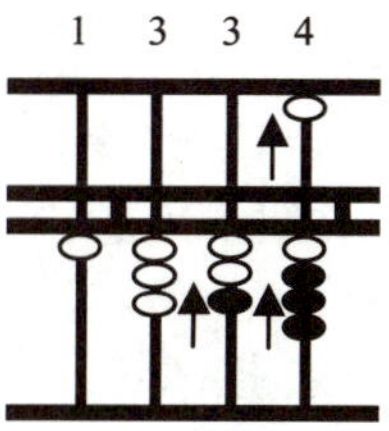

图5－21

课堂活动考评

- 根据实例5－12的运算步骤，运用“破五进十位的加法”口诀在盘上进行计算，请同学们自己试一试，看谁快而准。

555+879=

756+679=

- “直接的加法”练习

436+563=

375+614=

245+754=

4,353+5,625=

3,742+5,625=

- “补五的加法”练习

243+342=

343+413=

434+321=

3,442+4,132=

1,432+4,323=

- “进十位的加法”练习

343+738=

532+589=

466+754=

3,544+8,576=

6,143+4,967=

- “破五进十位的加法”练习

566+678=

665+879=

5,655+6,789=

6,565+7,869=

5,566+8,778=

模块二　珠算基本减法操作技巧

【任务导入】

珠算加减法是实际计算工作中用途最广的计算方法，占计算总量的80%以上。加法是一切计算方法的基础，减法是加法的逆运算，它集中了珠算的特点和基础知识。

减法就是从一个数中去掉另一个数，计算相差多少的方法。珠算减法是加法的逆运算，两种方法的相同点是："数位对齐，高位算起"，并都要用口诀指导拨珠；不同点是：减法口诀拨珠动作的方向和加法口诀拨珠动作完全相反。减法熟练与否直接影响到学习珠算除法运算水平的提高。因此，我们必须认真学好减法。珠算的基本减法有两种：一是运用口诀进行运算的传统算法，即口诀式减法；二是根据"五升十进制"原理，通过对5和10分解和合成，利用"凑数""补数"概念，运用一定的计算规律进行拨珠运算的一种方法。本模块主要介绍常用的传统算法——口诀式减法。

知识链接

"拨入即加，拨去即减"是珠算加减运算的特点。珠算加减法是珠算最基本的方法。加减法掌握的熟练程度如何，直接影响着乘除法的运算效果。在加减法运算中，难度较大的是混合运算，必须在掌握好加法和减法的基础上，才能做到运算自如。珠算加减法是出纳员陈静日常核算中常用的运算方法，为会计核算、数字统计，提供及时、准确的基础数字。在实际工作中，加减法运算（包括凭证汇总运算、账表运算）占有算量的绝大部分，用珠算进行加减运算，比笔算、电子计算器更为迅速、准确。

活动一　熟记珠算减法口诀并理解其含义

口诀式减法是我国传统的减法运算方法。它是根据一套完整的口诀来指导拨珠，完成计算过程的一种方法。初学珠算减法，只要理解和熟记及灵活运用减法口诀，用减法口诀指导拨珠运算，就能实现快速计算。因此，要熟记珠算减法口诀并理解减法口诀含义，掌握减法混合运算方法。珠算减法口诀共26句，分两大类，即不退位口诀和退位口诀。

一、熟记"直接的减法"和"破五的减法"口诀并理解其含义

"直接的减法"和"破五的减法"口诀见表5－5。

表 5 -5

类型/口诀/减数	直接的减	理解含义	二指拨珠法	三指拨珠法	破五的减	理解含义	二指拨珠法	三指拨珠法
1	一去 1	-1 = -1	用食指或拇指拨下珠离梁。	用食指拨下珠离梁。	一上 4 去 5	-1 = +4 -5	用拇指拨下珠靠梁，同时用食指拨上珠离梁。	用拇指拨下珠靠梁，同时用中指拨上珠离梁。
2	二去 2	-2 = -2			二上 3 去 5	-2 = +3 -5		
3	三去 3	-3 = -3			三上 2 去 5	-3 = +2 -5		
4	四去 4	-4 = -4			四上 1 去 5	-4 = +1 -5		
5	五去 5	-5 = -5	用食指拨上珠离梁。	用中指拨上珠离梁。				
6	六去 6	-6 = -6	用食指和拇指拨上下珠同时离梁。	用中指和食指拨上下珠同时离梁。				
7	七去 7	-7 = -7						
8	八去 8	-8 = -8						
9	九去 9	-9 = -9						

二、熟记“退十位的减法”和“退十补五的减法”口诀并理解其含义

“退十位的减法”和“退十补五的减法”口诀见表 5 -6。

表 5 -6

类型/口诀/减数	退十位的减	理解含义	二指拨珠法	三指拨珠法	退十补五的减	理解含义	二指拨珠法	三指拨珠法
1	一退 1 还 9	-1 = -10 +9	用食指在左一档拨一颗下珠离梁，同时用食指和拇指同时拨本档上下珠靠梁。	用食指在左一档拨一颗下珠离梁，同时用中指和拇指同时拨本档上下珠靠梁。				
2	二退 1 还 8	-2 = -10 +8						
3	三退 1 还 7	-3 = -10 +7						
4	四退 1 还 6	-4 = -10 +6						
5	五退 1 还 5	-5 = -10 +5	用食指（或拇指）在左一档拨一颗下珠离梁，同时用食指拨本档上珠靠梁。	用食指在左一档拨一颗下珠离梁，同时用中指拨本档上珠靠梁。				
6	六退 1 还 4	-6 = -10 +4	用食指在左一档拨一颗下珠离梁，同时用拇指拨本档下珠靠梁。	用食指在左一档拨一颗下珠离梁，同时用拇指拨本档下珠靠梁。	六退 1 还 5 去 1	-6 = -10 +5 -1	先用食指（或拇指）在左一档拨一颗下珠离梁，再用食指在本档拨上珠靠梁，同时用食指或用拇指拨下珠离梁。	先用食指在左一档拨一颗下珠离梁，再用中指拨本档上珠靠梁，同时用食指拨下珠离梁。
7	七退 1 还 3	-7 = -10 +3			七退 1 还 5 去 2	-7 = -10 +5 -2		
8	八退 1 还 2	-8 = -10 +2			八退 1 还 5 去 3	-8 = -10 +5 -3		
9	九退 1 还 1	-9 = -10 +1			九退 1 还 5 去 4	-9 = -10 +5 -4		

小贴士

每句口诀的第一个数字表示减数，不表示拨珠动作，后面的数字表示拨珠动作，“去几”“上几”“退”“还几”表示拨珠动作。“去几”：表示靠梁珠拨去代表“几”的算珠；“上几”即拨代表“几”算珠靠梁；“退”：表示本档的被减数小于减数，不够减，要从前一档借10来减，即在左一档拨一颗下珠离梁，简称“退1”；“还几”：借位后，将多减的“几”加还在本档，即在本档拨上代表“几”的算珠。

课后活动考评

熟记“直接的减法”“破五的减法”“退十位的减法”和“退十补五的减法”口诀，理解其含义，并在实际运算中灵活运用口诀。

活动二　珠算口诀减法操作

进行珠算减法操作运算时，先在算盘上定好个位档，拨入被减数，然后从高位到低位将减数拨减，运算到最后一位即可求出结果。口诀熟练后，可用不同的口诀直接运算，口诀要领概括为：“去几”“上几”“退”“还几”。减法运算一般有“直接的减法”“破五的减法”“退十位的减法”和“退十位补五的减法”四种类型。

一、“直接的减法”操作

“直接的减法”是指同一数位上的两数相减，减数能够在本档直接拨珠离梁减去，而不必动用上珠或借用左一档算珠的减法。运算要领：减看内珠，够减直减；即口诀中的“几去几”，共九句：“一去1、二去2、三去3、四去4、五去5、六去6、七去7、八去8、九去9”；如9－4＝5，本档已有被减数9，要减去4，用口诀“四去4”。

【实例5－13】 899－648＝251

教师点拨： 对下面每个运算步骤，运用“直接的减法”口诀在盘上进行计算。

（1）拨上被减数899，见图5－22。

（2）先减百位数6（六去6），见图5－23。

（3）再减十位数4（四去4），见图5－24。

（4）最后减个位数8（八去8），见图5－25。

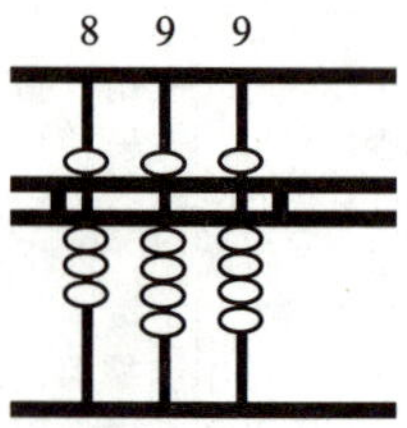

图5－22

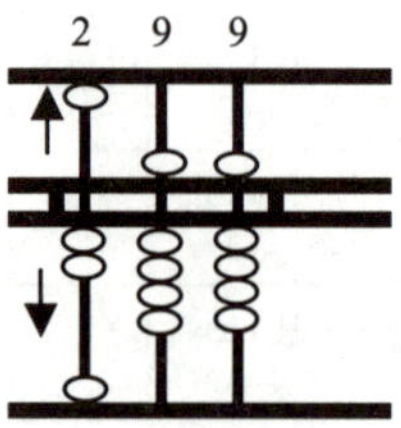

图5－23

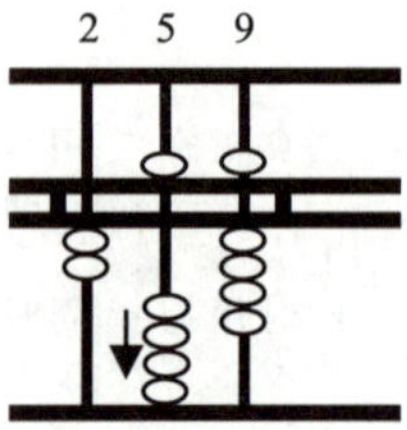

图5－24

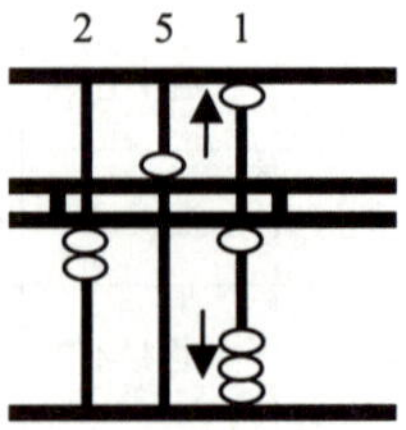

图5－25

课堂活动考评

● 根据实例 5－13 的运算步骤，运用“直接的减法”口诀在盘上进行计算：

789－537＝　　　　978－927＝

二、“破五的减法”操作

“破五的减法”是指在本档上不够减去小于 5 的减数，需要拨去上珠 5，同时加上其凑数，即把多减的数在下珠中加上的减法；即口诀中的“几上几去 5”，共四句：“一上 4 去 5、二上 3 去 5、三上 2 去 5、四上 1 去 5”。如 8－4＝4，本档已有被减数 8，要减去 4，用口诀“四上 1 去 5”。

【实例 5－14】576－143＝433

教师点拨：对下面每个运算步骤，运用“破五的减法”口诀在盘上进行计算。

（1）拨上被减数 576，见图 5－26。

（2）先减百位数 1（一上 4 去 5），见图 5－27。

（3）再减十位数 4（四上 1 去 5），见图 5－28。

（4）最后减个位数 3（三上 2 去 5），见图 5－29。

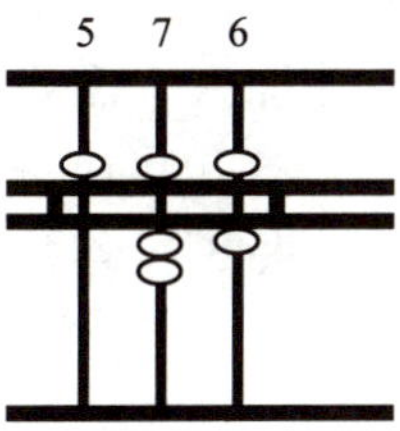

图 5－26

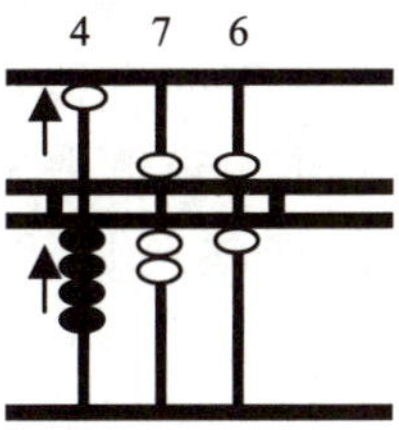

图 5－27

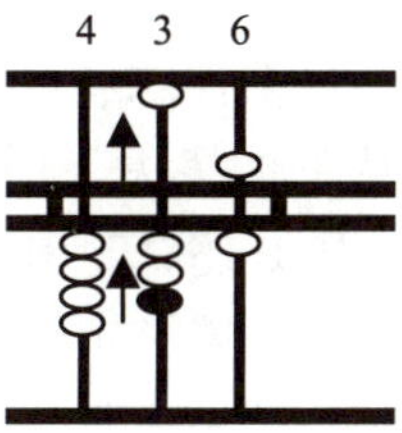

图 5－28

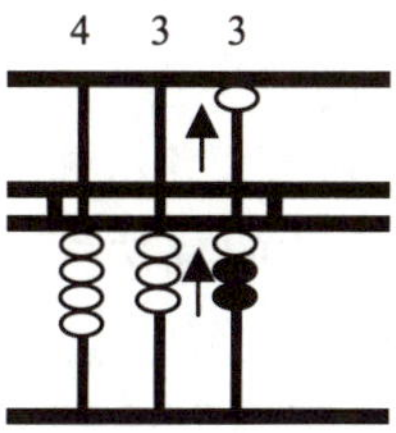

图 5－29

课堂活动考评

● 根据实例 5－14 的运算步骤，运用“破五的减法”口诀在盘上进行计算：

756－324＝　　　　875－432＝

三、“退十位的减法”操作

“退十位的减法”是指在本档上算珠不够减（被减数小于减数），需要从前档“退 1”（借 10）来减，并把减数的补数直接加入本档的减法，即口诀中的“几退 1 还几”，共九句：“一退 1 还 9、二退 1 还 8、三退 1 还 7、四退 1 还 6、五退 1 还 5、六退 1 还 4、七退 1 还 3、八退 1 还 2、九退 1 还 1”。如 25－7＝18，被减数的个位 5 小于 7，需从前档借 1 作为本档的 10 来计算，用口诀“七退 1 还 3”。

【实例 5－15】1,255－476＝779

教师点拨：对下面每个运算步骤，运用“退十位的减法”口诀在盘上进行计算。

（1）拨上被减数 1,255，见图 5－30。

（2）先减百位数 4（四退 1 还 6），见图 5－31。

（3）再减十位数 7（七退 1 还 3），见图 5－32。

（4）最后减个位数 6（六退 1 还 4），见图 5－33。

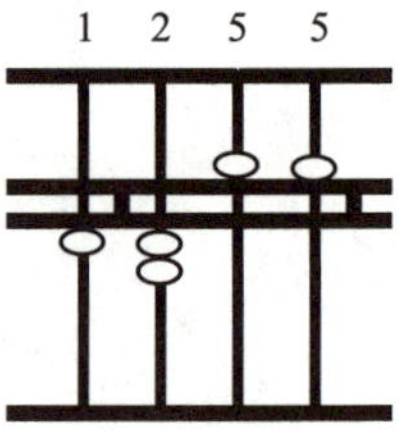

图 5－30

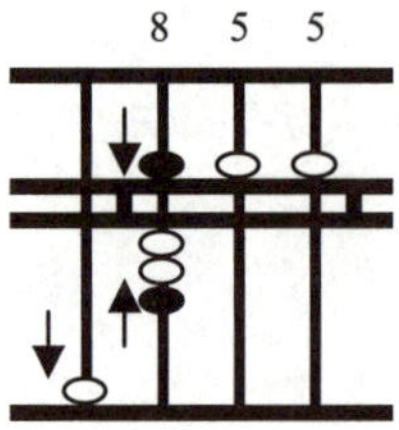

图 5－31

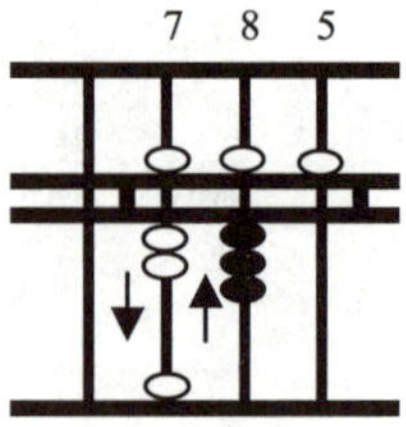

图 5－32

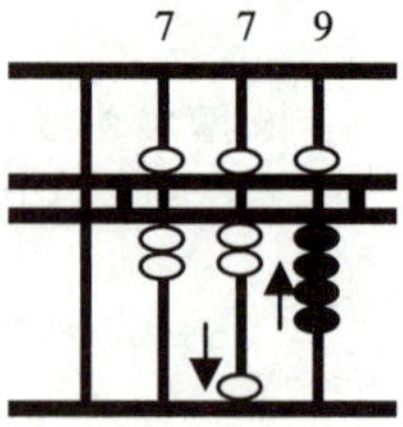

图 5－33

课堂活动考评

- 根据实例 5－15 的运算步骤，运用“退十位的减法”口诀在盘上进行计算：

  1,125－287＝　　　　　1,310－931＝

四、“退十位补五的减法”操作

“退十位补五的减法”是指在退位减法运算中，当本档的数不够减时，需从前档“退1”（借 10）来减，加补数时又不能在本档下珠中直接加上，要拨加上珠 5，并减去补数的凑数的减法，即口诀中的“几退 1 还 5 去几”，共四句：“六退 1 还 5 去 1、七退 1 还 5 去 2、八退 1 还 5 去 3、九退 1 还 5 去 4”。如 13－8＝5，被减数的个位 3 不够减去减数 8，需要向前位借 1 作为本档的 10 来计算，剩下的余数 2 不能直接在本档下珠加入，需要拨入上珠 5，并将 2 的凑数 3 从下珠拨去，用口诀“八退 1 还 5 去 3”。其实，这句口诀是由“退十位的减法”口诀“八退 1 还 2”和“补五的加法”口诀“二下 5 去 3”合并而成的。

【实例 5－16】 1,334－768＝566

教师点拨： 对下面每个运算步骤，运用“退十位补五的减法”的口诀在盘上进行计算。

（1）拨上被减数 1,334，见图 5－34。

（2）先减百位数 7（七退 1 还 5 去 2），见图 5－35。

（3）再减十位数 6（六退 1 还 5 去 1），见图 5－36。

（4）最后减个位数 8（八退 1 还 5 去 3），见图 5－37。

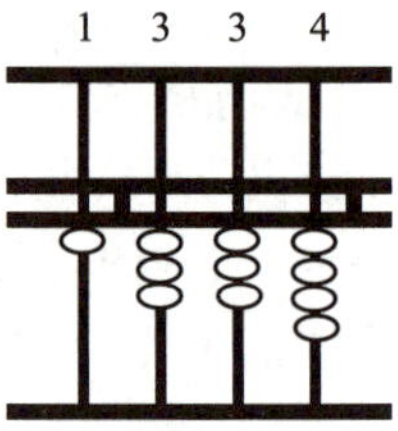

图 5－34

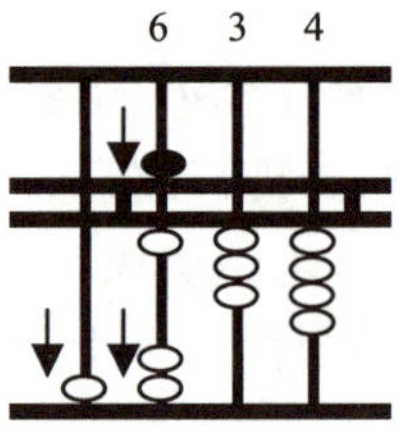

图 5－35

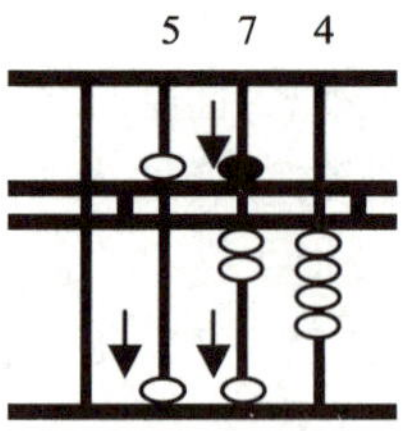

图 5－36

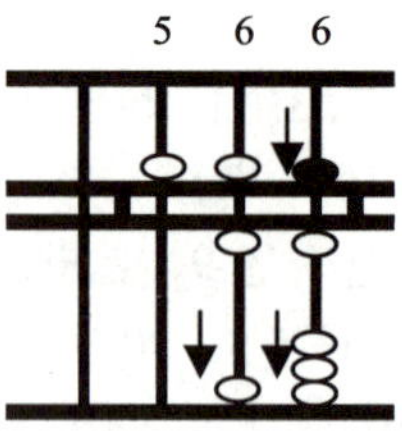

图 5－37

课堂活动考评

- 根据实例 5－16 的运算步骤，运用“退十位补五的减法”口诀在盘上进行计算：

  1,434－869＝　　　　　2,434－879＝

- “直接的减法”练习

768 - 213 =

947 - 847 =

876 - 756 =

8,979 - 3,469 =

7,875 - 6,355 =

- “退十位的减法”练习

12,247 - 485 =

2,015 - 679 =

32,501 - 8,612 =

42,130 - 5,346 =

62,101 - 8,767 =

- “破五的减法”练习

565 - 432 =

756 - 313 =

676 - 433 =

5,675 - 3,241 =

7,656 - 3,432 =

- “退十位补五的减法”练习

1,434 - 879 =

2,333 - 678 =

3,422 - 767 =

24,344 - 6,789 =

34,233 - 8,676 =

项目八　珠算乘法操作技术

项目描述	通过本项目的教学和学习，使学生熟练掌握珠算乘法的基本运算技巧，通过加强训练，能快速进行空盘前乘法操作运算活动，提高工作效率。
项目内容	模块一　珠算乘法操作技巧 活动一　理解珠算乘法“大九九口诀”的含义 活动二　乘积的算前固定个位档定位法 模块二　空盘前乘法操作技巧 活动一　一位数空盘前乘法操作 活动二　多位数空盘前乘法操作
知识目标	了解乘法的基本原理和程序，正确掌握珠算乘法“大九九口诀” 能正确掌握乘积的算前固定个位档定位方法
能力目标	能熟练操作空盘前乘法的运算
德育目标	1. 培养学生的迁移类推能力和概括能力，以及运用心理学、哲学原理和机械算法解决问题的能力 2. 培养学生严谨、认真、细致的学习作风 3. 培养学生的竞争意识和成就感
建议学时数	8

模块一　珠算乘法操作技巧

【任务导入】

珠算乘法是加法的简捷算法，它以数学乘法为基础，以乘法“大九九口诀”为依据，将乘法演变为珠算加法，提高了乘法运算的效率。古人有云：凡算之法，先识其位。

珠算乘法的种类很多，其中最常用的有“空盘乘法”“留头乘法”“破头乘法”等。其按相乘的顺序可分为前乘法和后乘法；按置积的档次可分为隔位乘法和不隔位乘法；按盘上是否置数可分为置数乘法和空盘乘法。以上方法各有所长，既有区别又有联系。空盘乘法是当前基本乘法运算中较快的一种好方法；破头乘法也因拨珠行程短、速度快等优点而被广泛使用；而留头乘法则是“后乘法”的传统算法，从明代起就相当流行。

活动一　理解珠算乘法“大九九口诀”的含义

所谓“大九九口诀”，就是先读乘数码，再读被乘数码，最后读码积的珠算乘法口诀。珠算乘法一般要用它来进行运算。

小贴士

除0外，把数码1～9与数码1～9相乘的九九81个积有关的数码对应列成的方阵表，简称“大九九表”。

“大九九口诀”表中包含81个码积（见表5－7），因为乘法有交换律，所以大九九表中只有45个不同的码积。只取这45个码积，组成的三角阵表（大九九表中粗折线右上部）称“小九九表”（或小九九）。

表5－7　　乘法大九九口诀表

被乘数＼乘数	一	二	三	四	五	六	七	八	九
一	一一01	一二02	一三03	一四04	一五05	一六06	一七07	一八08	一九09
二	二一02	二二04	二三06	二四08	二五10	二六12	二七14	二八16	二九18
三	三一03	三二06	三三09	三四12	三五15	三六18	三七21	三八24	三九27
四	四一04	四二08	四三12	四四16	四五20	四六24	四七28	四八32	四九36
五	五一05	五二10	五三15	五四20	五五25	五六30	五七35	五八40	五九45
六	六一06	六二12	六三18	六四24	六五30	六六36	六七42	六八48	六九54
七	七一07	七二14	七三21	七四28	七五35	七六42	七七49	七八56	七九63
八	八一08	八二16	八三24	八四32	八五40	八六48	八七56	八八64	八九72
九	九一09	九二18	九三27	九四36	九五45	九六54	九七63	九八72	九九81

因为人们上小学时，读九九歌诀，都是先读小码，习惯了觉得顺口，所以小九九又称“顺九九”。口诀表中要求先读大数码的36句，又叫“逆九九”。“小九九口诀”中两因数相同的称“平九九”。如一一01、二二04等共九句，平九九在开方时常用。

小贴士

口诀表中每句都由四字组成，前两个是中文字，代表被乘数和乘数；后两个阿拉伯数字代表码积。“六八48”，意即 $6\times8=48$，读作“六八四八”，不能读作“六八四十八”；“五六30”读作“五六三零”，不能读作“五六三十”；“二四08”，读作“二四零八”，不能读作“二四得八”。也不能读作“二四八”。这样规定有利于认档，不易错位。

课堂活动考评

- 熟练背诵“大九九口诀”。
- 背一背、算一算：边背诵“小九九口诀”或“大九九口诀”，边将每句口诀的乘积累加起来，看一看其和分别是多少？

活动二　乘积的算前固定个位档定位法

所谓定位，就是确定积的小数点的位置。由于算盘的记录是以空档表示“0”，在运算结果中尾数发生“0”与空档是没有区别的，因而运算结果尾数是否有0，有多少个0，小数点的位置在哪里，都不像笔算那样一目了然。例如，$6,250\times80=500,000$，盘上结果只有一个上珠靠梁，难以确定结果。由此可见，学习乘法之前，必要掌握乘积的定位方法。

固定个位档定位法是一种算前盘上定位法。其具体方法是：先在盘上确定一个记位点为固定小数点，固定小数点左边一档为个位档即正一档，向左分别为2、3、4……位档；向右分别为0、-1、-2、-3、-4……位档，如图5-38所示。

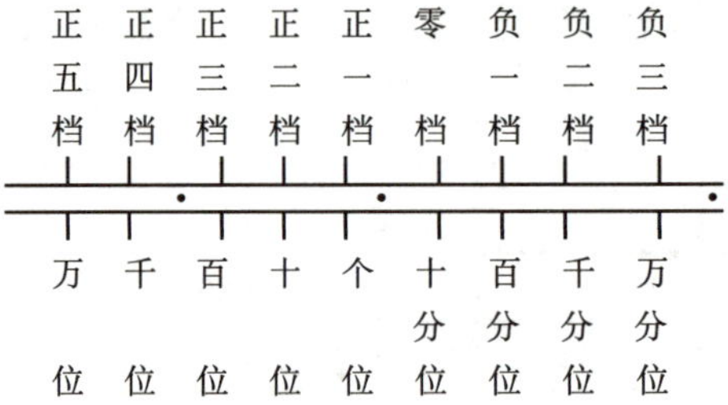

图5-38

小数点固定后，根据不同乘法的置数方法拨置被乘数或积数，运算完毕后，算前确定的个位档就是积的个位档。固定个位档确定以后，一般不要变动，个位档与0位档中间的记位点为积的小数点。

设以M表示被乘数的位数，N表示乘数的位数。在空盘前乘法中，按“M+N”算出两因数首位相乘乘积的十位数拨珠档次，即两因数首位乘积的起拨档等于“M+N”。

【实例5-17】 $8,700\times0.09=783$

表5-8

乘　式	两因数首位乘积的起拨档等于“M+N”
(1) 0.987×23	
(2) 3,245.87×35	
(3) 2,304×8	
(4) 0.0065×5	
(5) 0.0983×28	
(6) 234,673×2	
(7) 13.903×500	
(8) 9.024×76	
(9) 0.2587×79	
(10) 62.708×18	

表5-9

乘　式	两因数首位乘积的起拨档等于“M+N”
(1) 0.689×75	
(2) 53,815.48×97	
(3) 42,509×63	
(4) 0.0029×9	
(5) 0.0697×98	
(6) 156,874×6	
(7) 59.706×900	
(8) 8.056×86	
(9) 342.802×300	
(10) 68.079×42	

被乘数为正四位，乘数负一位，M+N=4（位）+（-1）（位）=3（位），起拨档为正三档，在算盘正三档依次拨数入盘。

【实例5-18】358×8=2,864

被乘数为正三位，乘数为正一位，M+N=3（位）+1（位）=4（位），起拨档为正四档，在算盘正四档依次拨数入盘。

课堂活动考评

- 采用乘积的算前固定个位档定位法，运用空盘前乘法，在算盘上确定下列各式按“M+N”算出两因数首位相乘乘积的十位数拨珠档次，即两因数首位乘积的起拨档等于“M+N”（见表5-8）。

课后活动考评

采用乘积的算前固定个位档定位法，运用空盘前乘法在算盘上，确定下列各式按“M+N”算出两因数首位相乘乘积的十位数拨珠档次，即两因数首位乘积的起拨档等于“M+N”（见表5-9）。

模块二　空盘前乘法操作技巧

【任务导入】

空盘前乘法是一种不置数的乘法，是指被乘数和乘数都不拨在算盘上，所以叫“空盘”。运算时，从被乘数和乘数的首位乘起，称“前乘”。空盘前乘法是一种比较先进的方法，其优点是：两因数都不入盘，节省拨珠时间；眼看算式，直接将码积逐位叠加在算盘上，简化了运算过程，提高了运算速度。

活动一　一位数空盘前乘法操作

乘数只有一个非零数字的乘法叫“一位数乘法”，它是多位数乘法的基础。根据空盘乘法的运算特点，一位数乘法一般将乘数与被乘数的位置交换来进行运算，以提高运算速度。如 375 ×4，在计算时看成是 4 ×375。

“一位数空盘前乘法”操作步骤是：

1. 固定档位。即固定乘积的起拨档，用固定个位档定位法，按被乘数的位数加乘数的位数即“M + N”确定乘积的起拨档。

2. 乘的顺序。被乘数与乘数各位依次相乘，从首位一直乘到末位。

3. 积的记法。被乘数同乘数首位相乘时，其乘积从“起拨档”拨入，个位码在右一档拨入，而这一位就是下一次相乘所得起位码拨入档，个位码在右一档拨入，从左往右依次相乘加积。如果十位码是“0”时，以空档表示，个位码仍在右一档上拨入。

4. 抄写答案。运算完毕后，算盘上得出数即为答案。

【实例 5 –19】 14,285 ×0.2 = 2,857

教师点拨： 运用算前固定个位档定位法在盘上定位，采用简捷盘式运算步骤，请与老师一起开始计算。

先确定起拨档位：5（位） +0（位） =5（位）在算盘正五档作第一个积数的起拨档，其运算活动程序如表 5 –10 所示。

表 5 –10

运算活动程序	简捷盘式（+1 档为个位档）								
用算前固定个位档定位法在盘上定位：5 位 +0 位 =5 位	+6	+5	+4	+3	+2	+1	0	–1	–2
（1） 2 ×1 从算盘左起正五档起拨加积 02		0	2						
（2） 2 ×4 从算盘左起正四档起拨加积 08			2	8					
（3） 2 ×2 从算盘左起正三档起拨加积 04			2	8	4				
（4） 2 ×8 从算盘左起正二档起拨加积 16			2	8	5	6			
（5） 2 ×5 从算盘左起正一档起拨加积 10			2	8	5	7	0		
（6） 盘上得出数 2,857 即为答案			2	8	5	7			

课堂活动考评

● 根据实例 5 –19“一位数空盘前乘法”操作运算活动步骤，运用算前固定个位档定位法在盘上定位：

258 ×8 =　　　　7,869 ×0.5 =

【实例 5－20】0.07832×500＝39.16

教师点拨：运用算前固定个位档定位法在盘上定位，采用简捷盘式运算步骤，请与老师一起开始计算。

先确定起拨档位为：－1（位）＋3（位）＝2（位），算盘正二档作第一个积数的起拨档，其运算活动程序如表 5－11 所示。

表 5－11

运算活动程序	简捷盘式（＋1 档为个位档）								
用算前固定个位档定位法在盘上定位：－1 位＋3 位＝2 位	＋6	＋5	＋4	＋3	＋2	＋1	0	－1	－2
（1）5×7 从算盘左起正二档起拨加积 35					3	5			
（2）5×8 从算盘左起正一档起拨加积 40					3	9	0		
（3）5×3 从算盘左起 0 档起拨加积 15					3	9	1	5	
（4）5×2 从算盘左起负一档起拨加积 10					3	9	1	6	0
（5）盘上得出数 39.16 即为答案					3	9	1	6	

提示：当乘积的起位码或个位码是零时，特别要注意加积的档次。

课堂活动考评

● 根据实例 5－20 一位数空盘前乘法操作活动步骤，运用乘积的算前固定个位档定位法在盘上定位：

48,327×0.06＝　　　　0.0958×300＝

● 运用乘积的算前固定个位档定位法在盘上定位，用一位数的空盘前乘法计算下列各题（保留两位小数，以下四舍五入）：

34.85×40＝　　2.38×70＝　　47,898×9＝　　7,256×50＝

10.27×7＝　　543.63×600＝　　53.78×0.6＝　　76.65×0.005＝

7,600×0.003＝　　143.66×200＝　　60.51×0.08＝　　19.47×3,000＝

课后活动考评

运用算前固定个位档定位法在盘上定位，采用简捷盘式运算步骤，用一位数的空盘前乘法计算下列各题（保留两位小数，以下四舍五入）。

（1）789×9＝　　（2）87,965×0.8＝

（3）5,076×7＝　　（4）928,584×0.6＝

（5）13,275×8＝　　（6）765,508×0.5＝

（7）385,095×6＝　　（8）876,678×0.7＝

（9）823,479×5＝　　（10）2,568,398×0.4＝

（11）29,767×4＝　　（12）387,569×0.8＝

（13）435,179×3＝　　（14）3.946,518×0.9＝

（15）852,975×9＝　　（16）9,763,578×0.2＝

（17）7,485,282×2＝　　（18）6,876,971×0.8＝

（19）5,876,876×9＝　　（20）82,468,592×0.3＝

活动二　多位数空盘前乘法操作

被乘数和乘数都是两位或两位以上的乘法叫“多位数乘法”。“多位数空盘前乘法”是以一位数空盘前乘法为基础进行的变化。

“多位数空盘前乘法”操作步骤：

1. 空盘。运算时，被乘数和乘数都不拨入算盘。

2. 确定起拨档。运用算前固定个位档定位法在盘上定位，确定第一个积数的起拨档，起拨档 = 被乘数位数（M）+ 乘数位数（N）。

3. 运算顺序。默记乘数，用乘数全部数字按照从高位到低位依次与被乘数首位、第二位、第三位……直至末位相乘，直到乘数各位数字都与被乘数各位数乘完为止。

4. 确定积数。两数依次相乘完毕后，盘上得出的数值即为答案。

【实例 5 -21】 241 ×20.06 =4,834.46

教师点拨： 运用算前固定个位档定位法在盘上定位，采用简捷盘式运算步骤，请与老师一起开始计算。

先确定起拨档位为：3（位）+2（位）=5（位），算盘正五档作第一个积数的起拨档，其运算活动程序如表 5 -12 所示。

提示： 在运算前，先选择含零的 20.06 为被乘数，零乘任何数积为零，因此零跳过不用乘算。但在第二盘第一乘（被乘数 6 乘以 2）时，积应从第四档开始拨加。运算完后，观察起乘档上是空档，算盘上得出数为 4,834.46，即为答案。

表 5 -12

运算活动程序		被乘数	乘数	口诀	简捷盘式（+1 档为个位档）									
盘次	乘次				+6	+5	+4	+3	+2	+1	0	-1	-2	-3
第一盘	第一乘	20	200	二二 04		0	4							
	第二乘	20	40	二四 08			4	8						
	第三乘	20	1	二一 02			4	8	2					
第二盘	第一乘	6	200	六二 12			4	8	3	2				
	第二乘	6	40	六四 24			4	8	3	4	4			
	第三乘	6	1	六一 06			4	8	3	4	4	6		
终　盘　积　数							4	8	3	4	4	6		

课堂活动考评

● 根据实例 5 -21 “一位数空盘前乘法” 操作运算活动步骤，运用算前固定个位档定位法在盘上定位：

9,578 ×28 =　　　　87,389 ×0.37 =

【实例 5－22】742×356＝264,152

教师点拨：运用算前固定个位档定位法在盘上定位，采用简捷盘式运算步骤，请与老师一起开始计算。

先确定起拨档位为：3(位)＋3(位)＝6(位)，在算盘正六档作第一个积数的起拨档，其运算程序如表 5－13 所示。

【实例 5－23】0.506×0.0304＝0.02（保留两位小数，以下四舍五入）

教师点拨：运用算前固定个位档定位法在盘上定位，采用简捷盘式运算步骤，请与老师一起开始计算。

先确定起拨档位为：0(位)＋(－1)(位)＝－1(位)，在算盘负一档作第一个积数的起拨档，其运算程序如表 5－14 所示。

表 5－13

乘的顺序		被乘数	乘数	口诀	简捷盘式（＋1 档为个位档）								
盘次	乘次				＋6	＋5	＋4	＋3	＋2	＋1	0	－1	－2
第一盘	第一乘	700	300	七三 21	2	1							
	第二乘	700	50	七五 35	2	4	5						
	第三乘	700	6	七六 42	2	4	9	2					
第二盘	第一乘	40	300	四三 12	2	6	1	2					
	第二乘	40	50	四五 20	2	6	3	2					
	第三乘	40	6	四六 24	2	6	3	4	4				
第三盘	第一乘	2	300	二三 06	2	6	4	0	4				
	第二乘	2	50	二五 10	2	6	4	1	4				
	第三乘	2	6	二六 12	2	6	4	1	5	2			
终　盘　积　数					2	6	4	1	5	2			

注：运算完毕后，算盘上得出的数 264,152 即为答案。

表 5－14

运算活动程序		被乘数	乘数	口诀	简捷盘式（＋1 档为个位档）									
盘次	乘次				＋3	＋2	＋1	0	－1	－2	－3	－4	－5	－6
第一盘	第一乘	5	3	五三 15					1	5				
	第二乘，手指向后移一档								1	5	0			
	第三乘	5	4	五四 20					1	5	2	0		
第二盘	第一乘	6	3	六三 18					1	5	3	8		
	第二乘	6	0						1	5	3	8	0	
	第三乘	6	4	六四 24					1	5	3	8	2	4
终　盘　积　数									1	5	3	8	2	4

提示：实例 5－23 被乘数和乘数中间都夹着零，无从选择被乘数。乘算时，第二乘“0”不须乘，只注意第三乘（下一乘）的加积档次，做到遇到一个乘数“0”，手指从前加

积的个位档向后移动一档，遇到两个“0”就移动两档……依此类推，移到的这一档就是下一乘加积的十位积档。运算完毕后，四舍五入，得积0.02即为答案。

课堂活动考评

- 根据实例5－23“一位数空盘前乘法”操作活动步骤，运用算前固定个位档定位法在盘上定位：

5,318×35＝　　　　6,259×0.85＝

- 用空盘前乘法计算下列各题（见表5－15）（要求：积数保留两位小数，以下四舍五入）。

表5－15

序号	算题	答数	序号	算题	答数
1	7,068×182		11	8,067×174	
2	0.68×65		12	0.78×68	
3	78×2,541		13	73×4,235	
4	3.41×35		14	216×406	
5	316×304		15	5,742×79	
6	5,374×97		16	1,780×82	
7	1,507×74		17	68×1,908	
8	83×1,790		18	7,045×57	
9	8,035×58		19	327×45	
10	347×408		20	6.235×92	

课后活动考评

用空盘前乘法计算下列各题（要求：积数保留两位小数，以下四舍五入）。

（1）75,318×135＝　　（2）96,259×8.95＝

（3）519,526×48＝　　（4）78,753×0.58＝

（5）97,619×269＝　　（6）793,458×5.74＝

（7）62,573×189＝　　（8）645,027×9.65＝

（9）835,913×1,582＝　　（10）98,351×12.78＝

项目九　珠算除法操作技术

项目描述	通过本项目的教学和学习，使学生了解珠算商除法的基本原理和程序；在掌握算前固定个位档定位法在盘上定位和商除法操作运算技巧的基础上，能熟练、快速、准确地进行商除法运算，提高运算速度和工作效率。
项目内容	模块一　商除法操作技巧 活动一　算前固定个位档定位法操作 活动二　一位数隔位商除法操作 活动三　多位数隔位商除法操作 活动四　不隔位商除法操作技巧 模块二　商除法的补商和退商操作技巧 活动一　多位数隔位商除法的补商操作 活动二　多位数隔位商除法的退商操作 模块三　归除法操作技巧 活动一　理解归除口诀的含义 活动二　理解撞归口诀和退商口诀的含义 活动三　一位数归除法操作 活动四　多位除数归除法操作 模块四　归商结合除法操作技巧 活动一　理解新九归口诀的含义 活动二　一位数归商结合除法操作步骤 活动三　多位数归商结合除法操作 模块五　除法简捷算法操作技巧 活动一　补数除法操作技巧 活动二　以乘代除法操作技巧 活动三　省除法操作技巧
知识目标	理解归除法运算方法 理解归商结合除法运算方法 理解珠算商除法的定位原理 掌握算前固定个位档定位法在盘上定位
能力目标	熟练掌握商除法的运算方法和操作技巧 熟练掌握归除法计算技巧 熟练掌握归商结合除法计算技巧

德育目标	1. 培养学生学习珠算除法的自信心、准确度和时间观念 2. 培养学生的注意力、记忆力、持久力、领悟力、创新力、反应能力、意志力、发散思维和分析能力 3. 培养学生面对挫折和困难时，要坚持不懈、迎难而上、百折不挠 4. 培养学生在财务岗位上遇到各种问题时勇于拼搏的坚强意志
建议学时数	20

模块一　商除法操作技巧

【任务导入】

珠算除法运算是四则运算中不可或缺的一种，也是珠算运算中难度较大的一种运算。珠算除法是求同一数连续相减的简便算法，也是乘法的逆运算。将笔算除法竖式运算演变为算盘上的横式运算。除法根据取商方式不同，可分为逐位取商法和连续取商法。在逐位取商法和连续取商法中，可分为隔位除法、挨位除法和本位除法。隔位除法，包括商除法、减除法和强填数除法；挨位除法，包括归除法、补数除法；本位除法，包括定身除法。

实际工作中，除法的应用比较广泛。从事商品经营活动中，常常遇到商品单价、平均数、费用率、差价率及经济指标完成情况百分比的计算，完成这类计算必须应用除法。此外，计算成本费用、核算购销价格、检查计划完成情况和进行经济活动分析等，都要使用除法。除法就是将一个数平均分成若干等份，求出每份为多少的计算方法。实际上它是减法的简捷法，和乘法比较，是互逆运算关系。即已知两数之积和其中一个因数，求另一个因数的运算。

除法运算用算式表示为：被除法 ÷ 除数 = 商数。

例如：72 ÷8 =9。总数 72 平均分成 8 份，每份是多少？或 72 是 8 的几倍？被分的数称被除数，分的份数称“除数”，每份分得的数称“商数”。即 72 除以 8 等于 9，72 是被除数，8 是除数，9 是商。如果一个数被另一个数来分，还剩下几个分不完，这个剩下的数叫“余数”。在减法中，要将“8”连减九次，但减的次数太多，就很复杂，所以要用除法来计算。

“除”和“除以”的区别：从除数读起应读作“除”，如从被除数读起，应读作“除以”或“被…除”。72 ÷8 应读作“8 除 72”，或者读“72 除以 8”或“72 被 8 除”。用除数去除被除数时，应从左到右，先从被除数的最高位除起，依次除到最低位；珠算除法要借助大九九口诀的乘积递位叠减，不宜用小九九口诀；被除数和除数不能转换位置。

活动一　算前固定个位档定位法操作

两数相除，必须经过定位，才能确定小数点的位置。除法运算的最终计算结果正确与否，只有经过定位才能确定。固定个位档定位法也称“盘上定位法”。就是在运算活动前，在算盘上预先固定某一档作为商数个位档，按要求置被除数于盘中适当档上，计算后商的个位数正好落在个位档上，进行除法计算的定位方法。这种定位方法称为“盘上算前固定个位档定位法”。

“算前固定个位档定位法”具体操作步骤如下：

1. 确定个位档。一般以算盘右起第三个记位点的左一档作为个位档，此档既是新的被除数的个位，也是所求商数的个位档。此档在算前一经确定，最好不要随意变动。

2. 改变原被除数位数，使其变为新的被除数。方法是：若用隔位商除法运算，则用公式 M－N－1 改变原被除数；若用不隔位商除法运算，则用公式 M－N 改变原被除数。

3. 运算完毕，盘面结果即为所求商数。

【实例 5－24】 61.2625 ÷ 7.25 = 8.45（用“隔位商除法”）

教师点拨：

（1）先确定算盘右起第三个记位点的左一档作个位档，再用 M－N－1 改变原被除数，即 2 位－1 位－1 = 0 位，使其变为 0.612625，将其拨入算盘中相应位置，见图 5－39。

（2）运算完毕，盘面结果 8.45 即为所求商数，见图 5－40。

图 5－39

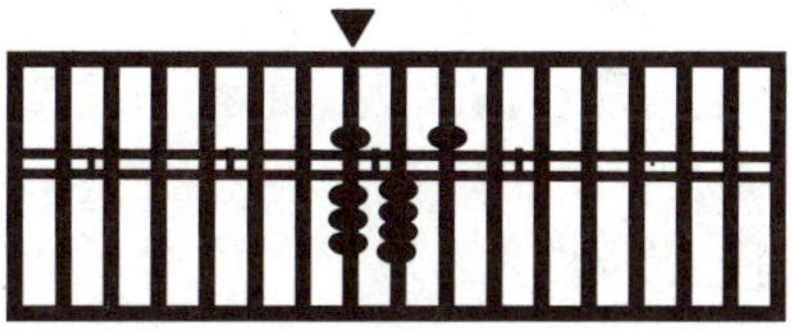

图 5－40

课堂活动考评

● 运用算前固定个位档定位法对 979.20 ÷ 65.28 进行盘上定位，同桌对练，看谁定位快且准确（用隔位商除法）。

【实例 5－25】 0.37944 ÷ 0.00248 = 153（用“不隔位商除法”）

教师点拨：

（1）用 M－N 改变原被除数即 0 位－（－2 位）= 2 位，使其变为 37.944，将其拨入算盘中相应的位置，见图 5－41。

（2）运算完毕，盘面结果 153 即为所求商数，见图 5－42。

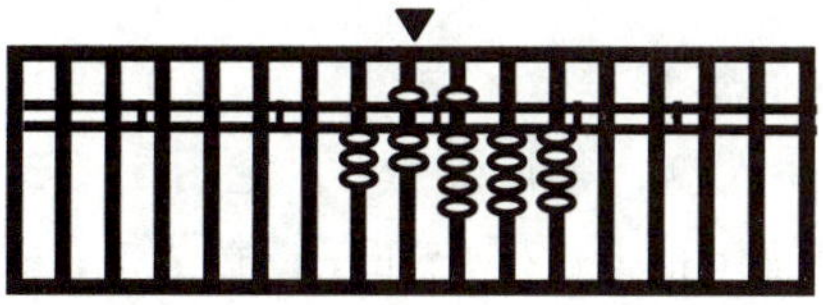

图 5－41

图 5－42

课堂活动考评

● 运用“算前固定个位档定位法”对 2.2425 ÷ 0.0345 进行盘上定位，同桌对练，看谁定位快且准确（用不隔位商除法）。

课后活动考评

运用算前固定个位档定位法进行盘上定位。

（1）87,600.75 ÷ 75 =
（2）596,244.40 ÷ 68 =
（3）815,903.55 ÷ 63 =
（4）186,984 ÷ 28 =
（5）762,388.70 ÷ 37 =
（6）682,290 ÷ 95 =
（7）318,968.64 ÷ 72 =
（8）983,405.64 ÷ 84 =
（9）489,724.19 ÷ 59 =
（10）690,587.55 ÷ 78 =

活动二　一位数隔位商除法操作

商除法是类似笔算除法试商方式进行计算的一种方法。其运算过程都是从高位到低位顺序进行，不用除法口诀，只要熟记大九九口诀，经过心算估商和减积两个主要环节求得商数。其特点是：不需用复杂的归除口诀，易学易懂，为初学者所喜学乐用。商除法分为隔位商除法和不隔位商除法两种。除数是一位有效数字的除法叫“一位数隔位商除法”。隔位商除法比较容易学，也便于掌握。

“一位数隔位商除法”的操作计算活动程序和方法如下：

1. 定位：采用算前固定个位档定位法定位，首先确定商数的个位档，然后按公式 Y = M − N − 1 确定定位档。

2. 置数：拨置被除数入盘。

3. 运算顺序：从被除数首位起，由高位到低位，依次除到末位或所要求的精确度位数为止。

4. 估商方法：够除看一位，不够除看两位。

5. 置商规则：够除隔位置商，不够除挨位置商。

6. 减积档次：从被除数中减商与除数的乘积，乘积的十位数在商的右一档减去，个位数在商的右二档减去。积的十位数为“0”时，要用右手食指空点一下，空过右移一档减积的个位数，以免减错档位。

7. 运算活动完毕，抄写答案。

【实例 5 − 26】 2,616 ÷ 8 = 327（用“隔位商除法”）

教师点拨： 运用“算前固定个位档定位法”在盘上定位，采用“商除法算盘盘式运算”步骤，请与老师一起开始计算。

（1）算盘定位与置数：用算前固定个位档定位法在盘上定位，定位档 Y = M − N − 1 = 4 位 − 1 位 − 1 = 2 位，在算盘的正二档拨置被除数 2,616 入盘，默记除数 8，见图 5 − 43。

（2）被除数首位 2 与除数 8 相比，不够除，应挨位试商 3，挨位在左档拨上 3，并在商的右档挨位减去乘积：3 × 8 = 24，见图 5 − 44。

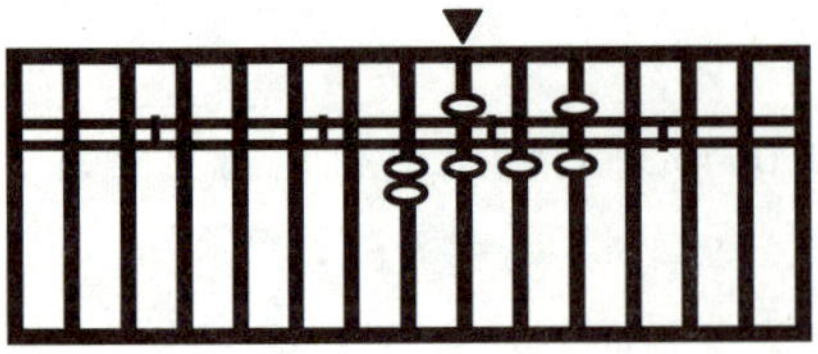

图 5 − 43

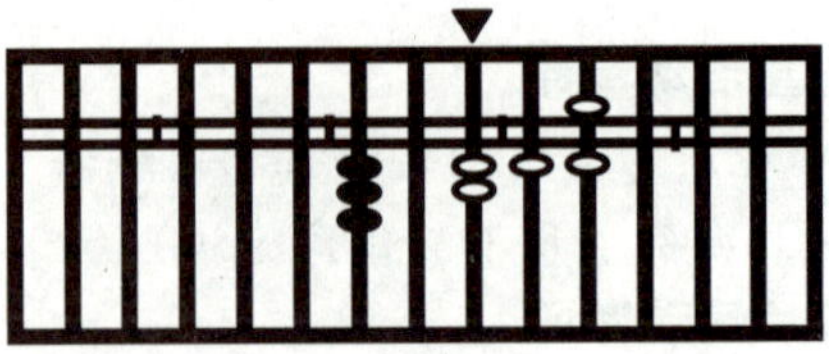

图 5 − 44

（3）余数216的2与除数8相比，不够除，取21与8挨位试商2，并在商的右档挨位减去乘积：2×8=16，见图5－45。

（4）余数56的5与除数8相比，不够除，挨位试商7，挨位在左档拨上7，并在商的右档挨位减去乘积：7×8=56，恰好除尽，见图5－46。

图5－45

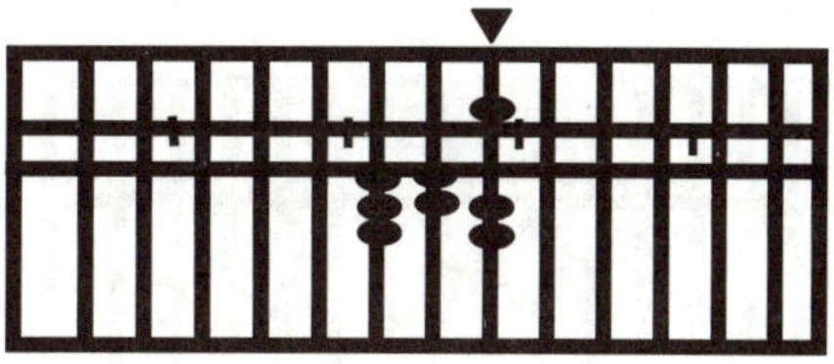
图5－46

（5）运算活动完毕，盘上得出商数327即为答案。

课堂活动考评

● 根据实例5－26的计算活动步骤，运用“算前固定个位档定位法”在盘上定位，采用“商除法算盘盘式运算”步骤：

4,950÷6=　　（用“隔位商除法”）

【实例5－27】 698.80÷5=139.76（用“隔位商除法”）

教师点拨： 运用“算前固定个位档定位法”在盘上定位，采用“商除法算盘盘式运算”步骤，请与老师一起开始计算。

（1）算盘定位与置数：用算前固定个位档定位法在盘上定位，定位档 Y=M－N－1=3位－1位－1=1位，在算盘的正一档拨置被除数698.80入盘，默记除数5，见图5－47。

（2）被除数首位6与除数5相比，够除应隔位试商1，隔位在左档拨上1，并在商的右档隔位减去乘积：1×5=05，见图5－48。

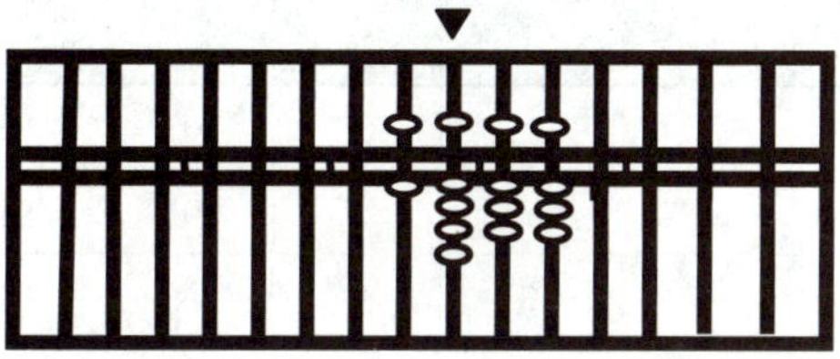
图5－47

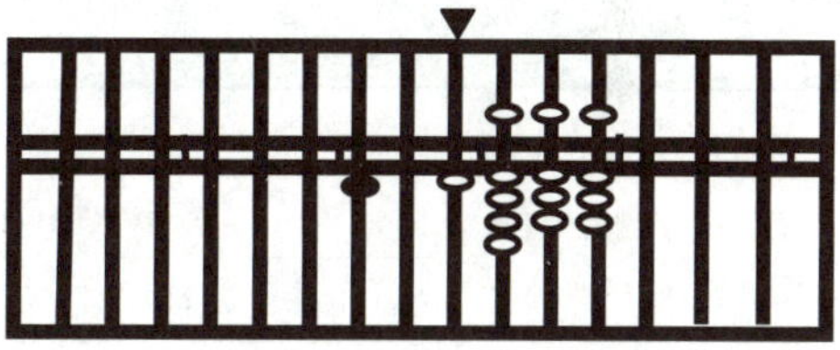
图5－48

（3）余数1,988的1与除数5相比，不够除，取19与5挨位试商3，并在商的右档挨位减去乘积：3×5=15，见图5－49。

（4）余数488的4与除数5相比，不够除，取48与除数5挨位试商9，挨位在左档上拨上9，并在商的右档挨位减去乘积：9×5=45，见图5－50。

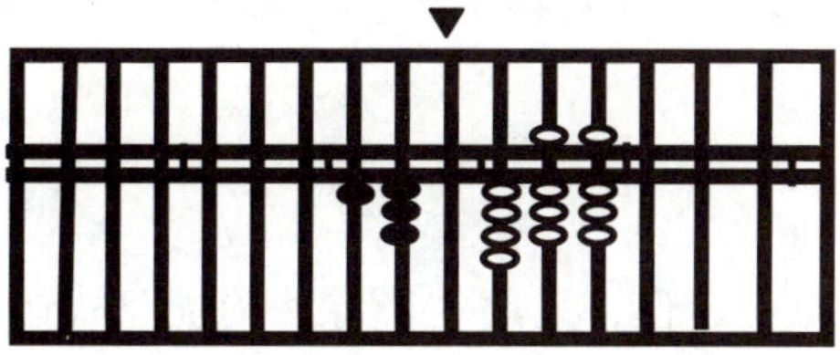
图5－49

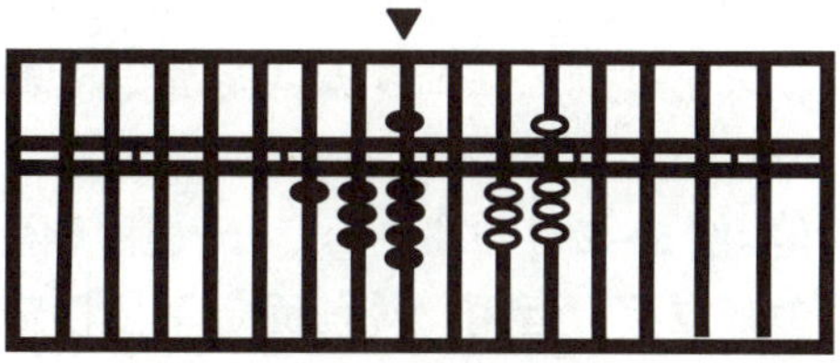
图5－50

（5）余数38的3与除数5相比，不够除，取38与除数5挨位试商7，挨位在左档上拨上7，并在商的右档挨位减去乘积：7×5=35，见图5-51。

（6）余数3与除数5相比，不够除，挨位试商6，挨位在左档上拨上6，并在商的右档挨位减去乘积：6×5=30，见图5-52。

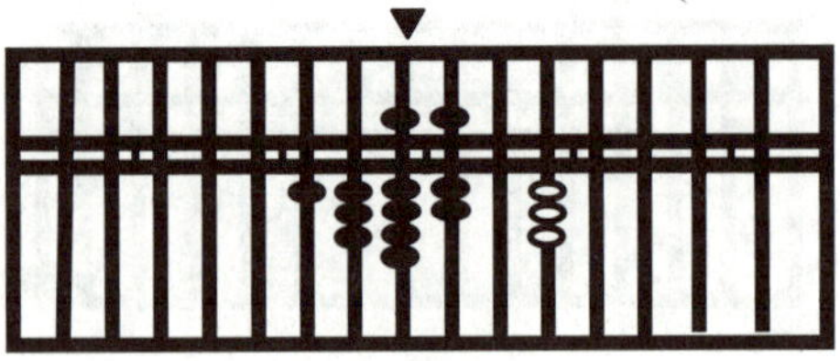

图5-51

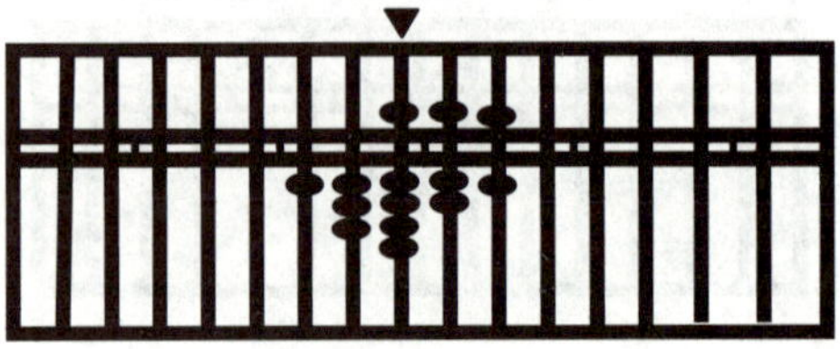

图5-52

（7）运算活动完毕，盘上得出商数139.76即为答案。

课堂活动考评

● 根据实例5-27的计算活动步骤，运用"算前固定个位档定位法"在盘上定位，采用"商除法算盘盘式运算"步骤：

598.15÷7=　　（用"隔位商除法"）

【实例5-28】 304÷8=38（用"隔位商除法"）

教师点拨： 运用"算前固定个位档定位法"在盘上定位，采用"商除法简捷盘式计算"步骤，请与老师一起开始计算（运算步骤如表5-16所示）。

表5-16

盘上定位	运算活动步骤	简捷盘式（+1档为个位档，以下同）			
		+2	+1	0	-1
（1）用算前固定个位档定位法在盘上定位 （2）定位档Y=M-N-1=3位-1位-1=1位 （3）在算盘的正一档置被除数入盘	（1）拨上被除数304入盘，默记除数8		三	0	四
	（2）3<8，"数小"挨位试商3	3	三	0	四
	（3）减积：3×8=24	3	0	六	四
	（4）6<8，"数小"挨位试商8	3	8	六	四
	（5）减积：8×8=64	3	8	0	0
	（6）运算活动完毕，盘上得出商数38即为答案				

课堂活动考评

● 根据实例5-28的"简捷盘式计算"步骤，运用"算前固定个位档定位法"在盘上定位，采用"商除法简捷盘式运算"步骤：

628÷5=　　（用"隔位商除法"）

【实例5-29】 928÷8=116（用"隔位商除法"）

教师点拨： 运用"算前固定个位档定位法"在盘上定位，采用"商除法简捷盘式运算"步骤，请与老师一起开始计算（具体运算步骤如表5-17所示）。

表 5 - 17

盘上定位	运算活动步骤	简捷盘式				
		+3	+2	+1	0	-1
(1) 用算前固定个位档定位法在盘上定位 (2) 定位档 Y = M - N - 1 = 3 位 - 1 位 - 1 = 1 位 (3) 在算盘的正一档置被除数入盘	(1) 拨上被除数 928 入盘，默记除数 8			九	二	八
	(2) 9 > 8，“数大”隔位试商 1	1	0	九	二	八
	(3) 减积：1 × 8 = 08	1	0	一	二	八
	(4) 1 < 8，“数小”挨位商 1	1	1	一	二	八
	(5) 减积：1 × 8 = 08	1	1	0	四	八
	(6) 4 < 8，“数小”挨位试商 6	1	1	6	四	八
	(7) 减积：6 × 8 = 48	1	1	6	0	0
	(8) 运算活动完毕，盘上得出商数 116 即为答案					

提示：若用“算后定位法”定位，则用“前小位相减，前大减后加 1”进行定位；如实例 5 - 28 属“前小”即 3 < 8，采用算后定位为：3 位 - 1 位 = 2 位，为答案定位。如实例 5 - 29 属“前大”即 9 > 8，采用算后定位为：3 位 - 1 位 + 1 = 3 位，为答案定位。

课后活动考评

● 根据实例 5 - 29 的“简捷盘式计算”步骤，运用“算前固定个位档定位法”在盘上定位，采用“商除法简捷盘式运算”步骤：

348 ÷ 6 =　　（用“隔位商除法”）

● 要求按“隔位商除法”，运用“算前固定个位档定位法”在盘上定位，完成下列一位数除法计算练习题（请保留两位小数，以下四舍五入）：

(1) 536,203 ÷ 2 =　　(2) 60,414.60 ÷ 3 =
(3) 22,356.80 ÷ 0.5 =　　(4) 354,098 ÷ 40 =
(5) 678,580 ÷ 4 =　　(6) 2,848 ÷ 8 =
(7) 8,829 ÷ 90 =　　(8) 34,455 ÷ 50 =
(9) 33,957 ÷ 40 =　　(10) 13,560 ÷ 8 =
(11) 99,946 ÷ 6 =　　(12) 395,605 ÷ 7 =
(13) 20,384 ÷ 8 =　　(14) 468,756 ÷ 300 =
(15) 35,916 ÷ 600 =　　(16) 13,848 ÷ 6 =
(17) 17,948.40 ÷ 0.3 =　　(18) 52,712 ÷ 0.08 =
(19) 17,840 ÷ 5 =　　(20) 3,033 ÷ 9 =

活动三　多位数隔位商除法操作

除数是两位或两位数以上非零数字组成的除法，称为“多位数除法”。其运算活动方法和步骤与一位商除法基本相同，同样分两步：先估商，后乘减。由于除数位数多，估商较一位数难度大，减积档位随之增多，且出现一位数除法所没有的叠减积，稍不注意，就容易发生减积错档，导致计算错误；同时会出现估商不准影响计算速度的情况，所以要特别注意多位商除法中的估商和减积档次。

“多位数隔位商除法”操作步骤如下：

1. 用算前固定个位档定位法在盘上定位，首先确定商数的个位档，然后按式 Y = M - N - 1 确定定位档。

2. 置数：拨置被除数入盘。

3. 运算顺序：从被除数首位起，被除数与除数相除，采用“估商、置数和减积”三个步骤求得第一个商数，再用被除数的余数与除数相除，用同样的三个步骤求得第二个商数，依此类推，直到运算活动完毕。

4. 置商规则：够除隔位置商，不够除挨位置商。

5. 减积档次：置商后，两位数除法的减积步骤要分两次进行，三位数除法的减积步骤要分三次进行，依此类推。商与第二位除数相乘，其乘积的十位数从商数右边第一档起减去；商与第二位除数相乘，其乘积的十位数从商数右边第二档起减去；商数与第三位除数相乘，其乘积的十位数在商数右边第三档起减；依此类推，直到商数与各位除数的乘积都减完为止。

提示：为防止减乘积发生错档，可把右手手指按在已减乘积的个位档上，当商与第二位数相乘时，其乘积的十位数就从手指所按的档位上起减。即除数是第几位，它与商数乘积的十位数就在商数右边第几档起减。

【实例 5 - 30】 6,370 ÷ 35 = 182（用“隔位商除法”）

教师点拨：运用“算前固定个位档定位法”在盘上定位，采用“商除法算盘盘式运算”步骤，请与老师一起计算。

（1）算前定位与置数：用“算前固定个位档定位法”在盘上定位。

（2）定位档 Y = M - N - 1 = 4 位 - 2 位 - 1 = 1 位。

（3）在算盘的正一档拨置被除数 6,370 入盘，默记除数 35，见图 5 - 53。

（4）63 > 35 够除，应隔位试商，然后取被除数 63 与除数 35 试商 1，隔位在左档拨上 1，并在商的右档位减去乘积：1 × 35 = 35，见图 5 - 54。

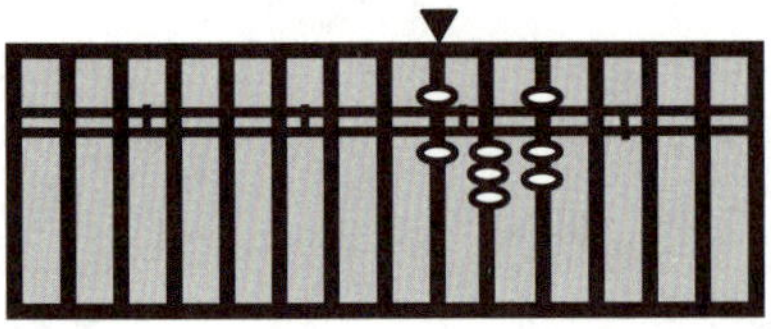

图 5 - 53

图 5 - 54

（5）28 与 35 相比，不够除，挨位试商 8，在左档挨位拨上 8，并在商的右档挨位减去乘积：8 × 3 = 24，8 × 5 = 40；余数为 7，见图 5 - 55。

（6）余数 70 > 35，够除，隔位试商 2，并在商的右档依次减去乘积：2 × 3 = 06，2 × 5 = 10，恰好除尽，见图 5 - 56。

图 5－55

图 5－56

（7）运算完毕，盘上得出商数 182 即为答案。

课堂活动考评

● 根据实例 5－30 的计算活动步骤，运用“算前固定个位档定位法”在盘上定位，采用“算盘盘式运算”步骤：

7,590 ÷ 46 =　　（用“隔位商除法”）

【实例 5－31】 7,968 ÷ 83 = 96（用“隔位商除法”）

教师点拨： 运用“算前固定个位档定位法”在盘上定位，采用“商除法简捷盘式运算”步骤，请与老师一起开始计算（计算步骤见表 5－18）。

表 5－18

盘上定位	运算活动步骤	简捷盘式				
		+2	+1	0	－1	－2
（1）用“算前固定个位档定位法”在盘上定位 （2）定位档 Y = M － N － 1 = 4 位 － 2 位 － 1 = 1 位 （3）在算盘正一档置被除数入盘	（1）拨上被除数 7,968 入盘，默记除数 83		七	九	六	八
	（2）79 < 83，“数小”挨位试商 9	9	七	九	六	八
	（3）减积：9 × 8 = 72 9 × 3 = 27	9 9	0 0	七 四	六 九	八 八
	（4）49 < 83，“数小”挨位试商 6	9	6	四	九	八
	（5）减积：6 × 8 = 48 6 × 3 = 18	9 9	6 6	0 0	一 0	八 0
	（6）运算活动完毕，盘上得出商数 96 即为答案					

课堂活动考评

● 根据实例 5－31 的计算活动步骤，运用“算前固定个位档定位法”在盘上定位，采用“商除法简捷盘式运算”步骤：

6,528 ÷ 75 =　　（用“隔位商除法”）

【实例 5－32】 667.76 ÷ 0.085 = 7,856（用“隔位商除法”）

教师点拨： 运用“算前固定个位档定位法”在盘上定位，采用“商除法简捷盘式运算”步骤，请与老师一起开始计算，计算步骤见表 5－19 所示。

表 5－19

盘上定位	运算活动步骤	简捷盘式					
		+4	+3	+2	+1	0	-1
（1）用“算前固定个位档定位法”在盘上定位 （2）定位档 Y＝M－N－1＝3 位－（－1）位－1＝3 位 （3）在算盘正三档置被除数入盘	（1）拨上被除数 667.76 入盘，默记 85		六	六	七	七	六
	（2）66＜85，“数小”挨位试商 7	7	六	六	七	七	六
	（3）减积：7×8＝56 7×5＝35	7 7	一 0	0 七	七 二	七 七	六 六
	（4）72＜85，“数小”挨位试商 8	7	8	七	二	七	六
	（5）减积：8×8＝64 8×5＝40	7 7	8 8	0 0	八 四	七 七	六 六
	（6）47＜85，“数小”挨位试商 5	7	8	5	四	七	六
	（7）减积：5×8＝40 5×5＝25	7 7	8 8	5 5	0 0	七 五	六 一
	（8）51＜85，“数小”挨位试商 6	7	8	5	6	五	一
	（9）减积：6×8＝48 6×5＝30	7 7	8 8	5 5	6 6	0 0	三 0
	（10）运算活动完毕，盘上得出商数 7,856 即为答案						

课堂活动考评

● 根据实例 5－32 的计算活动步骤，运用“算前固定个位档定位法”在盘上定位，采用“商除法简捷盘式运算”步骤：

329.15÷0.058＝　　（用“隔位商除法”）

【实例 5－33】 27,768÷356＝78

教师点拨： 运用“算前固定个位档定位法”在盘上定位，采用“商除法算盘盘式运算”步骤，请与老师一起开始计算。

（1）算前定位与置数：用算前固定个位档定位法在盘上定位。

（2）定位档 Y＝M－N－1＝5 位－3 位－1＝1 位，在算盘的正一档拨置被除数 27,768 入盘，默记除数 356，见图 5－57。

（3）277 与 356 相比，不够除，挨位试商 7，在右档挨位减去乘积：7×3＝21，7×5＝35，7×6＝42；余 2,848，见图 5－58。

（4）余数 2,848 前三位 284＜356，挨位试商 8，然后在右档挨位减去乘积：8×3＝24，8×5＝40，8×6＝48，恰好除尽，见图 5－59。

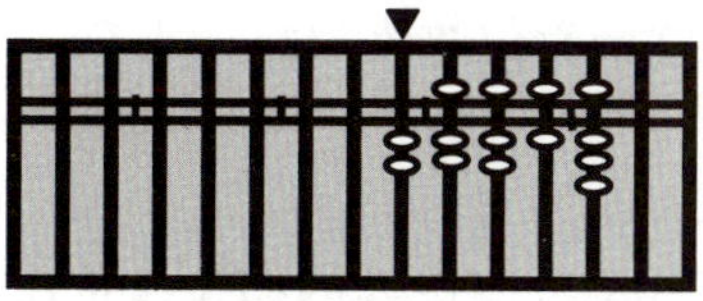

图 5 – 57

图 5 – 58

图 5 – 59

（5）运算活动完毕，盘上得出商数 78 即为答案。

课堂活动考评

● 根据实例 5 – 33 的计算活动步骤，运用“算前固定个位档定位法”在盘上定位，采用“算盘盘式运算”步骤：

5,684. 80 ÷ 352 =　　（用“隔位商除法”）

● 按“隔位商除法”，运用“算前固定个位档定位法”在盘上定位，练一练下列多位数隔位商除法计算练习（保留两位小数，以下四舍五入）：

（1）4, 350 ÷ 75 =　　（2）16, 275 ÷ 35 =
（3）21, 168 ÷ 56 =　　（4）3, 604 ÷ 68 =
（5）46, 501 ÷ 73 =　　（6）73, 944 ÷ 78 =
（7）38, 930 ÷ 458 =　　（8）119, 080 ÷ 65 =
（9）14, 632 ÷ 59 =　　（10）263, 130 ÷ 735 =
（11）73, 005 ÷ 93 =　　（12）674, 475 ÷ 85 =
（13）241, 650 ÷ 358 =　　（14）594, 088 ÷ 473 =
（15）289, 255 ÷ 83 =　　（16）156, 883 ÷ 359 =
（17）273, 180 ÷ 628 =　　（18）379, 638 ÷ 46 =
（19）4, 479, 664 ÷ 518 =　　（20）388, 830 ÷ 78 =

活动四　不隔位商除法操作技巧

不隔位除法，够除时挨位立商，不够除时，将被除数首位数直接改为商数，所以又叫改商除法。改商除法又称挨位商除法，是对隔位商除法进行改进的一种运算方法，其运算原理与隔位商除法一致，只是在定位和置商时的档位有所不同。

这种方法和隔位商除法的运算步骤、方法基本一致，只是在置商、减积和调商时，档次向右移了一位，占用档位少，简化了运算程序，因而能减少拨珠次数，计算速度快。

一、不隔位商除法的要领

不隔位商除法在运算过程中，除了立商位置与隔位商除法错一位以外，其他如布数、估商、减积、退商与补商等方法都基本相同。

二、不隔位商除法的立商原则

被除数与除数同位数相比，大于或等于除数（够除），挨位立商，即在被除数首位数的前一档置商，而当被除的数同位比除数小时（不够除），则将被除数首位数改为商。

其立商原则是：够除挨位商，不够除本位改商。

改商除法的计算步骤是：

1. 置数。采用固定个位法时，以 M－N 为基础确定被除数首位数应拨入的档位，依次布入被除数。

2. 估商。用被除数除以除数，确定商数是几。

在首次估商时，可以运用以下估商法则：(1) 被除数首位数大于或等于除数的首位数，且除数的第二位数小于 5 时，在被除数首位数内运用除数首位数估商；(2) 被除数首位数大于或等于除数的首位数，且除数的第二位数大于 5 时，在被除数首位数内运用除数首位数加 1 估商；(3) 被除数首位数小于除数的首位数，且除数的第二位数小于 5 时，在被除数首位数和第二位数内运用除数首位数估商；(4) 被除数首位数小于除数的首位数，且除数的第二位数大于 5 时，在被除数首位数和第二位数内运用除数首位数加 1 估商。在后续运算的估商中，依此类推。

3. 置商。够除，挨位商；不够除，本位改作商。

4. 减积的档位。置商后，按照从被除数首位数起，由高位到低位，从被除数中减去商数与除数的乘积。每置一次商即减一次乘积，直至达到要求为止。

5. 商数。

【实例 5－34】 0.37944 ÷ 0.00248 = 153（用不隔位商除法）

教师点拨：

(1) 用 M－N 改变原被除数即 0 位－（－2 位）= 2 位，使其变为 37.944，将其拨入算盘中相应的位置，见图 5－60。

图 5－60

(2) 运算完毕，盘面结果 153 即为所求商数，见图 5－61。

图 5－61

【实例 5－35】 87,591 ÷ 7 = 12,513

教师点拨： 运用算前固定个位档定位法在盘上定位，采用不隔位商除法简捷盘式运算步骤，请与老师一起活动（见表 5－20）。

表 5－20

盘上定位	运算活动步骤	简捷盘式					
		+5	+4	+3	+2	+1	0
（1）定位档 Y＝M－N＝5 位－1 位＝4 位 （2）在算盘正四档置被除数入盘	（1）拨上被除数 87,591 入盘，默记 7		八	七	五	九	一
	（2）8＞7，“数大”挨位商 1	1	八	七	五	九	一
	（3）减积：1×7＝07	1	一	七	五	九	一
	（4）1＜7，“数小”改商 2	1	2	七	五	九	一
	（5）减积：2×7＝14	1	2	三	五	九	一
	（6）3＜7，“数小”改商 5	1	2	5	五	九	一
	（7）减积：5×7＝35	1	2	5	0	九	一
	（8）9＞7，“数大”挨位商 1	1	2	5	1	九	一
	（9）减积：1×7＝07	1	2	5	1	二	一
	（9）2＜7，“数小”改商 3	1	2	5	1	3	一
	（7）减积：3×7＝21	1	2	5	1	3	0
	（10）运算活动完毕，盘上得出商数 12,513 即为答案						

【实例 5－36】 58,734÷78＝12,513

教师点拨： 运用算前固定个位档定位法在盘上定位，采用不隔位商除法简捷盘式运算步骤，请与老师一起活动（见表 5－21）。

表 5－21

盘上定位	运算活动步骤	简捷盘式					
		+4	+3	+2	+1	0	-1
（1）定位档 Y＝M－N＝5 位－1 位＝4 位 （2）在算盘正四档置被除数入盘	（1）拨上被除数 58,734 入盘，默记，78		五	八	七	三	四
	（2）5＜7，“数小”改商 7		7	八	七	三	四
	（3）减积：7×7＝49 7×8＝56		7 7	九 四	七 一	三 三	四 四
	（4）4＜7，“数小”改商 5		7	5	一	三	四
	（5）减积：5×7＝35 5×8＝40		7 7	5 5	六 二	三 三	四 四
	（6）2＜7，“数小”改商 3		7	5	3	三	四
	（7）减积：3×7＝21 3×8＝24		7 7	5 5	3 3	二 0	四 0
	（10）运算活动完毕，盘上得出商数 753 即为答案						

课堂活动考评

• 运用算前固定个位档定位法对 2.2425 ÷ 0.0345 = ？进行盘上定位，同桌对练，看谁定位快而准确。（用不隔位商除法）

课后活动考评

运用算前固定个位档定位法对进行盘上定位。（用不隔位商除法）

（1）985,672 ÷ 0.256 =　　（2）78,968.76 ÷ 78 =

（3）87,600.75 ÷ 75 =　　（4）682,377.50 ÷ 35 =

（5）937,825.23 ÷ 69 =　　（6）385,485.75 ÷ 0.345 =

（7）179,832.96 ÷ 48 =　　（8）697,801 ÷ 65 =

（9）793,440 ÷ 32 =　　（10）387,208.29 ÷ 87 =

模块二　商除法的补商和退商操作技巧

【任务导入】

商除法是古老的求商法，是一种隔位除法。先以心算估商，然后用乘法九九口诀减积。“商除”：“商”（商量）就是比较法、实多少，估计应该立商数几；“除”就是把创立的商数与法数相乘从被除数中减去。明代数学家程大位是这样解释的：“商除者，商量法实多寡而除之也。”

商除法是目前普遍采用的一种算法。商除法与笔算除法基本相同，具有易学易懂，计算速度快等优点。

商除法是用心算估商，多位数商除法的重点和难点是估商。按“够除隔位商，不够除挨位商”估商，为达到计算既快又准，估商是关键。在商除法运算中，估商一次成功比较难，因为多位数除法数位较多，往往不是偏大就是偏小，因此，除了要掌握估商的一些规律外，还应熟悉商除法补商与退商的技巧和方法。如果运算过程中出现估商不准，则用补商或退商的方法加以调整。

活动一　多位数隔位商除法的补商操作

由于估商偏小，从被除数中减去商与除数的乘积时，其余数仍大于或等于除数（余数仍然够除），应及时补商。如果补一次商后，余数仍大于除数时，应再补商一次。直至商的右边第一档出现空档，商右边第二档的余数小于除数为止。

小贴士

补商的方法是：余大补商一，隔档减除数。即原商数加 1，隔位减一遍除数。

【实例 5－37】6,396 ÷ 78 = 82（用“隔位商除法”）

教师点拨： 运用算前固定个位档定位法在盘上定位，采用商除法简捷盘式的运算步骤，请与老师一起开始计算（运算过程见表 5－22）。

表 5－22

盘上定位	运算活动步骤	简捷盘式				
		+2	+1	0	－1	－2
（1）用“算前固定个位档定位法”在盘上定位 （2）定位档 Y = M － N － 1 = 4 位 － 2 位 － 1 = 1 位 （3）在算盘正一档置被除数入盘	（1）拨上被除数 6,396 入盘，默记除数 78		六	三	九	六
	（2）63 < 78，“数小”挨位试商 7	7	六	三	九	六
	（3）减积：7 × 7 = 49 7 × 8 = 56	7 7	一 0	四 九	九 三	六 六
	（4）93 > 78，“数大”在原商数补商加 1	8	0	九	三	六
	（5）减积：1 × 7 = 07 1 × 8 = 08	8 8	0 0	二 一	三 五	六 六
	（6）15 < 78，“数小”挨位试商 2	8	2	一	五	六
	（7）减积：2 × 7 = 14 2 × 8 = 16	8 8	2 2	0 0	一 0	六 0
	（8）运算活动完毕，盘上得出商数 82 即为答案					

课堂活动考评

● 根据上例的计算活动步骤，运用“算前固定个位档定位法”在盘上定位，采用“商除法简捷盘式运算”步骤：

3,834 ÷ 54 =　　（用“隔位商除法”）

小贴士

首位估商成 6，用补商方法完成该项运算活动。

【实例 5－38】580,368 ÷ 856 = 678（用“隔位商除法”）

教师点拨： 运用“算前固定个位档定位法”在盘上定位，采用“商除法简捷盘式运算”步骤，请与老师一起开始计算（计算过程见表 5－23）。

课堂活动考评

● 根据上例的计算活动步骤，运用“算前固定个位档定位法”在盘上定位，采用“商除法算盘盘式运算”步骤：

156,050.64 ÷ 438 =　　（用“隔位商除法”）

表 5－23

盘上定位	运算活动步骤	简捷盘式						
		+3	+2	+1	0	-1	-2	-3
（1）用“算前固定个位档定位法”在盘上定位 （2）定位档 Y＝M－N－1＝6 位－3 位－1＝2 位 （3）在算盘正二档置被除数入盘	（1）拨上被除数 580,368 入盘，默记除数 856		五	八	0	三	六	八
	（2）58＜85，“数小”挨位试商 6	6	五	八	0	三	六	八
	（3）减积：6×8＝48 6×5＝30 6×6＝36	6 6 6	一 0 0	0 七 六	0 0 六	三 三 七	六 六 六	八 八 八
	（4）66＜85，“数小”挨位试商 7	6	7	六	六	七	六	八
	（5）减积：7×8＝56 7×5＝35 7×6＝42	6 6 6	7 7 7	一 0 0	0 七 六	七 二 八	六 六 四	八 八 八
	（6）68＜85，“数小”挨位试商 7	6	7	7	六	八	四	八
	（7）减积：7×8＝56 7×5＝35 7×6＝42	6 6 6	7 7 7	7 7 7	一 0 0	二 八 八	四 九 五	八 八 六
	（8）剩下的余数 856 仍够除，应在原商数补商加 1	6	7	8	0	八	五	六
	（9）减积：1×8＝08 1×5＝05 1×6＝06	6 6 6	7 7 7	8 8 8	0 0 0	0 0 0	五 0 0	六 六 0
	（10）运算活动完毕，盘上得出商数 678 即为答案							

小贴士

在本活动中，在求得第一位商数 3 后，被除数余数是 2,465,064；求得第二位商数 5 后，被除数的余数是 275,064；第三位商估成 5，求得被除数余数是 56,064 后，请用补商方法完成该项运算活动。

活动二　多位数隔位商除法的退商操作

由于估商偏大，从被除数中减商与除数的乘积时，出现不够减的情况，应及时退商。如估商时就发现不够减时，可自动把商数减少一珠，进行运算。如果商已立起，且乘又快完毕，才发现不够减时，则记准中途已乘减过的位数，先从商数中退去 1，再用退商的 1 与已乘减过的除数相乘，一直将乘积加到减不过的档次为止。最后在接连之处用退 1 以后的新商，连同没有乘减过的除数边分别相乘、边从退还后的被除数中叠退减积。

一、开始不够减，自动退一珠

【实例 5－39】 6,408÷356＝18（用“隔位商除法”）

教师点拨：运用“算前固定个位档定位法”在盘上定位，采用“商除法简捷盘式运算”步骤，请与老师一起开始计算（计算步骤见表5－24）。

表5－24

盘上定位	运算活动步骤	简捷盘式					
		+2	+1	0	-1	-2	-3
（1）用“算前固定个位档定位法”在盘上定位 （2）定位档Y＝M－N－1＝4位－3位－1＝0位 （3）在算盘0位档置被除数入盘	（1）拨上被除数6,408，默记除数356			六	四	0	八
	（2）64＞35，“数大”隔位试商2	2	0	六	四	0	八
	（3）减积：2×3＝06，但减不过2×56 ＝112，退一还1×06＝06（已乘减过的数）	2 1	0 0	0 六	四 四	0 0	八 八
	（4）减积：1×3＝03 1×5＝05 1×6＝06	1 1 1	0 0 0	三 二 二	四 九 八	0 0 四	八 八 八
	（5）28＜35，“数小”挨位试商8	1	8	二	八	四	八
	（6）减积：8×3＝24 8×5＝40 8×6＝48	1 1 1	8 8 8	0 0 0	四 0 0	四 四 0	八 八 0
	（7）运算活动完毕，盘上得出商数18即为答案						

课堂活动考评

● 根据实例5－39的计算活动步骤，运用“算前固定个位档定位法”在盘上定位，采用“商除法简捷盘式运算”步骤：

45,746÷257＝　　（用“隔位商除法”）

小贴士

在实例5－39中，首位估商为2，请用退商方法完成该项运算活动。

二、中途不够减，退一隔档加还除数几

小贴士

“隔档加还除数几”，是指在商数右隔一档加还1倍的除数几，商数与除数乘了前几位就加还前几位，然后用改小了的商数继续与没有乘的除数相乘。

【实例5－40】96,714÷243＝398（用“隔位商除法”）

教师点拨：运用“算前固定个位档定位法”在盘上定位，采用“商除法简捷盘式运算”的步骤，请与老师一起开始计算（计算步骤见表5－25）。

课堂活动考评

● 根据实例5－40的计算活动步骤，运用“算前固定个位档定位法”在盘上定位，采用“商除法简捷盘式运算”步骤：

497,300÷625＝　　（用“隔位商除法”）

表 5－25

盘上定位	运算活动步骤	简捷盘式						
		+3	+2	+1	0	－1	－2	－3
（1）用“算前固定个位档定位法”在盘上定位 （2）定位档 Y = M − N − 1 = 5 位 − 3 位 − 1 = 1 位 （3）在算盘正一档置被除数入盘	（1）拨上被除数 96,714，默记除数 243			九	六	七	一	四
	（2）96 > 24，“数大”隔位试商 4	4	0	九	六	七	一	四
	（3）减积：4 × 2 = 08 4 × 4 = 16 中途不够减，即 4 × 3 = 12 未减	4 4	0 0	一 0	六 0	七 七	一 一	四 四
	（4）退一还（即加上已乘减数：4 × 2 = 08，4 × 4 = 16）入盘	3	0	九	六	七	一	四
	（5）退一改小后商数为 3，减积：3 × 2 = 06 3 × 4 = 12 3 × 3 = 09	3 3 3	0 0 0	三 二 二	六 四 三	七 七 八	一 一 一	四 四 四
	（6）23 < 24，“数小”挨位试商 9	3	9	二	三	八	一	四
	（7）减积：9 × 2 = 18 9 × 4 = 36 9 × 3 = 27	3 3 3	9 9 9	0 0 0	五 二 一	八 二 九	一 一 四	四 四 四
	（8）19 < 24，“数小”挨位试商 8	3	9	8	一	九	四	四
	（9）减积：8 × 2 = 16 8 × 4 = 32 8 × 3 = 24	3 3 3	9 9 9	8 8 8	0 0 0	三 0 0	四 二 0	四 四 0
	（10）运算活动完毕，盘上得出商数 398 即为答案							

小贴士

在实例 5－40 中，首位估商为 8，请用退商方法完成该项运算活动。

课后活动考评

按“隔位商除法”，运用“算前固定个位档定位法”在盘上定位，完成下列多位数商除法补商和退商计算练习（保留两位小数，以下四舍五入）：

（1）4,368 ÷ 56 =
（提示：用退商方法，首位估商成 8）

（2）113,160 ÷ 345 =
（提示：用补商方法，首位估商成 2）

（3）540,465 ÷ 685 =
（提示：用退商方法，首位估商成 8）

（4）49,980 ÷ 735 =
（提示：用退商方法，首位估商成 7）

（5）41,402.01 ÷ 0.795 =
（提示：用退商方法，第四位估商成 8）

（6）98,784 ÷ 3,528 =
（提示：用补商方法，第二位估商成 7）

（7）0.94392 ÷ 0.0368 =
（提示：用退商方法，第二位估商成 6）

（8）4,018,212 ÷ 876 =
（提示：用退商方法，第二位估商成 6）

(9) 80,657.28 ÷ 2,546 =
(提示：用退商方法，第三位估商成7)

(10) 340,457.70 ÷ 62.15 =
(提示：用补商方法，第四位估商成7)

(11) 182,478 ÷ 51 =
(提示：用补商方法，第四位估商成7)

(12) 104,280.30 ÷ 21.80 =
(提示：用退商方法，第二位估商成8)

(13) 17,426.70 ÷ 578 =
(提示：用补商方法，第四位估商成4)

(14) 557,390.35 ÷ 652.30 =
(提示：用补商方法，第一位估商成7，第二位估商成4)

(15) 14,389.20 ÷ 31.50 =
(提示：用补商方法，第二位估商成4；用退商方法，第三位估商成7)

(16) 9,154.295 ÷ 278.50 =
(提示：用退商方法，第一位估商成4，第二位估商成3)

(17) 5,087.23 ÷ 81.50 =
(提示：用补商方法，第三位估商成3)

(18) 230,802 ÷ 538 =
(提示：用补商方法，第三位估商成8)

(19) 3,222,344 ÷ 472 =
(提示：用退商方法，第二位估商成9，第四位估商成8)

(20) 4,833,165 ÷ 6,285 =
(提示：用退商方法，第二位估商成7；用补商方法，第三位估商成8)

模块三 归除法操作技巧

【任务导入】

归除又叫开除，是一种古老的珠算方法，起始于宋代，与旧管、新收、实在统称为“四柱清册”。《算法统宗》卷一“九归除法”条称“九归除法者，单位者曰归，位数多者归除，通而言之曰归除”。除数是两位及两位以上数位，采用九归诀，撞归诀，退商求商称为归除。其特点是运用口诀（单归、撞归、退商、飞归等口诀）指导计算。

“归除法”是我国传统的用口诀进行估商计算的一种不隔位除法。它把被除数、除数和商之间在运算中的变化关系组成口诀，以利于按口诀顺序计算商和余数，达到既准又快的目的。除数是一位数的除法叫“单归”，也叫“九归法”；除数是两位或两位以上的多位除法叫“归除”。归除法的每一运算都按口诀估商，不必心算估商，减轻了心算的负担。它是我国古代劳动人民在长期实践中，根据二位除数去分别除 1 ~ 9 个数字应得的一位商数或应余的余数而总结出来的，所以每句口诀中都包括除数、被除数、商数或余数，求商时可随口呼出，以口诀概括估商规律，减少心算负担，提高运算速度。

活动一　理解归除口诀的含义

九归口诀是归除法的基本口诀，在归除法中，不论是一位除法或多位除法，都要用到九归口诀。九归口诀内容和含义见表 5－26。

表 5－26　　　　九归口诀（也称单归口诀）的含义

归别（除数首位数）	九归口诀	理解含义	归别（除数首位数）	九归口诀	理解含义
一归	逢一进 1	10 ÷ 1 = 10	六归	六一下加 4	10 ÷ 6 = 1…余 4
	逢二进 2	20 ÷ 1 = 20		六二 3 余 2	20 ÷ 6 = 3…余 2
	逢三进 3	30 ÷ 1 = 30		六三改作 5	30 ÷ 6 = 5
	逢四进 4	40 ÷ 1 = 40		六四 6 余 4	40 ÷ 6 = 6…余 4
	逢五进 5	50 ÷ 1 = 50		六五 8 余 2	50 ÷ 6 = 8…余 2
	逢六进 6	60 ÷ 1 = 60		逢六进一	60 ÷ 6 = 10
	逢七进 7	70 ÷ 1 = 70	七归	七一下加 3	10 ÷ 7 = 1…余 3
	逢八进 8	80 ÷ 1 = 80		七二下加 6	20 ÷ 7 = 2…余 6
	逢九进 9	90 ÷ 1 = 90		七三 4 余 2	30 ÷ 7 = 4…余 2
二归	二一改作 5	10 ÷ 2 = 5		七四 5 余 5	40 ÷ 7 = 5…余 5
	逢二进 1	20 ÷ 2 = 10		七六 8 余 4	60 ÷ 7 = 8…余 4
	逢四进 2	40 ÷ 2 = 20		逢七进 1	70 ÷ 7 = 10
	逢六进 3	60 ÷ 2 = 30	八归	八一下加 2	10 ÷ 8 = 1…余 2
	逢八进 4	80 ÷ 2 = 40		八二下加 4	20 ÷ 8 = 2…余 4
三归	三一 3 余 1	10 ÷ 3 = 3…余 1		八三下加 6	30 ÷ 8 = 3…余 6
	三二 6 余 2	20 ÷ 3 = 6…余 2		八四改作 5	40 ÷ 8 = 5
	逢三进 1	30 ÷ 3 = 1		八六 7 余 4	60 ÷ 8 = 7…余 4
	逢六进 2	60 ÷ 3 = 20		八七 8 余 6	70 ÷ 8 = 8…余 6
	逢九进 3	90 ÷ 3 = 30		逢八进一	80 ÷ 8 = 10
四归	四一 2 余 2	10 ÷ 4 = 2…余 2	九归	九一下加 1	10 ÷ 9 = 1…余 1
	四二改作 5	20 ÷ 4 = 5		九二下加 2	20 ÷ 9 = 2…余 2
	四三 7 余 2	30 ÷ 4 = 7…余 2		九三下加 3	30 ÷ 9 = 3…余 3
	逢四进 1	40 ÷ 4 = 10		九四下加 4	40 ÷ 9 = 4…余 4
	逢八进 2	80 ÷ 4 = 20		九五下加 5	50 ÷ 9 = 5…余 5
五归	五一改作 2	10 ÷ 5 = 2		九六下加 6	60 ÷ 9 = 6…余 6
	五二改作 4	20 ÷ 5 = 4		九七下加 7	70 ÷ 9 = 7…余 7
	五三改作 6	30 ÷ 5 = 6		九八下加 8	80 ÷ 9 = 8…余 8
	五四改作 8	40 ÷ 5 = 8		逢九进一	90 ÷ 9 = 10
	逢五进一	50 ÷ 5 = 10			

提示：口诀中前一个中文数字表示除数，后一个中文数字表示被除数，前面的阿拉伯数字表示商，后面的阿拉伯数字表示余数。例如：

三　　　　　二　　　　　6　余　2
（除数）　　（被除数）　　（商数）（余数）

“逢”是指拨去本档的算珠；“进”是指在左一档加上算珠；“下加”和“余”是指在商的右一档加上算珠；“改作”是指在本档上改变。

知识链接

归除法起源于宋朝，经过元朝的修改与补充，达到三套口诀，才发展为现代归除法。归除法最盛行的时候是明代、清代，它曾替代了商除法。这是因为归除法与商除法相比有很多优点。除数是1、2、3、4、5、6、7、8、9的，分别叫一归、二归、三归、四归、五归、六归、七归、八归、九归，所以又称为九归法。“归”是归类、归纳的意思；“归”主要是归商，把被除数按除数的多寡归纳为数量相等的份数。“归”在运算过程中，详尽地归纳了法、实、商、余的各方面数字，故称之为“归”。“归”是指用法（除法）首和被除的数比较，用“九归口诀”求出初商；“除”是根据估出的初商与除数的第二位以下各位数相乘，依次从被除数中减去，经过这样的乘减后，初商才成为确商。然后再用同样的方法求二商、三商……直至求出整个商数。这就是古书所载：“唯有归除法更奇，将身归了次除之”之意。

一、理解九归口诀

为了有助于对九归口诀的理解和掌握，应请注意以下几点：

1. 有的口诀中只有一个或两个中文数字和一个阿拉伯数字，其中，阿拉伯数字有的表示商数，有的表示余数。例如：

逢八　进　8；　五　　四　　改作8；　八　　三　下　加　　6
（被除数）（商数）；（除数）（被除数）（商数）；（除数）（被除数作商数）（余数）

2. 口诀中，不仅说明运算的结果，而且还包含着运算的过程和置数的档次。

3. 对九归口诀的记忆和推导。九归口诀每句都是数字组成。要求理解口诀的含义，它是根据一位除数去除一位被除数所得的商数和余数编制出来的。因此，运算时，如果忘记某句口诀，只要弄懂它的含义，很快就会算出，否则容易混淆。

二、九归口诀归纳分类理解含义

1. “逢进”类：“逢几进几”的口诀共23句，当被除数首位数字大于或等于除数（即够除）时运用此类口诀。

提示：如六归口诀中的“逢六进1”，是指当除数为6，被除数不小于6时，就在被除数本档减去6（逢6），在左档拨上1作为商（进1）。这类口诀没有明确除数是几，在使用时要牢记除数，以免用错口诀。含义为：$60\div6=10$。

2. “改作”类：“改作”的口诀共8句。当被除数首位数字即小于除数（即不够除）又能除尽而无余数时运用此类口诀。如五归口诀中的“五四改作8”。

提示：“五四改作8”是指当除数是5，被除数是4时，就把被除数4改作商8。含义为

40 ÷ 5 = 8。

3. “下加类”：“下加类”口诀共 14 句。当被除数首位数字小于除数，且除后又有余数，而被除数恰好又与商相同时运用此类口诀。如八归口诀中的“八三下加 6”。

提示：“八三下加 6”是指当除数是 8，被除数是 3 时，就把被除数 3 视同商 3，并在其右档加上余数 6。含义为：30 ÷ 8 = 3…余 6。

4. “几余几类”：“几余几”类口诀共 14 句。被除数首位数字小于除数又不能除尽时，运用此类口诀。如八归口诀中的“八七 8 余 6”。

提示：“八七 8 余 6”，是指当除数是 8，被除数是 7 时，就把被除数 7 改作商 8，在其右一档加上余数 6。含义为：70 ÷ 8 = 8…余 6。

课后活动考评

熟记理解九归口诀并归纳分类理解其含义。

活动二　理解撞归口诀和退商口诀的含义

“撞归”即商除中的“头同下小类”，又称“齐头”，是指在归除多位除法计算中，有时出现除数首位与被除数首位相同，而除数次位却大于被除数次位，不能用“逢几进几”口诀置商 1 的情况，这时，原来口诀不适用，就要用撞归口诀置商。“退商”是指用于解决置商过大，余数不够减去商与除数第二位以下各位数的乘积的一种方法。当用九归口诀试商后就发现余数不够减，这时就要用退商口诀调整试商。在乘减过程中才发现试商偏大需要退商，这种退商叫作“中途退商”。

1. 撞归：就是把被除数首位数字改作商数 9，将余数加到后面的余数里，然后进行乘减。撞归口诀中的每句的“见几”，是指除数首位是“几”，碰到被除数首位也是“几”；撞归口诀中的“无除”是指被除数首位数相同，但以下的数小于除数，不够减；“作 9 几”是指在上述情况下，只能把除数改作商数 9，并把余数加在右一档上。以 52 ÷ 53 为例，就叫“见五”；“无除”是被除数“52”不够置商“1”而无法除；“作 95”是把本档改为商 9，余数 5 加在下档上。

2. 开始发现不够减：退商口诀中的“无除”是因商大无法减除的意思。除数首位是几，就用几归的退商口诀。每退商“一”，除数首位是几就下还几。“退一”：是把商数减去 1；“下还几”：是指把除数的首位数加在商数的右一档上。在实际运算中，遇到“退一”后仍不够减时，可再“退一”，直到够减为止。退商口诀共有九句，这类口诀是在多位数除法中，用九归口诀求的商数偏大，余数不够减商数乘第二位以后除数的乘积的情况下运用。退商的九句口诀可以归纳为一句：无除退一下还几。

3. 中途发现不够减：退商时，不能用一般退商口诀简单地退一下还几，而需要在试商减 1 的同时，从商数右一档起，加还已经乘减过的数，把除数退还到不够减为止，作为还原。然后，用调整后的试商继续与除数的其余几位数（即尚未与试商相乘的那几位除数）相乘，其乘积从被除数的相应位上逐档减去。若除数为 3,468，当除数第四位 8 与试商乘减时，发现不够减，退商时就要“无除退一下还 346”。因此，中途退商的口诀可记作“无除退一，下位加还除过数”。

撞归口诀和退商口诀的含义见表5－27。

表5－27　　撞归口诀和退商口诀含义表

除数首位数	撞归口诀	理解含义	退商口诀	理解含义
一归	见一无除作91	1÷1＝9…余1	无除退一下还1	如除数首位是1就退还1
二归	见二无除作92	2÷2＝9…余2	无除退一下还2	如除数首位是2就退还2
三归	见三无除作93	3÷3＝9…余3	无除退一下还3	如除数首位是3就退还3
四归	见四无除作94	4÷4＝9…余4	无除退一下还4	如除数首位是4就退还4
五归	见五无除作95	5÷5＝9…余5	无除退一下还5	如除数首位是5就退还5
六归	见六无除作96	6÷6＝9…余6	无除退一下还6	如除数首位是6就退还6
七归	见七无除作97	7÷7＝9…余7	无除退一下还7	如除数首位是7就退还7
八归	见八无除作98	8÷8＝9…余8	无除退一下还8	如除数首位是8就退还8
九归	见九无除作99	9÷9＝9…余9	无除退一下还9	如除数首位是9就退还9

课后活动考评

默记撞归口诀和退商口诀，并理解其含义。

活动三　一位数归除法操作

除数是一位数的除法叫“归”，又叫“单归”或“九归”。它的运算程序是利用九归口诀指挥拨珠。运算时只有“归”，而无“除”。

一位数归除法活动操作步骤为：

1. 定位。用“算前固定个位档定位法”定位，按Y＝M－N确定定位档。

2. 置数。将被除数拨置入盘，默记除数。

3. 运算活动顺序。先用除数去除被除数首位数，再除第二位、第三位……依次向右移，直至最后一位。每除一档，都用九归口诀运算一次。如果用“逢几进几”口诀置商后还有余数时，应再用九归口诀除算一次，将本档余数改为商，才可继续除算以下各位。

提示：如566÷4，对第一位除算，“逢四进1”后，本档还有余数1，仍应再用“四－2余2”除一次，将余数“1”改为2，方可继续除其后一位。

4. 置商。用除数的首位去除被除数的首位，按照九归口诀指示的动作得出商数，若是被除数改作商的“本位商”，则商数就在本位上改，余数加在右一档上，每得出一位商数，其商数右一档的数字就是余数首位，然后再用除数去除余数首位，按九归口诀求商。如此类推，直到除尽或除到精确度所要求的商数位数为止。

5. 运算活动完毕，抄写答案。

【实例5－41】2,360÷5＝472

教师点拨：运用“算前固定个位档定位法”在盘上定位，采用“归除法算盘盘式运算”步骤，请与老师一起开始计算（见表5－28）。

表 5－28

盘上定位	运算活动步骤	算盘盘式（▼表示个位档）
（1）用“算前固定个位档定位法”在盘上定位 （2）定位档 Y＝m－n＝4 位－1 位＝3 位 （3）在算盘正三档置被除数入盘	（1）在算盘正三档上拨入被除数 2,360 置入盘内，默记除数 5	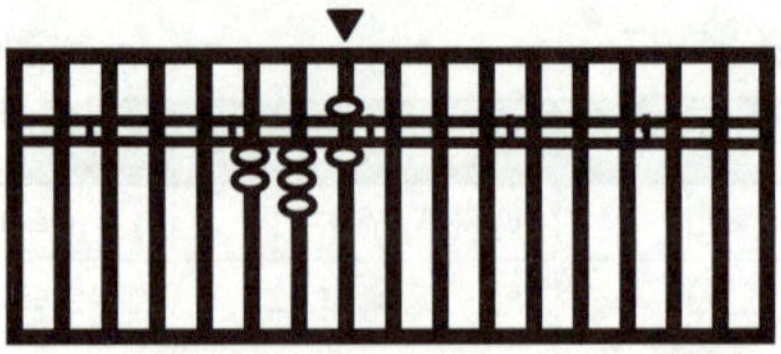
	（2）用九归口诀“五二改作 4”（在二的本档改为 4）	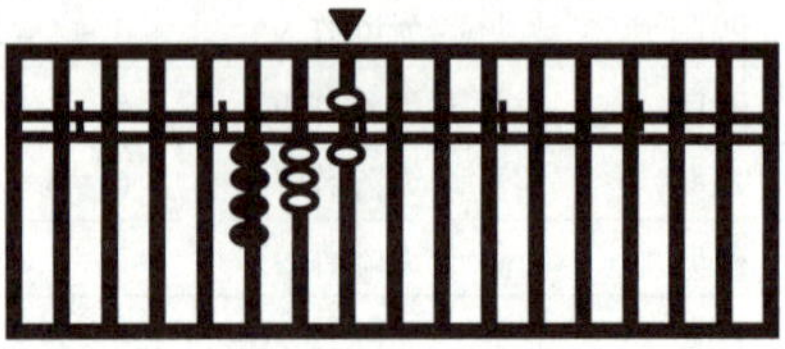
	（3）用九归口诀“五三改作 6”（在三的本档改为 6）	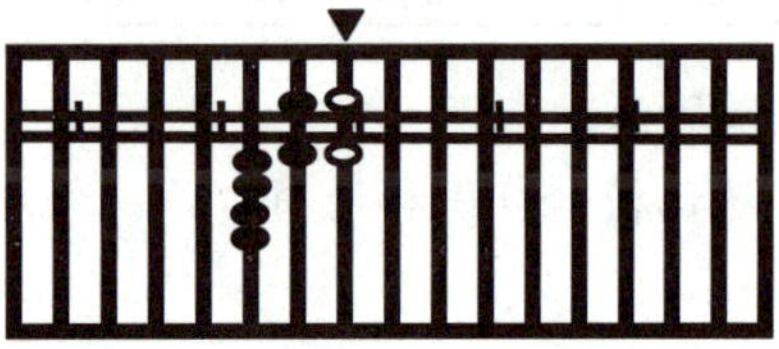
	（4）用九归口诀“逢五进 1”	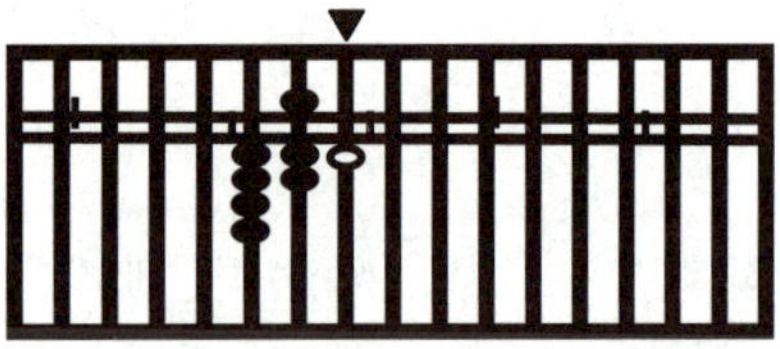
	（5）用九归口诀“五一改作 2”（在一的本档改为 2）	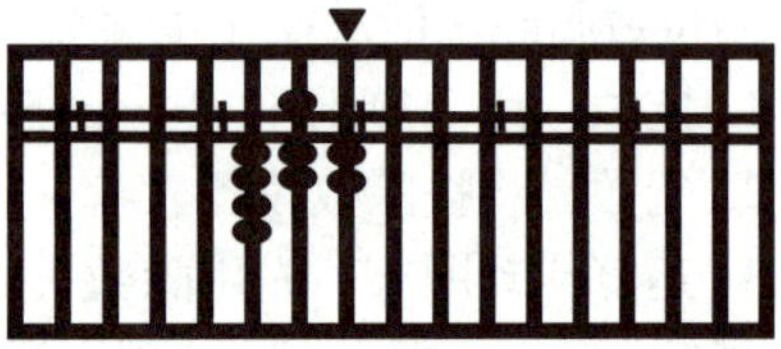
	（6）运算活动完毕，盘上得出的商数 472 即为答案	

课堂活动考评

● 根据实例 5－41 的计算活动步骤，运用“算前固定个位档定位法”在盘上定位，采用“归除法算盘盘式运算”步骤：

4,281.60 ÷6＝713.60

提示：该项运算活动步骤运用“六四 6 余 4”“逢六进 1”“六二 3 余 2”和“六三改作 5”等九归口诀，完成该项运算活动。

【实例 5－42】 5,768 ÷4＝1,442

教师点拨：运用“算前固定个位档定位法”在盘上定位，采用“归除法算盘盘式运算”步骤，请与老师一起开始计算，见表 5－29。

表 5－29

盘上定位	运算活动步骤	算盘盘式（▼表示个位档）
	（1）把被除数 5,768 置入盘内，默记除数 4	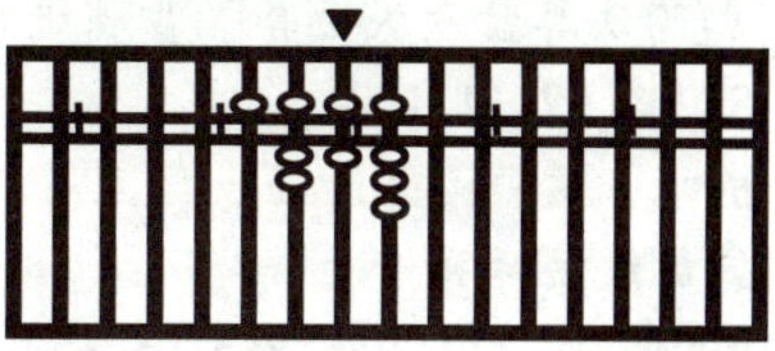
	（2）用九归口诀“逢四进 1”	
	（3）用九归口诀“四一 2 余 2”	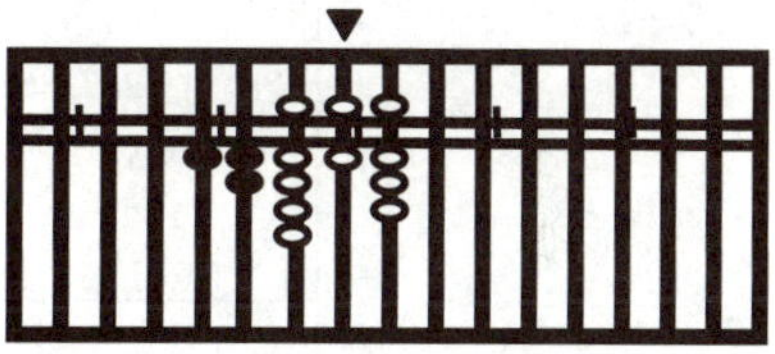
（1）用“算前固定个位档定位法”在盘上定位 （2）定位档 Y = M － N = 4 位 －1 位 =3 位 （3）在算盘正三档置被除数入盘	（4）用九归口诀“逢八进 2”	
	（5）用九归口诀“四一 2 余 2”	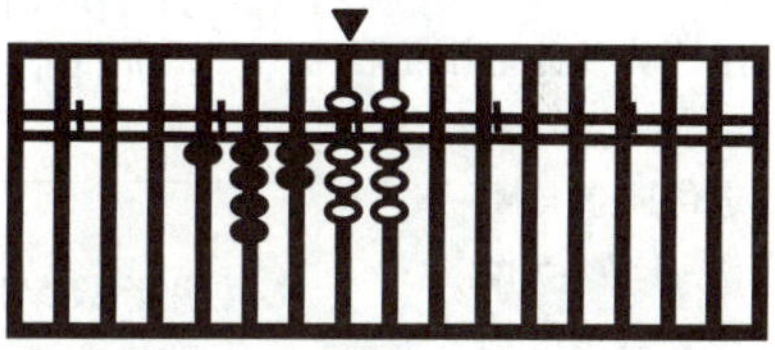
	（6）用九归口诀“逢八进 2”	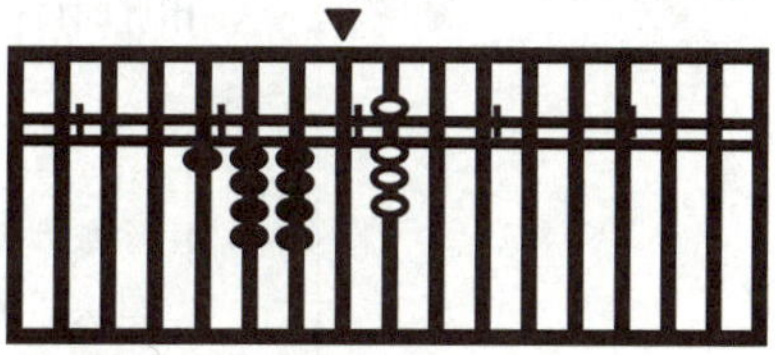
	（7）用九归口诀“逢八进 2”	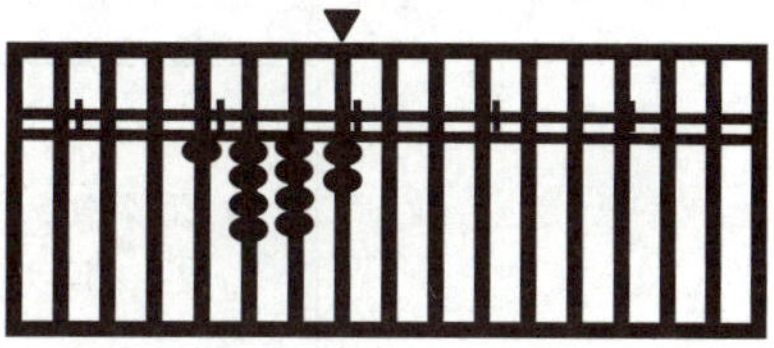
	（8）运算活动完毕，盘上得出的商数 1,442 即为答案	

课堂活动考评

● 根据实例5－42的计算活动步骤，运用“算前固定个位档定位法”在盘上定位，采用“归除法算盘盘式运算”步骤进行计算：

8, 204 ÷ 7 = 1, 172

提示：该项运算活动步骤运用“逢七进1”“七一下加3”和“七五7余1”等九归口诀，完成该项运算活动。

【实例5－43】 257, 865 ÷ 5 = 51, 573

教师点拨：运用“算前固定个位档定位法”在盘上定位，采用“归除法算盘盘式运算”步骤，请与老师一起开始计算，见表5－30。

表5－30

盘上定位	运算活动步骤	算盘盘式（▼表示个位档）
（1）用“算前固定个位档定位法”在盘上定位 （2）定位档 Y = M － N = 6 位 －1 位 = 5 位 （3）在算盘正五档置被除数入盘	（1）把257, 865拨置入盘，默记除数5	
	（2）用除数5去除被除数2，用九归口诀“五二改作4”“逢五进1”	
	（3）用除数5去除被除数7，用九归口诀“逢五进1”，余数2，用九归口诀“五二改作4”	
	（4）用除数5除以被除数8，用九归口诀“逢五进1”，余数3，用九归口诀“五三改作6”	
	（5）用除数5除以被除数6，用九归口诀“逢五进1”，余数1用九归口诀“五一改作2”	
	（6）用除数5除以被除数5，用九归口诀“逢五进1”	
	（7）运算活动完毕，盘上得出的商数51, 573即为答案	

课堂活动考评

● 根据实例5－43的计算活动步骤，运用“算前固定个位档定位法”在盘上定位，采用“归除法算盘盘式运算”步骤进行计算：

3, 516 ÷6 =586

提示：该项活动步骤运用“六三改作5”“六五8余2”“六三改作5”和“逢六进1”等九归口诀，完成该项运算活动。

● 练习一位除数归除法计算，要求运用“算前固定个位档定位法”在盘上定位，采用“归除法算盘盘式运算”步骤进行计算（见表5－31，保留两位小数，以下四舍五入）。

表5－31

（1）45, 869 ÷2 = 提示：用九归口诀：“逢四进2”“逢八进4”“逢六进3”“二一改作5”。	（11）6, 366 ÷60 = 提示：用九归口诀“逢六进1”“六三改作5”。
（2）5, 184 ÷3 = 提示：用九归口诀、“逢三进1”“三二6余2”“逢六进2”。	（12）55, 288 ÷8 = 提示：用九归口诀：“逢八进1”“八五6余2”“八七8余6”。
（3）90, 516 ÷40 = 提示：用九归口诀：“逢八进2”“四一二余2”“逢四进1、6”“逢五进1”“四二改作5”“四三7余2”“逢八进2”。	（13）389, 456 ÷0. 05 = 提示：用九归口诀：“五三改作6”“五四改作8”“五一改作2”。
（4）87, 570 ÷6 = 提示：用九归口诀：“六二3余2”“逢六进1”“六三改作5”“六五8余2”。	（14）90, 517 ÷0. 7 = 提示：用九归口诀：“逢五进1”“七二下加6”“七六8余4逢七进1”。
（5）2, 331 ÷70 = 提示：用九归口诀：“七二下加6”“逢七进1”。	（15）87, 000 ÷6 = 提示：用九归口诀：“六二3余2”“逢六进1”“六三改作5”。
（6）359, 645 ÷500 = 提示：用九归口诀：“逢五进1”“五三改作6”“五四改作8”“五一改作2”。	（16）32, 424 ÷700 = 提示：用九归口诀：“七三4余2”“七四5余5”“逢七进1”“七二下加6”“七一下加3”。
（7）3, 231 ÷9 = 提示：用九归口诀：“逢九进1”“九三下加3”“九八下加8”“九五下加5”“八三下加6”。	（17）43, 232 ÷0. 08 = 提示：用九归口诀：“八四改作5”“八三下加6”“逢八进1”。
（8）52, 332 ÷80 = 提示：用九归口诀：“八五6余2”“八四改作5”“八三下加6”“逢八进1”“八一下加2”。	（18）540, 600 ÷300 = 提示：用九归口诀：“逢三进1”“三二6余2”“逢六进2”。
（9）6, 321 ÷7 = 提示：用九归口诀：“七六8余4”“逢七进1”“七二下加6”。	（19）95, 678 ÷5 = 提示：用九归口诀：“五四改作8”“逢五进1”“五一改作2”“五二改作4”“五三改作6”。
（10）32, 060 ÷8 = 提示：用九归口诀：“八六7余4”“逢八进1”“八三下加6”“八四改作5”。	（20）81, 207 ÷9 = 提示：用九归口诀：“九八下加8”“逢九进1”“九二下加2”。

活动四　多位除数归除法操作

除数是两位或两位以上的除法叫作“多位除数除法”，又叫“归除法”或“逐档求商法”。它包括“归”和“除”两个运算步骤。“归”是指先用除数首位去除被除数（或余数）首位，用九归口诀求得试商。“除”就是指试商与除数第二位及各位相乘，其乘积依次从被除数（或余数）中减去，直到除尽，或者除到所要求的几位商数为止，这就是归除的全过程。古法是把“归”当作除，而“除”实为减的意思。例如，除数是38时，就是“三归8除”；除数为756，就是“七归56除”，是先用七归口诀求商，再用商与56相乘减。又如，除数是5,738，则称为“五归738除”。

多位归除的运算活动步骤为：

一、定位

用“算前固定个位档定位法”定位，按 Y = M − N 确定定位档。

二、置数

将被除数拨置入盘，默记除数。

三、运算顺序

被除数和除数都是从最高位数字开始，按照从左至右的顺序依次运算。先用除数的商位数来除被除数的首位数字，按九归口诀求出试商（即“归”）；然后，从被除数中减去试商与除数第二位及以后各位除数的乘积（即“除”）。乘减以后的商叫作“成商”（或叫“确商”），若乘减后还有余数，再将除数的首位数字除余数的首位数字，再按上述“归”“除”步骤继续运算，直到除尽或除到精确度所要求的位数。

四、减积档次

求出试商后，用试商与除数每二位数相乘，积从商数右一、右二档减去，右一档减积的十位数，右二档减积的个位数；试商与除数第三位数相乘，积从商数右二、右三档减，右二档减积的十位数，右三档减积的个位数（见图5－62）。

提示：在多位除数归除法中，当遇到除数中有0时，运算时可按以下规则处理：一是当除数为整数（如73,068,300）时，其尾数的0，运算时可不予考虑，只在定位计算商的位数时用到；二是当除数为纯小数（如0.067，0.00345）时，其前面的0，既不归也不除，只在定位计算商的位数时用到；三是除数中间的0（如4,908、189.08、285.06）是有效数字，运算时要注意空位减除，即一个0要多右移一位再减除，两个0要多右移两位再减除。

五、运算结果

除尽时，按固定个位定位法确定的正一位即为商的个位，盘面数值即为商数；除不尽时，按要求的精确度除到一位数，若商的精确度要求为0.01，则商数只需到小数点第二位，

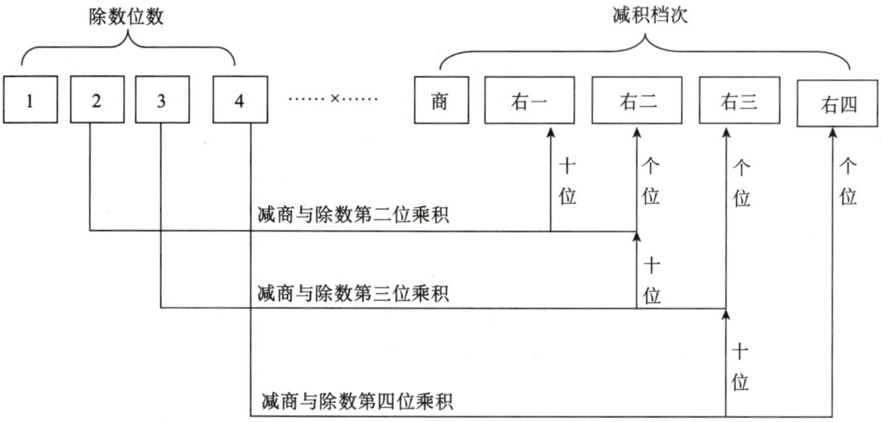

图 5－62

然后判断余数是否大于或等于除数的 1/2，如果余数大于或等于除数的 1/2 时，就在商的最后一档上加一，否则就舍去，这叫作“见四丢，见五收”。

【实例 5－44】3, 285 ÷36 =91. 25

教师点拨：运用“算前固定个位档定位法”在盘上定位，采用“归除法算盘盘式运算”步骤，请与老师一起开始计算（见表 5－32）。

表 5－32

盘上定位	运算活动步骤	算盘盘式（▼表示个位档）
（1）用“算前固定个位档定位法”在盘上定位 （2）定位档 Y = M－N = 4 位－2 位 = 2 位 （3）在算盘正二档置被除数入盘	（1）把被除数 3, 285 置入盘内，默记除数 36	
	（2）用撞归口诀“见三无除作 93”，减积：9 ×6 =54	
	（3）用九归口诀“逢三进 1”，减积：1 ×6 =06	
	（4）用九归口诀“逢六进 2”，减积：2 ×6 =12	
	（5）用九归口诀“三一 3 余 1”，减积：3 ×6 =18	
	（6）用九归口诀“逢六进 2”减积：2 ×6 =12	
	（7）运算活动完毕，盘上得出的商数 91. 25 即为答案	

课堂活动考评

● 根据实例5－44的计算活动步骤，运用“算前固定个位档定位法”在盘上定位，采用“归除法算盘盘式运算”步骤进行计算：

6, 225 ÷75 =83

提示：该项活动步骤运用：“七六8余4”“七二下加6”“逢七进一”等九归口诀，完成该项运算活动。

【实例5－45】 354, 902 ÷58 =6, 119

教师点拨： 运用“算前固定个位档定位法”在盘上定位，采用“归除法简捷盘式运算”步骤，请与老师一起开始计算（见表5－33）。

表5－33

盘上定位	运算活动步骤	简捷盘式（+1档为个位档）					
		+4	+3	+2	+1	0	-1
（1）用“算前固定个位档定位法”在盘上定位 （2）定位档 Y = M − N = 6位 −2位 =4位 （3）在算盘正四档置被除数入盘	拨上被除数354, 902，默记除数58	三	五	四	九	0	二
	九归口诀：“五三改作6”	6	五	四	九	0	二
	减积：6 ×8 =48	6	0	六	九	0	二
	九归口诀：“逢五进一”	6	1	一	九	0	二
	减积：1 ×8 =08	6	1	一	一	0	二
	九归口诀：“五一改作2”	6	1	2	一	0	二
	不够减2 ×8 =16，用退商口诀“无除退一还5”	6	1	1	六	0	二
	减积：1 ×8 =08	6	1	1	五	二	二
	撞归口诀：“见五无除作95”	6	1	1	9	七	二
	减积：9 ×8 =72，运算活动完毕，盘上得出的商数6, 119即为答案	6	1	1	9	0	0

课堂活动考评

● 根据实例5－45的计算活动步骤，运用“算前固定个位档定位法”在盘上定位，采用“归除法简捷盘式运算”步骤进行计算：

2, 204 ÷38 =58

提示： 该项活动步骤运用九归口诀“三二6余2”、退商口诀“无除退一下还3”、撞归口诀“见三无除作93”等，完成该项运算活动。

【实例5－46】 58, 875 ÷75 =785

教师点拨： 运用“算前固定个位档定位法”在盘上定位，采用“归除法简捷盘式运算”步骤，请与老师一起开始计算（见表5－34）。

表 5－34

盘上定位	运算活动步骤	简捷盘式（+1档为个位档）				
		+3	+2	+1	0	-1
（1）用“算前固定个位档定位法”在盘上定位 （2）定位档 Y = M - N = 5 位 -2 位 = 3 位 （3）在算盘正三档置被除数入盘	拨上被除数 58, 875，默记除数 75	五	八	八	七	五
	九归口诀：“七五 7 余 1”	7	九	八	七	五
	减积：7 × 5 = 35	7	六	三	七	五
	九归口诀：“七六八余 4”	7	8	七	七	五
	减积：8 × 5 = 40	7	8	三	七	五
	九归口诀：“七三四余 2”	7	8	四	九	五
	减积：5 × 4 = 20	7	8	四	七	五
	九归口诀：“逢七进 1”	7	8	5	0	五
	减积：1 × 5 = 05；运算活动完毕，盘上得出的商数 785 即为答案	7	8	5	0	0

课堂活动考评

● 根据实例 5－46 的计算活动步骤，运用“算前固定个位档定位法”在盘上定位，采用“归除法简捷盘式运算”步骤进行计算：

50, 184 ÷ 68 = 738

提示：该项活动步骤运用九归口诀“六五 8 余 2”“六二 3 余 2”，退商口诀“无除退一下还 6”等，完成该项运算活动。

【实例 5－47】 666, 966 ÷ 267 = 2, 498

教师点拨：运用“算前固定个位档定位法”在盘上定位，采用“归除法简捷盘式运算”步骤，请与老师一起开始计算（见表 5－35）。

表 5－35

盘上定位	运算活动步骤	简捷盘式（+1档为个位档）						
		+4	+3	+2	+1	0	-1	-2
（1）用“算前固定个位档定位法”在盘上定位 （2）定位档 Y = M - N = 6 位 -3 位 = 3 位 （3）在算盘正三档置被除数入盘	拨上被除数 666, 966，默记除数 267		六	六	六	九	六	六
	九归口诀：“逢六进 3”	3	0	六	六	九	六	六
	不够减 3 × 6 = 18，用退商口诀：“无除退一下还 2”	2	二	六	六	九	六	六
	减积：2 × 6 = 12	2	一	四	六	九	六	六
	减积：2 × 7 = 14	2	一	三	二	九	六	六
	九归口诀：“二一改作 5”	2	5	三	二	九	六	六
	不够减 5 × 7 = 35，用退商口诀：“无除退一下还 2”	2	4	五	二	九	六	六
	减积：4 × 6 = 24 4 × 7 = 28	2 2	4 4	二 二	八 六	九 一	六 六	六 六
	撞归口诀：“见二无除作 92”	2	4	9	八	一	六	六

续表

盘上定位	运算活动步骤	简捷盘式（+1档为个位档）						
		+4	+3	+2	+1	0	-1	-2
（1）用“算前固定个位档定位法”在盘上定位 （2）定位档 Y = M - N = 6位 - 3位 = 3位 （3）在算盘正三档置被除数入盘	减积：9×6=54	2	4	9	二	七	六	六
	减积：9×7=63	2	4	9	二	一	三	六
	撞归口诀：“见二无除作92”	2	4	9	九	三	三	六
	不够减　9×6=54 退商口诀：“无除退一下还2”	2	4	9	8	五	三	六
	减积：8×6=48 　　　8×7=56	2 2	4 4	9 9	8 8	0 0	五 0	六 0
	运算活动完毕，盘上得出的商数2,498即为答案							

课堂活动考评

● 根据实例5-47的运算活动步骤，运用“算前固定个位档定位法”在盘上定位，采用“归除法简捷盘式运算”步骤进行计算：

925,430÷358=2,585

提示：该项活动步骤运用九归口诀“逢六进2”“三二6余2”“三一3余1”，退商口诀“无除退一还3”，撞归口诀“见三无除作93”等，完成该项运算活动。

● 练习多位除数归除法计算，要求运用“算前固定个位档定位法”在盘上定位，采用“归除法简捷盘式运算”步骤进行计算（见表5-36，保留两位小数，以下四舍五入）。

表5-36

（1）9,128÷56= 提示：用九归口诀：“五三改作6”“五一改作2”“逢五进1”。	（7）4,399,650÷675= 提示：用九归口诀：“六四6余4”“六三改作5”“六一下加4”“六五8余2”。
（2）23,345÷35= 提示：用九归口诀：“三二6余2”“逢三进1”。	（8）1,831,005÷2,673= 提示：用九归口诀：“二一改作5”“逢二进1”，撞归口诀：“见二无除作92”，退敌商口诀：“无除退一下还2”。
（3）304,384÷328= 提示：用九归口诀：“三二6余2”“逢六进2”，撞归口诀：“见三无除作93”。	（9）168,264÷369= 提示：用九归口诀：“三一3余1”“三二6余2”“逢三进1”，退商口诀：“无除退一下还3”。
（4）142,395÷165= 提示：用九归口诀：“逢三进3”，退商口诀：“无除退一下还1”“无除退三下还3”，撞归口诀：“见一无除作91”。	（10）402,232÷734= 提示：用九归口诀：“七四5余5”“七三4余2”“七五7余1”“逢七进1”。
（5）30,814÷62= 提示：用九归口诀：“六三改作5”“六四6余4”“逢六进1”，撞归口诀：“见六无除作96”，退商口诀：“无除退一下还6”。	（11）27,434÷58= 提示：用九归口诀：“五二改作4”“五四改作8”“逢五进1”“五一改作2”，退商口诀：“无除退一下还5”。
（6）41,244÷0.0525= 提示：用九归口诀：“五四改作8”“五二改作4”“逢五进1”“五三改作6”，退商口诀：“无除退一下还5”。	（12）15,350.58÷82.53= 提示：用九归口诀：“八一下加2”“八七8余6”“八四改作5”“逢八进1”。

续表

（13）531, 216 ÷ 2, 232 = 提示：用九归口诀："逢四进 2""逢六进 3""二一改作 5"。	（17）358, 698 ÷ 573 = 提示：用九归口诀："五三改作 6""五一改作 2"。
（14）107, 010 ÷ 738 = 提示：用九归口诀："七一下加 3""七三 4 余 2""逢七进 1"。	（18）2, 777, 284 ÷ 482 = 提示：用九归口诀："四二改作 5""四三 7 余 2""逢四进 1""逢八进 2"。
（15）44, 460 ÷ 855 = 提示：用九归口诀："八四改作 5""八一下加 2""逢八进 1"。	（19）211, 365 ÷ 385 = 提示：用九归口诀："三二 6 余 2""三一 3 余 1""逢三进 1"，撞归口诀："见二无除作 93"，退商口诀："无除退一下还 3"。
（16）63, 168 ÷ 329 = 提示：用九归口诀："逢三进 1""逢六进 2"，撞归口诀："见三无除作 93"。	（20）3, 973, 332 ÷ 5, 826 = 提示：用九归口诀："五三改作 6""五四改作 8""五一改作 2"。

模块四　归商结合除法操作技巧

【任务导入】

归商除法集归除法和商除法的优点于一身，立商档次依照归除法，估商方法参照商除法。归商除法旨在减少拨珠次数，将立商归纳为"够除挨位商，不够除本档改商"，本档改商可减少拨珠次数。算法总结为"商变十位减个位，十位余一减不退"。

用归除法运算，每次除一个数字往往需要两次或两次以上拨珠动作，如果在原有九归口诀的基础上适当地增编一些口诀，用这些口诀进行除算，就能一次完成。其原因是用口诀能准确地置商，并减少了每次与除数首位相乘减积的拨珠动作，从而达到减少拨珠动作、提高运算速度的目的。这种方法称为"归除新诀法"，也称"归商结合除法"和"不隔位商除法"，或叫"去字除法"或"减字除法"。

活动一　理解新九归口诀的含义

一、改减类（除数）

新九归口诀的内容和含义见表 5－37。

表 5－37

归别（除数）	新九归口诀	理解含义
二归	二一改 6 下减 2	2×6＝12
	二一改 7 下减 4	2×7＝14
	二一改 8 下减 6	2×8＝16
	二一改 9 下减 8	2×9＝18
三归	三一改 4 下减 2	3×4＝12
	三一改 5 下减 5	3×5＝15
	三一改 6 下减 8	3×6＝18
	三二改 7 下减 1	3×7＝21
	三二改 8 下减 4	3×8＝24
	三二改 9 下减 7	3×9＝27
四归	四一改 3 下减 2	4×3＝12
	四一改 4 下减 6	4×4＝16
	四二改 6 下减 4	4×6＝24
	四二改 7 下减 8	4×7＝28
	四三改 9 下减 6	4×9＝36
五归	五一改 3 下减 5	5×3＝15
	五二改 5 下减 5	5×5＝25
	五三改 7 下减 5	5×7＝35
	五四改 9 下减 5	5×9＝45
六归	六一改 2 下减 2	6×2＝12
	六一改 3 下减 8	6×3＝18
	六二改 4 下减 4	6×4＝24
	六三改 6 下减 6	6×6＝36
	六四改 7 下减 2	6×7＝42
	六四改 8 下减 8	6×8＝48
	六五改 9 下减 4	6×9＝54
七归	七一改 2 下减 4	7×2＝14
	七二改 3 下减 1	7×3＝21
	七二改 4 下减 8	7×4＝28
	七三改 5 下减 5	7×5＝35
	七四改 6 下减 2	7×6＝42
	七四改 7 下减 9	7×7＝49
	七五改 8 下减 6	7×8＝56
八归	八一改 2 下减 6	8×2＝16
	八二改 3 下减 4	8×3＝24
	八三改 4 下减 2	8×4＝32
	八四改 6 下减 8	8×6＝48
	八五改 7 下减 6	8×7＝56
	八六改 8 下减 4	8×8＝64
	八七改 9 下减 2	8×9＝72
九归	九一改 2 下减 8	9×2＝18
	九二改 3 下减 7	9×3＝27
	九三改 4 下减 6	9×4＝36
	九四改 5 下减 5	9×5＝45
	九五改 6 下减 4	9×6＝54
	九六改 7 下减 3	9×7＝63
	九七改 8 下减 2	9×8＝72
	九八改 9 下减 1	9×9＝81

二、另编 15 句新九归口诀的含义

另编 15 句新九归口诀的内容和含义见表 5－38。

表 5－38

归别	另编新九归口诀	理解含义
二归	二一 4 余 2	10÷4＝2…余 2
三归	三一 2 余 4	10÷3＝2…余 4
	三二 5 余 5	20÷3＝5…余 5
四归	四二 4 余 4	20÷4＝4…余 4
	四三 6 余 6	30÷4＝6…余 6
五归	五一下加 5	10÷5＝1…余 5
	五二 3 余 5	20÷5＝3…余 5
	五三 5 余 5	30÷5＝5…余 5
	五四 7 余 5	40÷5＝7…余 5
六归	六二下加 8	20÷6＝2…余 8
	六三 4 余 6	30÷6＝4…余 6
	六五 7 余 8	50÷6＝7…余 8
七归	七三下加 9	30÷7＝3…余 9
	七五 6 余 8	50÷7＝6…余 8
八归	八四下加 8	40÷8＝4…余 8

提示：新九归口诀为50句，是改减类。每句七个字，第一个中文字，表示除数；第二个中文数字，表示被除数；第四个阿拉伯数字，表示商数；第七个阿拉伯数字，表示被除数的下一档要拨去的算珠。对于初学新归除法时，只要熟悉“大九九”乘法口诀，见数就不难求出商数和余数。如“八五改7下减6”，就是 $8\times7=56$；当运用九归口诀的余数类时，若余数大于或等于除数，可用此类新增九归口诀进行运算，减少拨珠次数，提高运算速度。如 $25\div5=5$，若用“五归口诀”，需用“五二改作4”“逢五进1”两句口诀；若用新增口诀，只需用“五二改5下减5”口诀即可。

课后活动考评

熟记新九归口诀和另编15句新九归口诀，并理解其含义。

活动二　一位数归商结合除法操作步骤

商除置商的方法较灵活，上下浮动的余地较大，尽管编有简单的口诀，但也避免不了必要的补商和退商。原来的单归口诀较为切实，但又过分地求低而不求高，往往因为余数太大形成过多地用珠，如“八七八余6”“七二下加6”等，余数几乎能够置商，结果不但要补商，有时甚至还需使用顶珠或悬珠，这种方法在新式算盘上运用多有不便。使用归商结合除法口诀，将过去的“余”字和“加”字改变为“减”字或“去”字，除个别在开始时需要退商外，可以减少补商次数。

归商结合除法的特点是将商除法的心算试商和归除法的不隔位商的特点结合起来。由于利用心算试商可比较准确地一次确定商数，避免出现过多的退商和补商情况，可减轻归除法必须熟记九归口诀的负担，同时，相应地减少了拨珠次数。因此，这种算法比传统的归除法和商除法更能达到既快又准的要求，已为越来越多的珠算能手所采用。

提示：“归商结合除法”的置商位置是本档改商，前档进商，而“商除法”则是隔位进商或挨位进商。

一、一位数归商结合除法算盘盘式运算

归除新诀法的一位除法，即除数是一位时，运算时只要用到九归和新九归口诀；而且只有置商、试商、置商的步骤，没有减积的活动步骤。

【实例5-48】 $1,584\div3=528$

教师点拨：运用“算前固定个位档定位法”在盘上定位，采用“归商结合除法算盘盘式运算”步骤，请与老师一起开始计算（见表5-39）。

课堂活动考评

- 根据实例5-48的计算活动步骤，运用“算前固定个位档定位法”在盘上定位，采用“归商结合除法算盘盘式运算”步骤进行计算：

$2,653\div4=663.25$

提示：该项活动步骤运用新增九归口诀“四二改6下减4”“四一改3下减2”，九归口诀“四二改作5”“四一2余2”等，完成该项运算活动。

表 5－39

盘上定位	运算活动步骤	算盘盘式（▼表示个位档）
（1）用“算前固定个位档定位法”在盘上定位 （2）定位档 Y＝M－N＝4 位－1 位＝3 位 （3）在算盘正三档置被除数入盘	（1）拨被除数 1,584 置入盘内，默记除数 3	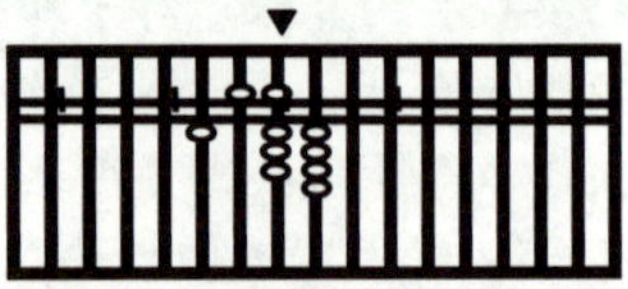
	（2）用新九归口诀“三一改 5 下减 5”	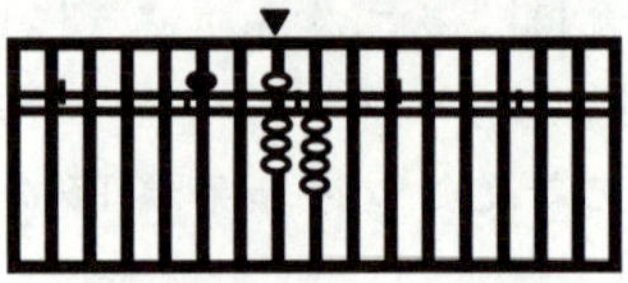
	（3）用九归口诀“逢六进 2”	
	（4）用新九归口诀“三二改八下减 4” （5）运算活动完毕，盘上得出的商数 528 即为答案	

二、一位数归商结合除法简捷盘式运算

【实例 5－49】35,608 ÷0.5＝71,216

教师点拨： 运用“算前固定个位档定位法”在盘上定位，采用“归商结合除法简捷盘式运算”步骤，请与老师一起开始计算（见表 5－40）。

表 5－40

盘上定位	运算活动步骤	简捷盘式（＋1 档表示个位档）						
		＋5	＋4	＋3	＋2	＋1	0	－1
（1）用“算前固定个位档定位法”在盘上定位 （2）定位档 Y＝M－N＝5 位－0 位＝5 位 （3）在算盘正五档置被除数入盘	（1）拨上被除数 35,608，默记除数 0.5	三	五	六	0	八	0	0
	（2）用新九归口诀“五三改 7 下减 5”	7	0	六	0	八	0	0
	（3）用九归口诀“逢五进一”	7	1	一	0	八	0	0
	（4）用九归口诀“五一改作 2”	7	1	2	0	八	0	0
	（5）用九归口诀“逢五进一”	7	1	2	1	三	0	0
	（6）用九归口诀“五三改作 6” （7）运算活动完毕，盘上得出的商数 71,216 即为答案	7	1	2	1	6	0	0

课堂活动考评

- 根据实例 5－49 的运算活动步骤，运用“算前固定个位档定位法”在盘上定位，采用“归商结合除法算盘盘式运算”步骤进行计算：

67, 508 ÷0. 8 =84, 385

提示：该项活动步骤运用新九归口诀“八六改8下减4”“八三改4下减2”，九归口诀“八三下加6”“八四改作5”等，完成该项运算活动。

- 练习一位数归商结合除法计算，运用“算前固定个位档定位法”定位，采用“归商结合除法简捷盘式运算”步骤进行计算（见表5－41，保留两位小数，以下四舍五入）。

表5－41

（1）2, 586 ÷3 = 提示：运用九归口诀：“ 逢六进2”，新九归口诀：“三二改8下减4”“三一改6下减8”	（11）23, 010 ÷30 = 提示：运用九归口诀：“三二6余2”，新九归口诀：“三二改7下减1”
（2）3, 879 ÷4 = 提示：运用九归口诀：“四三7余2”“四二改作5”，新九归口诀：“四三改9下减6”“四二改6下减4”	（12）37, 890 ÷8 = 提示：运用九归口诀：“八五6余2”“八二下加4”“八四改作5”，新九归口诀：“八三改4下减2”“八五改7下减6”“八二改3下减4”
（3）1, 165 ÷5 = 提示：运用九归口诀：“五一改作2”，新九归口诀：“五一改3下减5”	（13）57, 845 ÷5 = 提示：运用九归口诀：“逢五进1”“五三改作6”，新九归口诀：“五二改5下减5”“五四改9下减5”
（4）8, 756 ÷8 = 提示：运用九归口诀：“逢八进1”“八四改作5”，新九归口诀：“八七改9下减2”“八三改4下减2”	（14）15, 885 ÷9 = 提示：运用九归口诀：“九一下加1”，新九归口诀：“九六改7下减3”“九五改6下减4”“九四改5下减5”
（5）6, 759 ÷30 = 提示：运用九归口诀：“逢六进2”“逢九进3”；新九归口诀：“三一改5下减5”	（15）3, 008. 39 ÷0. 07 = 提示：运用九归口诀：“七三4余2”“七二下加6”“七五7余1”，新九归口诀：“七六改9下减3”“七四改7下减9”
（6）3, 879 ÷50 = 提示：运用九归口诀：“五三改7下减5”“五二改5下减5”	（16）51, 678 ÷600 = 提示：运用九归口诀：“六五8余2”“逢六进1”，新九归口诀：“六三改6下减6”“六一改3下减8”
（7）8, 568 ÷200 = 提示：运用九归口诀：“逢八进4”“逢四进2”，新九归口诀：“二一改8下减6”	（17）35, 689 ÷4 = 提示：运用九归口诀：“逢八进2”“四二改作5”“四一2余2”，新九归口诀：“四三改8下减2”“四三改9下减6”
（8）67, 592 ÷7 = 提示：运用新九归口诀：“七六改9下减3”“七四改6下减2”“七三改5下减5”“七六改4下减2”	（18）51, 786 ÷6 = 提示：运用新九归口：“六一改3下8”，九归口诀：“六五8余2、逢六进1”，新九归口诀：六三改6下减6”
（9）68, 748 ÷6 = 提示：运用九归口诀：“逢六进1”“六三改作5”，新九归口诀：“六二改4下减4”“六四改8下减8”	（19）45, 245 ÷5 = 提示：运用九归口诀：“五二改作4”，新九归口诀：“五四改9下减5”
（10）86, 412 ÷40 = 提示：运用九归口诀：“逢八进2”“逢四进1”，新九归口诀：“四二改6下减4”“四一改3下减2”	（20）32, 220 ÷90 = 提示：运用九归口诀：“九三下加3”“九五下加5”；新九归口诀：“九七改8下减2”

活动三　多位数归商结合除法操作

归除新诀法的多位除法，即除数是两位或两位以上时，运算时，根据除数首位用口诀试商置商外，还有一个减积的步骤。

【实例5-50】30, 688 ÷56 =548

教师点拨：运用“算前固定个位档定位法”在盘上定位，采用“归商结合除法简捷盘式运算”步骤，请与老师一起开始计算，见表5-42。

表5-42

盘上定位	运算活动步骤	简捷盘式（+1档表示个位档）				
		+3	+2	+1	0	-1
（1）用“算前固定个位档定位法”在盘上定位 （2）定位档 Y = M - N = 5位 -2位 =3位 （3）在算盘正三档置被除数入盘	（1）拨上被除数30, 688，默记除数56	三	0	六	八	八
	（2）用另编新九归口诀“五三5余5”	5	五	六	八	八
	（3）减积：5×6 =30	5	二	六	八	八
	（4）用九归口诀“五二改作4”	5	4	六	八	八
	（5）减积：4×6 =24	5	4	四	四	八
	（6）用九归口诀“五四改作8”	5	4	8	四	八
	（7）减积：8×6 =48；运算活动完毕，盘上得出的商数548即为答案	5	4	8	0	0

课堂活动考评

● 根据实例5-50的计算活动步骤，运用“算前固定个位档定位法”在盘上定位，采用“归商结合除法简捷盘式运算”步骤进行计算：

42, 284 ÷62 =682

提示：该项活动步骤运用九归口诀“六四6余4”“六五八余2”，新九归口诀“六一改2下减2”等，完成该项运算活动。

【实例5-51】291, 816 ÷378 =772

教师点拨：运用“算前固定个位档定位法”在盘上定位，采用“归商结合除法简捷盘式运算”步骤，请与老师一起开始计算（见表5-43）。

课堂活动考评

● 根据实例5-51的计算活动步骤，运用“算前固定个位档定位法”在盘上定位，采用“归商结合除法简捷盘式运算”步骤进行计算：

429, 408 ÷568 =756

提示：该项活动步骤用另编新九归口诀“五四7余五”“五三5余5”，归除口诀“五三改作6”等，完成该项运算活动。

【实例5-52】86, 142 ÷586 =147

表 5－43

盘上定位	运算活动步骤	简捷盘式（＋1 档表示个位档）					
		＋3	＋2	＋1	－1	－2	－3
（1）用“算前固定个位档定位法”在盘上定位 （2）定位档 Y＝M－N＝6 位－3 位＝3 位 （3）在算盘正三档置被除数入盘	（1）拨上被除数 291, 816 入盘，默记除数 378	二	九	一	八	一	六
	（2）用新九归口诀“三二改 7 下减 1”	7	八	一	八	一	六
	（3）减积：7×7＝49	7	三	二	八	一	六
	（4）减积：7×8＝56	7	二	七	二	一	
	（5）用新九归口诀“三二改 7 下减 1”	7	7	六	二	一	六
	（6）减积：7×7＝49	7	7	一	三	一	六
	（7）减积：7×8＝56	7	7	0	七	五	六
	（8）用九归口诀“逢六进二”	7	7	二	一	五	六
	（9）减积：2×7＝14	7	7	2	0	一	六
	（10）减积：2×8＝16，运算活动完毕，盘上得出的商数 772 即为答案	7	7	2	0	0	0

教师点拨：运用“算前固定个位档定位法”在盘上定位，采用“归商结合除法简捷盘式运算”步骤，请与老师一起开始计算（见表 5－44）。

表 5－44

盘上定位	运算活动步骤	简捷盘式（＋1 档表示个位档）					
		＋3	＋2	＋1	－1	－2	－3
（1）用“算前固定个位档定位法”在盘上定位 （2）定位档 Y＝M－N＝5 位－3 位＝2 位 （3）在算盘正二档置被除数入盘	（1）拨上被除数 86, 142 入盘，默记除数 586		八	六	一	四	二
	（2）用九归口诀“逢五进 1”	1	三	六	一	四	二
	（3）减积：1×8＝08	1	二	八	一	四	二
	1×6＝06	1	二	七	五	四	二
	（4）用九归口诀“五二改作 4”	1	4	七	五	四	二
	（5）减积：4×8＝32	1	4	四	三	四	二
	4×6＝24	1	4	四	一	0	二
	（6）用九归口诀“五四改作 8”	1	4	8	一	0	二
	（7）不够减，8×8＝64；用退商口诀“无除退一下还 5”	1	4	7	六	0	二
	（8）减积：7×8＝56	1	4	7	0	四	二
	7×6＝42	1	4	7	0	0	0
	（9）运算活动完毕，盘上得出的商数 147 即为答案						

课堂活动考评

● 根据实例 5－52 的计算活动步骤，运用“算前固定个位档定位法”在盘上定位，采用“归商结合除法简捷盘式运算”步骤进行计算：

61, 503÷247＝2, 490

提示：该项活动步骤用九归口诀“逢六进 3”“无除退一下还 2”“见二无除作 92”，另编新归除口诀“二一 4 余 2”等，完成该项运算活动。

【实例 5－53】67, 942. 28 ÷72. 65 =935. 20

教师点拨：运用“算前固定个位档定位法”在盘上定位，采用“归商结合除法简捷盘式运算”步骤，请与老师一起开始计算（见表 5－45）。

表 5－45

盘上定位	运算活动步骤	简捷盘式（+1 档表示个位档）						
		+3	+2	+1	0	-1	-2	-3
（1）用“算前固定个位档定位法”在盘上定位 （2）定位档 Y = M－N = 5 位－2 位 =3 位 （3）在算盘正三档置被除数入盘	（1）拨上被除数 67, 942. 28 入盘，默记除数 72. 65	六	七	九	四	二	二	八
	（2）用新九归口诀“七六改 9 下减 3”	9	四	九	四	二	二	八
	（3）减积：9 ×2 =18 9 ×6 =54 9 ×5 =45	9 9 9	三 二 二	一 六 五	四 0 五	二 二 七	二 二 二	八 八 八
	（4）用新九归口诀“七二改 3 下减 1”	9	3	四	五	七	二	八
	（5）减积：3 ×2 =06 3 ×6 =18 3 ×5 =15	9 9 9	3 3 3	三 三 三	九 七 七	七 九 七	二 二 七	八 八 八
	（6）用新九归口诀“七三改 5 下减 5”	9	3	5	二	七	七	八
	（7）减积：5 ×2 =10 5 ×6 =30 5 ×5 =25	9 9 9	3 3 3	5 5 5	一 一 一	七 四 四	七 七 五	八 八 三
	（8）用新九归口诀“七一改 2 下减 4”	9	3	5	2	0	五	三
	（9）减积：2 ×2 =04 2 ×6 =12 2 ×5 =10	9 9 9	3 3 3	5 5 5	2 2 2	0 0 0	一 0 0	三 一 0
	（10）运算活动完毕，盘上得出的商数 935. 20 即为答案							

课堂活动考评

● 根据实例 5－53 的计算活动步骤，运用“算前固定个位档定位法”在盘上定位，采用“归商结合除法简捷盘式运算”步骤进行计算：

31, 003. 56 ÷45. 36 =683. 50

提示：该项活动步骤用另编新九归口诀“四三 6 余 6”，新九归口诀“四三改 8 下减 2”“四一改 3 下减 2”，九归口诀“四二改作 5”等，完成该项运算活动。

● 练习多位数归商结合除法计算，要求按“归商结合除法”活动步骤，运用“简捷盘式运算”及“算前固定个位档定位法”盘上定位（保留两位小数，以下四舍五入）。

（1）4, 484 ÷76 =

提示：运用九归口诀“七四 5 余 5”，新九归口诀“七六改 9 下减 3”。

（2）147, 208 ÷314 =

提示：用新九归口诀“三一改4下减2”“三二改7下减1”，九归口诀“逢六进2”。

（3）213, 948 ÷ 566 =

提示：用另编新九归口诀“五二3余5”“五四7余5”，九归口诀“五四改作8”。

（4）31, 906 ÷ 602 =

提示：用九归口诀“五四改作8”，新九归口诀“六一改三下减8”。

（5）461, 188 ÷ 724 =

提示：用新九归口诀“七四改6下减2”“七二改3下减1”，九归口诀“七五7余1”。

（6）67, 782 ÷ 715 =

提示：用新九归口诀“七六改9下减3”“七五改8下减6”，九归口诀“七三4余2”。

（7）1, 123, 850 ÷ 3, 458 =

提示：用九归口诀“三一3余1”“逢六进2”，新九归口诀“三一改5下减5”。

（8）1, 980. 657 ÷ 62. 58 =

提示：用新九归口诀“六一改3下减8”，九归口诀“六一下加4”“六四6余4”“六三改作5”。

（9）135, 603 ÷ 549 =

提示：用九归口诀“五一改作2”“五二改作4”，新九归口诀“五三改7下减5”。

（10）230, 580 ÷ 732 =

提示：用新九归口诀“七二改3下减1”“七三改5下减5”，九归口诀“七一下加3”。

（11）104, 308 ÷ 293 =

提示：用九归口诀“二一改作5”“无除退一下还二”，新九归口诀“二一改6下减2”。

（12）632, 255 ÷ 923 =

提示：用九归口诀“九六下加6”，新九归口诀“九七改8下减2”“九四改五下减5”。

（13）162, 272 ÷ 352 =

提示：用新九归口诀“三一改4下减2”，九归口诀“三二6余2”“逢三进1”。

（14）2, 904, 426 ÷ 4, 662 =

提示：用新九归口诀“四二改6下减4”“四一改3下减2”，九归口诀“四一2余2”。

（15）240, 548 ÷ 781 =

提示：用新九归口诀“七二改3下减1”，九归口诀“七六8余4”。

（16）156, 524 ÷ 359 =

提示：用新九归口诀“三一改4下减2”，九归口诀“三一3余1”“三二6余2”。

（17）395, 637 ÷ 627 =

提示：用新九归口诀“六三改6下减6”“六一改3下减8”，九归口诀“逢六进1”。

（18）448, 152 ÷ 526 =

提示：用九归口诀“五四改作8”“五一改作2”，新九归口诀“五二改5下减5”。

（19）2, 183, 328 ÷ 4, 256 =

提示：用九归口诀“四二改作5”“逢四进1”，新九归口诀“四一改3下减2”。

（20）388, 732 ÷ 628 =

提示：用新九归口诀“六三改6下减6”“六五改9下减4”，九归口诀“六一下加4”。

模块五　除法简捷算法操作技巧

【任务导入】

珠算简捷算法是珠算各种简便算法的统称。珠算运算时，在某种条件下，能简化运算、减少拨珠量，是提高运算速度的简单便捷方法。

简捷除法是根据被除数或除数的某一数字的特殊规律而采用的各种特殊运算方法，如补数除法、以乘代除法等。这些算法是在满足求商的基础上，采用心算和数字原理，灵活地改变拨珠程序，精简运算过程，减少拨珠次数和运算错误，达到简捷计算，提高运算速度的目的。

活动一　补数除法操作技巧

补数除法是凑整数的加除法，故又称凑整加除法，也叫补加数除法。在除数首位数或前几位数为 9，后面只有一至两位数不是 9 的情况下，用加、减除数的补数求商，就是把除数凑成整数，如：96 凑成 100，补数为 4，或 698 凑成 1,000，补数为 302 等。

该法是以除数的补数，是补数乘法的逆运算，把从被除数里“减积”变为“加积”。运用这种方法可以更好地减少除数的位数，不用口诀，从而达到计算速度快捷的目的。尤其适用于多位数大数字除法的运算。具体是指在除数接近 10 的整数次幂的除法运算中，利用齐数与补数的关系，通过加减除数的补数来减少拨珠次数的一种简便除法。

在补数除法中，每次估定的商数是几，就在被除数相应档位加上该商数与除数补数的乘积（以下用 P 代替）。该乘积 P 视具体情况加入被除数：（1）被除数不够除时，就在下档加上 P，但如果 P 的位数比补数位数多一位（积首进位），就在本档加上 P；（2）被除数够除时，就在本档加上 P，但如果 P 的位数比补数位数多一位，就在前档加上 P。

在 P 加入被除数得出的和中，如果本档数字与估定的商相同，这个数字就是商数；如果不同，就需要退商或补商。

一、补数加除法

补数加除法是指不需要退商的补数除法。其商数的确定有两种情形：

1. 将 P 加入被除数得出的和中，如果本档数字与估定的商相同，这个数字就是商数。
2. 如果本档数字比估定的商大，就继续加补数（即补商），调整使其一致。

当本档数字小于估定的商时，就用补数加减结合除法。

二、补数加减结合除法

补数加减结合除法是指由于本档数字比估定的商小，需要减去补数（即退商）使其一致的补数除法。

补数除法的原理是：被除数中含有若干倍除数时，则在被除数中加上若干倍除数的补数，就会得出商数。

运算方法和步骤：

1. 置数定位。采用固定个位档定位法定位，按“除数首数的档次 = 被除数的位数 − 除数的位数”来置被除数。

2. 商。当除数与 10 的整数次幂非常接近时，用它除得商数也必然与被除数的首数极为接近，当除数的首数为 9 时，一般情况下商数和被除数的首数相同，这时用被除数作商。

3. 乘的顺序。用首（试）商数与除数的补数相乘，在相应的档位上加上其积之和，加积的档次规律是：商数与补数相乘，补数是第几位数，其积的个位数就加在试商的右几档上。

提示： 18 ÷6 =3，18 是 6 的 3 倍，如果把除数 6 加上补数 4 作为除数，则等式变成：(18 +3 ×4) ÷ (6 +4) =3，这个等式表明的关系，其公式是：被除数 ÷ 除数 = (被除数 + 商 × 除数的补数) ÷ (除数 + 除数的补数)。

【实例 5 −54】 37,044 ÷98 =378

教师点拨： 采用补数除法盘式运算步骤，请与老师一起开始计算。

```
        ▼
3   7   0   4   4
三  0   6  （商右边加积 3×02=06）
───────────────────────────────
.   7   6   4   4  （余数）
.   七  1   4  （余首商七，右加积7×02=14）
───────────────────────────────
.   .   7   8   4  （余数）
.   .   七  1   4  （余首商七，右加积7×02=14）
───────────────────────────────
.   .   .   9   8  （余数等于除数）
.   .   一  9   8  （去 98 进 1）
───────────────────────────────
三  七  八        （商数）
```

（1） +3 位即从小数点左三档起置被除数（如上图）。默记除数的补数 02。

（2） 以被除数首数 3 作商，用其乘补数得 06；在商下位加积 06 得余数 7, 644。

（3） 以余数首数 7 作商，用其乘补数 02 得 14，在商的右一档加积 14 的十位数 1，右二档加积个位数 4，余数为 784。

（4） 以余数首数 7 作商，用其乘补数 02 得 14，在商的下位加积 14，余数为 98，等于余数。

（5） 余数 98 与除数相等，可用“去 98 进 1”，加原商“七”得商八，即得商数为：378。

【实例 5－55】 4,144.98 ÷994 =4.17。

教师点拨： 采用补数除法盘式运算步骤，请与老师一起开始计算。

▼
4　1　4　4　9　8（拨被除数入盘）
四　0　2　4　（商四，右加积4×006=024）

———————————————
　　1　6　8　9　8（余数）
　　一　0　0　6　（余首商一，右加积1×006=006）

———————————————
　　　6　9　5　8　（余数）
　　　六　0　3　6　（余首商六，右加积6×006=036）

———————————————
　　　　9　9　4　（余数等于除数）
　　　一　9　9　4　（去 994 进 1 ）

———————————————
四　一　七　（商数）

（1）按 +1 位拨上被除数（如上图），默记除数补数 006。

（2）以被除数首数 4 作商，在下一档加上商与补数的积 024，余数为 16,898。

（3）以余数首数 1 作商，在下一档加上商与补数的积 006，余数为 6,958。

（4）以余数首数 6 作商，在下一档加上商与补数的积 036，余数为 994，与除数相等。

（5）余数 994 与除数相等，可用“去 994 进 1”把商六改为商七。根据已定商位得商为：4.17。

【实例 5－56】 36,860 ÷485（515）＝76

教师点拨： 采用补数除法简捷盘式运算步骤，请与老师一起开始计算。运算活动步骤如表 5－46 所示。

表 5－46

运算活动步骤	简捷盘式（+1 档为个位档）									
	+10	+9	+8	+7	+6	+5	+4	+3	+2	+1
（1）除数的补数 515 置于算盘左边，被除数置于算盘右边	5	1	5			3	6	8	6	0
（2）36 比 4，估商八，在本档加 8 × 515，原数变为七,8060	5	1	5			七	8	0	6	0
（3）前档出商七，比估商八小 1，调商，商小调减；下档减法 515 一次，原数变为七,2910	5	1	5			七	2	9	1	0
（4）前档出商七，一致为商，余数 29 比 4；估商七，本档加 7 × 515，原数变为七六,515	5	1	5			七	六	5	1	5
（5）前档出商六，比原估商七小 1，商小调减；下档减法 515 一次，原数变为七六；得 76 为答案	5	1	5			七	六			

课堂活动考评

- 用补数除法计算下列各题：

(1) 96,728 ÷ 9.40 =　　(2) 25,186 ÷ 98 =

(3) 35,672 ÷ 980 =　　(4) 34,216 ÷ 0.91 =

(5) 45,372 ÷ 99.50 =　　(6) 374,965 ÷ 95 =

(7) 53,989 ÷ 999.80 =　　(8) 7,549.68 ÷ 99.60 =

(9) 632,502 ÷ 918 =　　(10) 99,072 ÷ 9.60 =

课后活动考评

用补数除法计算下列各题：

(1) 525.7148 ÷ 988 =　　(2) 35.9208 ÷ 997.80 =

(3) 0.99425 ÷ 0.97 =　　(4) 97.6272 ÷ 94.60 =

(5) 623.45 ÷ 92.50 =　　(6) 6,361.60 ÷ 99.40 =

(7) 0.1393422 ÷ 0.969 =　　(8) 421.40 ÷ 9.80 =

(9) 890.15 ÷ 9.37 =　　(10) 57,480 ÷ 9,580 =

活动二　以乘代除法操作技巧

在除法运算中，根据除法与乘法互逆的运算性质，可以乘代除，使用这种方法的优点是：以乘代除是根据《斤秤流法》中的倍数关系确定的，实际运算中遇到这类数字的机会较多，可减少计算量和增强心算功能，大大提高计算速度。

任何数字除以“5”的商数，等于任何数字加其本身。根据这个定义得出：凡任何数字被5、25、125、625去除，只要分别乘以2、4、8、16，其商数即可求得。

本算法应采用“双数定位法”定位，从被除数首位大小决定位数。

【实例5－57】32.60 ÷ 0.50 = 65.20

教师点拨：

用5除等于被除数自身加倍，故乘以2；

心算两个326等于652；

用比数定位法，除位相减：2位－0位＝2位，被除首位小于除数首位，不加1位，故商得65.20。

【实例5－58】68 ÷ 5 = 13.60

教师点拨：

用5除等于被除数自身加倍，故乘以2；

心算两个68等于136；

用比数定位法，除位相减：2位－1位＋1位＝2位，被除首位大于除数首位，加1位，故商得13.60。

【实例5－59】42.30 ÷ 0.25 = 169.20

教师点拨：

用25除等于被除数自身加倍再加倍，即乘以4；

用分解办法心算：423×2×2=1692；

用比数定位法，除位相减，前大加1位，2位-1位+1位=2位，故商得169.20。

【实例5-60】 746÷25=29.84

教师点拨：

用25除等于被除数自身加倍再加倍，即乘以4；

用分解办法心算：746×2×2=2984；

用比数定位法，除位相减，前大加1位，3位-2位+1=2位，故商得29.84。

【实例5-61】 52.70÷1.25=42.16

教师点拨：

用125除等于被除数自身加倍加倍再加倍，即乘以8；

用心算被除数加倍1054（即527×2），加倍2108（即527×4），再加倍4216（即527×8）；

用比数定位法，除位相减，被除前大，应加1位，2位-1位+1=2位，故商得42.16。

【实例5-62】 8,476÷125=67.808

教师点拨：

（1）用125除等于被除数自身加倍加倍再加倍，即乘以8；

（2）8,476×8=67808；

（3）用比数定位法，除位相减，前大加1位，4位-3位+1位=2位，故商得67.808。

【实例5-63】 23.40÷0.625=37.44

教师点拨：

（1）用625除等于被除数自身加倍加倍再加倍再加倍，即乘以16；

（2）用心算，被除数加倍为468（即234×2），加倍为936（234×4）；再加倍为1872（即234×8），再加位为3744（即234×16）；

（3）用比数定位法，除位相减，被除数前小不加1位，2位-0位=2位，故商得37.44。

【实例5-64】 958÷625=1.5328

教师点拨：

（1）用625除等于被除数自身加倍加倍再加倍再加倍，即乘以16；

（2）958×16=15328；

（3）用比数定位法，除位相减，前大加1位，3位-3位+1位=1位，故商得1.5328。

课堂活动考评

- 用以乘代除法计算下列各题：

（1）793.50÷0.50=　　（2）945÷5=

（3）4,760÷0.25=　　（4）595÷25=

（5）3,278÷0.125=　　（6）8,250÷125=

（7）526÷0.625=　　（8）8,125÷62.50=

（9）4,958÷625=　　（10）63.80÷6.25=

课后活动考评

用以乘代除法计算下列各题：

(1) 237.50 ÷ 0.50 =　　(2) 284.50 ÷ 5 =
(3) 715 ÷ 2.50 =　　(4) 146 ÷ 25 =
(5) 4,798 ÷ 0.125 =　　(6) 7,125 ÷ 1.25 =
(7) 789 ÷ 0.625 =　　(8) 689 ÷ 6.25 =
(9) 876 ÷ 62.50 =　　(10) 985 ÷ 625 =

活动三　省除法操作技巧

省除法是指在不能整除的多位数小数除法运算中，按要求省略余数并调整最末位商，使商数保留一定位数（如保留两位小数），根据近似计算的原理，当被除数与除数的位数较多，而所要求的商数的位较少时，可采取先省略被除数与除数的部分尾数使位数减少，然后再进行计算得出近似值一种计算方法。此法可简化运算程序，提高运算速度。因此，省除法下的商数为近似值。

采用固定个位法时，省除法较为简便，因为商数要求保留到哪位，就运算到哪位，然后比较余数与除数的前两位有效数字，若余数的前两位有效数字小于除数前两位有效数字的一半时，则舍去；反之，就在最末位的商数上加 1，运算完成后，盘上数即为商数。

省除法的运算活动步骤为：

1. 定位：采用固定个位档定位法在盘上定位。

2. 确定截位档和压尾档：以算盘上的第三个记位点作为小数点，商数小数点后的精确位数加 1 即为截位档，截位档右一档即为压尾档；如商数要求保留到小数点后两位，则截位档定在小数点后第三档，压尾档则在小数点后第四档。

3. 截取运算位码：用截取公式对被除数和除数进行位码截取，以确定运算的数位。截取公式为：M（被除数位数）－N（除数位数）+精确度（要求保留小数位数）+2（常数）。

4. 置数：把已截取的被除数拨入算盘，并牢记被除数末尾后一位是压尾档，默记除数。

5. 置商：采用隔位商除法时，按“够除隔位置商，不够除挨位置商”的原则置商。

6. 运算：用基本除法隔位除法计算。计算时减积一律减到截止档为止，落到压尾档上的数字，凡满 5 就在截止档再减去 1，如小于 5 则舍去不计，压尾档以后的减积一律不再运算。

7. 求商：商求到要求的精确度为止，即压尾档的前两格为余数，取商时，只取到盘上小数点后第二档或第四档，然后将剩下的余数的前两位数字，用心算加一倍，若大于除数前两位数字，商的末位进一，若小于除数的前两位数字，商的末位不变。

提示：当商数要求准确到 0.01 时，减积减到 −3 档止，以下按四舍五入处理；当商数要求准确到 0.0001 时，减积减到 −5 档上，以下按四舍五入处理。

【实例 5－65】 235.76483 ÷ 3.5325 = 66.74（精确到 0.01）

教师点拨：

运用省除法（隔位商除法）运算步骤，采用算前固定个位档定位法在盘上定位，请与老师一起计算。

定位：用算前固定个位档定位法在盘上定位；

截取位数：按照截取公式 = M - N + 要求保留小数点位数 + 2 = 3 - 1 + 2 + 2 = 6（位），即被除数和除数截取六位，即 235765 和 35325。

置数：将被除数 235765 从正一位（M - N = 3 位 - 1 位 - 1 = 1 位）置入盘。

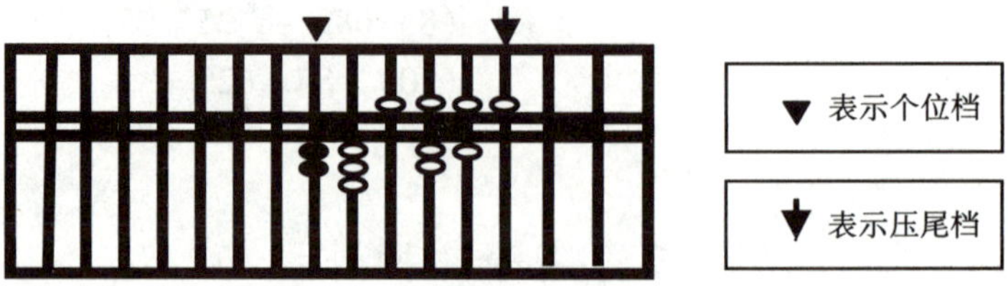

图 5 - 63

求首商：被除数首位 2 小于除数首位 3，“不够除”挨位试商 6；减积 6 × 3 = 18；6 × 5 = 30；6 × 3 = 18；6 × 2 = 12；6 × 5 = 30；得出盘面数为 6023815。

图 5 - 64

求第二位商：余数首位 2 小于除数首位 3，“不够除”挨位试商 6；减积 6 × 3 = 18；6 × 5 = 30；6 × 3 = 18；6 × 2 = 12；6 × 5 = 30，盘面数为 6602620。

图 5 - 65

求第三位商：余数 2 小于除数首位 3，“不够除”挨位试商 7；减积 7 × 3 = 21；7 × 5 = 35；7 × 3 = 21；7 × 2 = 14；7 × 5 = 35，商 7 与除数第四位数 2 的乘积 14 的个位数 1 刚好在压尾档上减 1，下位不计，盘面数为 6670148。

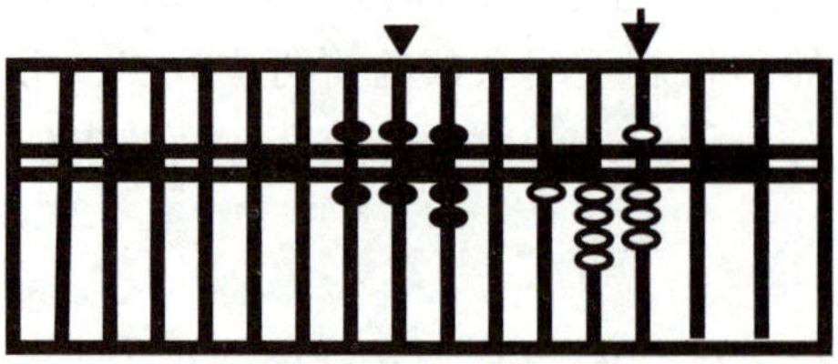

图 5 - 66

求第四位商：余数 1 小于除数首位 3，“不够除”挨位试商 4；减积 4 × 3 = 12；4 × 5 = 20；4 × 3 = 12；4 × 2 = 08；4 × 5 = 20，商 4 与除数第三位数 3 的乘积 12 的个位数 1 刚好在压尾档上减，下位不计，盘面数为 6674007。

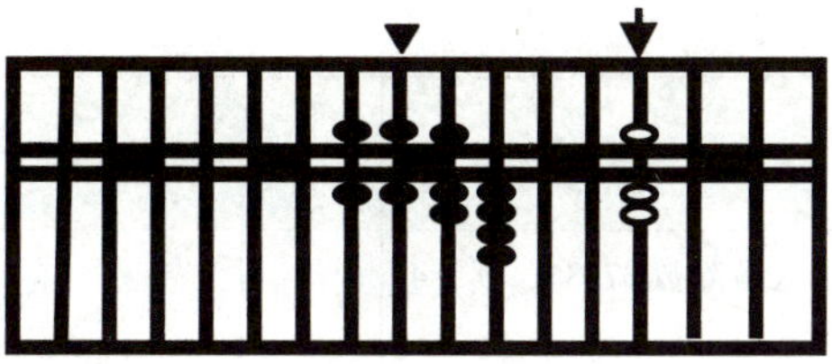

图 5 －67

运算活动完毕，盘面得出商数为 66. 74 即为答案。

课堂活动考评

485. 35196 ÷562. 75 ＝ 0. 86（精确到 0. 01）

- 根据上例计算活动步骤，运用省除法（隔位商除法）运算活动步骤，采用算前固定个位档定位法在盘上定位，请同学们自己试一试。

小贴士

运用算前固定个位档定位法在盘上定位＝3 位－3 位－1 位＝－1 位；截取位数＝M－N＋（要求保留小数点位数）＋2＝3－3＋2＋2＝4 位，将被除数和除数截取四位，即 4854 和 5628；求首商试商 8，盘面数为 80352，求第二商试商 6，盘面数 86015，完成该项运算活动。

【实例 5－66】 3,2798. 58328 ÷586. 7523≈6. 47

教师点拨：

运用算前固定个位档定法位在盘上定位，采用省除法简捷盘式的运算步骤，请与老师一起计算。运算步骤如表 5－47 所示。

课堂活动考评

- 活动要求，运用算前固定个位档定位法在盘上定位，分别用省除法（隔位和不隔位商除）运算活动步骤，计算下列各题。（精确到 0. 01）

（1）56. 24735 ÷7. 3562 ＝　　　　（2）576. 48326 ÷25. 3674 ＝

（3）75. 36245 ÷8. 4356 ＝　　　　（4）135. 37825 ÷6. 2347 ＝

（5）84. 57862 ÷67. 3526 ＝　　　　（6）275. 3845 ÷358. 6273 ＝

（7）5,256. 384 ÷7. 6578 ＝　　　　（8）35. 6748 ÷8. 2618 ＝

（9）25. 3625 ÷5. 2748 ＝　　　　（10）4. 85625 ÷9. 3515 ＝

课后活动考评

活动要求，运用算前固定个位档定位法在盘上定位，用省除法（隔位和不隔位商除）运算活动步骤，计算下列各题（精确到 0. 01）。

（1）456. 24735 ÷5. 365641 ＝　　　　（2）2,576. 428326 ÷35. 39675 ＝

（3）75. 367245 ÷7. 48358 ＝　　　　（4）535. 237825 ÷8. 27367 ＝

（5）683. 357862 ÷87. 59386 ＝　　　　（6）3,285. 53845 ÷278. 52764 ＝

（7）215,456. 384 ÷37. 875783 ＝　　　　（8）635. 867482 ÷9. 256738 ＝

（9）725. 38675 ÷6. 29768 ＝　　　　（10）84. 385625 ÷7. 45714 ＝

表 5－47

盘上定位	运算活动步骤	简捷盘式						
		+2	+1	0	－1	－2	－3	－4
（1）算前定位：定位档 Y＝M－N－1＝4 位－3 位－1＝0 位 （2）在算盘 0 档置被除数入盘	（1）从 0 位档拨入被除数 37986，到－4 档止；			三	七	九	八	六
	（2）拨入压尾档，商 6；		6	三	七	九	八	六
	（3）减积：6×5＝30		6		七	九	八	六
	6×8＝48		6		三	一	三	六
	6×6＝36		6		二	八	二	六
	6×7＝42		6		二	七	八	四
	6×5＝30		6		二	七	八	一
	（4）试商 4		6	4	二	七	八	一
	减数：4×5＝20		6	4	0	七	八	一
	4×8＝32		6	4	0	四	六	一
	4×6＝24		6	4	0	四	三	七
	4×7＝28		6	4	0	四	三	四
	（5）试商 7		6	4	7	四	三	四
	减积：7×5＝35		6	4	7	0	八	四
	7×8＝56		6	4	7	0	二	八
	7×6＝42		6	4	7	0	二	三
	（6）试商 3		6	4	7	3	二	三
	（7）减积：3×5＝15		6	4	7	3	0	八
	3×8＝24		6	4	7	3	0	五
	（8）压尾档的商等于 3，四舍五入计算，舍去。		6	4	7			

第六篇

会计计算实务操作技能

项目十　会计计算实务操作技术

项目描述	本项目主要介绍运用珠算加减计算技能进行手工传票翻打，并运用数字小键盘和电子计算器进行翻打传票及账表和票币计算等活动。通过对本项目的教学和学习，使学生对计算工具有一个新的认识，熟练掌握珠算翻打传票、账表和电子计算器的盲打技能以及票币计算的运算程序、方法与技巧；使学生通过认真练习，在实际工作中，提高珠算、小键盘和电子计算器的实务计算操作能力，培养学生认真负责的工作态度
项目内容	模块一　珠算翻打传票操作技巧 模块二　小键盘翻打传票操作技巧 模块三　珠算和小键盘账表算操作技巧 模块四　珠算和小键盘及计算器票币计算操作技巧 模块五　电子计算器盲打传票和账表算操作技巧
知识目标	理解传票计算和账表计算的基本知识和基本要领 理解珠算和小键盘翻打传票的运算要领 理解珠算和小键盘账表计算的运算要领 理解珠算和小键盘及计算器票币计算的运算要领
能力目标	熟练掌握珠算和小键盘翻打传票的操作技巧 熟练掌握珠算和小键盘账表计算的操作技巧 熟练掌握珠算和小键盘、计算器票币计算的运算技巧
德育目标	1. 培养学生坚强意志、毅力和学会克服困难的方法 2. 培养学生坚持不懈、持之以恒、一丝不苟、刻苦训练、精益求精的优良品质 3. 培养学生动手、动脑的探索过程中，真正理解和掌握会计基本的数学知识技能；体验数学是有用的，学会运用所学的知识解决生活实际问题，使学生体验成功的乐趣 4. 培养学生在会计岗位上团队合作的精神，互相帮助，共同提高和进步 5. 将历届珠算翻打传票能手、工匠精神与思政元素有机融合，培养学生家国情怀、工匠精神，引导学生树立正确的成才观、职业观、就业观和创业观，让思政课程和课程思政润物无声 6. 熟能生巧，巧能生精。通过不断翻打传票、账表算、票币计算的练习和熟悉，可以达到技巧上的熟练和提高，进一步达到精深的境界
建议学时数	12

模块一　珠算翻打传票操作技巧

【任务导入】

珠算翻打传票是会计人员必备的一项基本功，已被列入全国会计技能比赛项目。会计郭姗在实际工作中能熟练操作加减运算，对各种单据、发票、凭证进行汇总计算，为会计核算、财会分析、统计报表提供及时、准确、可靠的基础数字。

传票，是指记有文字和数字的单据、凭证，例如：发票、收据、记账传票、出入库单等。翻打传票就是指在经济核算过程中，对各种单据、发票或凭证进行汇总计算的一种方法。在实际工作中一般采用加法运算，可以为会计核算、财务分析、统计报表提供及时、准确、可靠的基础数字。珠算翻打传票是日常会计工作中实际业务接触最多，应用较广的计算业务之一，具有很大的实用性。传票计算是财会工作者日常工作中重要的基本功。目前，中国珠算协会在珠算技术比赛中已设有传票翻打比赛项目，因此，我们应加以重视，熟练掌握。

一、传票的检查和整理

（一）传票的检查

进行传票翻打前，首先要对传票逐页仔细翻看检查，以防漏页和翻重页现象；同时还要注意检查印刷是否清晰，发现问题要及时处理；如发现有漏页，应及时调换；如发现重页，应将重页撕掉；如有印刷数字不清晰的要写清楚。

（二）传票的整理

检查传票后应将传票进行整理。为加快翻页动作提高运算速度，避免翻重页的现象，运算前应将传票捻成扇状，使每张传票松动，使原来粘在一起的自然分开。

捻扇的方法是：用左手握住传票的左下角，左拇指放在传票封面的左上方，其余四指放在传票下方握住传票中部偏左的部位；右手握住传票的右上角，右手拇指在传票封面的右上方，其余四指放在传票背面；右手向怀内方面转动，左手配合右手反方向用力，使传票成扇形，使封面向下突出，封底向上突出，以便于翻页，每页纸张之间应保持均匀距离，以看清每张传票的边缘为宜，避免重叠。形成扇形后，用票夹将传票左上角加以固定。

二、传票的找页

找页是珠算翻打传票的基本功之一，找页的动作快慢、准确与否，直接影响翻打传票的准确和速度。因此，必须刻苦训练找页。

由于传票的命题是任意挑选起止页码的，并不按页码的自然顺序，而是相互交叉组合进行，这就需要找页。为了能快速找页，必须练好手感，即用手摸传票能准确摸到所要找的页数。做到在书写答案时，用眼睛稍瞥一下题目的起止页码，左手凭感觉迅速翻到起始页，当右手答数抄完，便可计算下一题，这样边写答案边找页。

三、传票的翻页及打法

传票的翻页可分为一次一页翻和一次双页翻；翻打方法又分为传统打法和来回打法。

（一）一次一页翻页传统打法

左手小指、无名指和中指放在传票封面的左下方，食指、拇指放在每题的起始页，当右手将传票起始页的有关数拨入算盘还剩下两个数码时，左手拇指将传票掀起用食指与中指夹住，拇指继续翻起下页传票。这样，左手拇指将传票一页一页地翻，右手将每页数字拨入算盘，并一页一页默数页码。当右手拨完最后一笔数时，迅速将答案写在答案栏内。左手拇指又开始找页，如此往复。

提示：翻打传票时精神要集中，翻看传票数字的同时就要默念。首先要进行左手翻页的训练，只有左手准确、连贯、快速地翻动传票，才能进行传票翻打，翻页与拨珠必须同时进行；其次，票页不宜翻得过高，以能看清数据为宜，然后，右手迅速拨动算珠。初练时，两手的操作可放慢一些，练习一段时间后应左右手同时提高速度。

（二）一次一页翻页来回打法

一次一页翻页来回打法是将一页数字从左到右拨入算盘，翻过第二页时，将数从右到左拨入算盘，就样，依次来回地计算方法就是一次一页翻页地来回打法。该法在运算时手不空回，从右到左拨加时，不用考虑末位定位问题，可加快运算速度。

（三）一次双页翻的打法

在传票运算中，将传票一次翻起两页，然后将两页同行数字用心算后一次拨入算盘的方法，称为一次双页翻传票打法。

其翻页方法为：将小指、中指和无名指放在传票封面上，食指放在起始页上，拇指掀起传票，从夹缝中看数，经心算后得出两页同位数拨入算盘时，由拇指和食指配合将打完的双页夹于食指和中指间，同时拇指迅速掀起下一个双页，如此继续，直到完成一道算题为止。

一次双页翻打法较一次一页打法减少了翻页和拨珠次数；提高了计算效率。但是运用该法要具备扎实的基本功，要有心算的能力，加减法的置数要熟练，翻页、看数、拨珠和抄写答案等动作要协调连贯，一次翻双页手感要好，前后翻页动作应协调。

四、传票的记页方法

为保证运算连续流畅，传票运算除翻页外，还需要记页。传票计算每题一般由 20 页组成，为避免在计算过程中发生超页或打不够页的现象，必须在计算过程中默记打了多少次。如用一次一页打法，就要默记 20 次，记到第 20 时，核对该题起止页，立即书写答案；如采用一次两页打法，即需默记 10 次后核对该题起止页即可书写答数。通过反复记页训练，熟练后就能准确地进行运算。

五、传票摆放位置

如果使用算盘计算，传票可摆放在算盘的左下方，答题纸放在算盘的右下方。传票贴近算盘摆放位置以看数和计数方便为宜。如果使用小键盘计算，传票应放在左边，答题纸应放在中间。翻打传票时，传票应摆放在合适的位置上，一般应将传票放在小键盘的左上方，采用这种位置摆放，使翻传票、打数字小键盘互不干扰，且又便于看数。

课堂活动考评

- 手工传票翻页训练练习：

（1）将传票开成扇形；

（2）训练左手从1～100页的翻页基本动作；

（3）将传票从1～100页进行翻页活动，看哪位同学耗时最少。

课后活动考评

1. 珠算翻打传票训练练习。

传票翻页计算。左手翻起一页，就把应计算的数字用心算记住，右手即把数字拨入算盘中，右手计算还未完毕，左手又翻起一张，这样循环反复地进行翻页运算活动。（1）将传票开成扇形；（2）左手翻页；（3）右手把数拨入算盘；（4）计算1～100页第二行的答案。

2. 珠算翻打传票计时练习。

请同学们准备好一本比赛用传票，计算表6－1所列各题（计时15分钟）。

表6－1

题号	起止页数	行次	答案	题号	起止页数	行次	答案
1	1～20	二		11	30～49	二	
2	21～40	三		12	61～80	一	
3	43～62	一		13	28～47	四	
4	23～42	五		14	47～66	五	
5	8～27	四		15	48～67	二	
6	45～64	二		16	8～27	三	
7	52～71	三		17	51～70	四	
8	62～81	四		18	35～54	一	
9	5～24	五		19	56～75	二	
10	25～44	三		20	71～90	五	

模块二　小键盘翻打传票操作技巧

【任务导入】

计算机小键盘传票翻打技术是会计基本技能项目之一。出纳员陈静在学校就读时，经常在会计虚拟仿真实训室进行计算机小键盘传票翻打实训。因此，她入职后就能满足用人单位对计算机小键盘传票翻打操作技能的要求。

计算机小键盘翻打传票不仅是现代商业银行前台柜员和后台柜员必须具备的基本技能，也是国家职业资格考试银行柜员考核的必考项目之一。

传票翻打是小键盘训练的一个主要项目。在小键盘的录入训练时，多采用传票翻打的方式进行。传票翻打按是否装订分为：订本式传票计算和活页式传票计算；按计算的项目分为：单项目传票算和多项目传票算。小键盘翻打传票运算和珠算翻打传票操作方法一样，要准备、找页、翻页等，在此不再重复。翻打传票时对有关数字从左到右输入，然后再翻过一页，再将有关数字从左到右输入，依次类推直到运算完毕。

为提高小键盘的录入速度，小键盘翻打传票可以进行以下几个方面的训练：

一、翻页训练

在整理好扇面后，左手压住传票，从第 1 页连续向后翻动传票，直到最后一页为止，时间不得超过 1 分钟。

1. 2 人对练，看谁翻得快；
2. 集中训练，在一定时间内看谁翻的页数多。

二、找页训练方法

1. 老师报页数，学生找页；
2. 2 人对练，一位同学报页数，另一位同学找页；
3. 集中训练：给出 40 道题，学生同时找 40 道题的起始页，看谁找得既快又准，教师为完成的同学报时。

三、翻页读数训练

翻页读数训练同账表计算的读数训练有所不同的是，账表计算是一笔一笔读数，而传票计算是翻一页读一笔数字。

1. 以百张传票为一个单元，翻一页读一笔数字，注意动作的衔接，使时间缩到最短；
2. 翻页读数比赛：用百张传票做翻读练习，翻一页读一笔数字，再翻到下一页读同一行数字，在规定时间内看谁翻读得更快。

四、翻打百张传票算

练习翻打百张传票，可以先计算第 1 ~ 50 页，接着再计算第 51 ~ 100 页，分别按这种顺序运算每行数字，最后再计算第 1 ~ 100 页求出合计，主要目的是练习翻页和数字输入的协调配合，提高运算效率。

在翻打百张传票时，由于页数太多，计算量太大，影响效率，且容易出错，而出错之处往往只发生在一两处。因此，可采用分段计算再汇总的方法解决。

具体做法：将传票分成几部分，先计算各部分的和并记录下来，然后再将其相加即为总和。

五、综合训练

一次双页打法：小指、中指、无名指放在传票封面上，食指放在起始页上，拇指掀起传票，捻开两页从夹缝中看数，经心算将两页同位数字合并一次输入小键盘，待前一次双页最后一位的和数输入计算器时，由拇指和食指配合将打完的双页夹于食指和中指间，同时拇指迅速掀起下一个双页，如此继续，左手翻动十次即完成一道算题。但是，用一次双页打法时要特别注意后位有进位的情况。

课堂活动考评

- 基本指法练习题。

①	②	③	④	⑤	⑥
354	671	652	974	378	183
960	732	502	485	960	294
192	361	739	213	103	706
920	703	164	506	425	439
461	928	801	638	691	801
736	652	419	290	257	426

⑦	⑧	⑨	⑩	⑪	⑫
354,645	481,671	478,652	123,974	456,378	148,183
248,960	478,732	589,502	369,485	489,960	126,294
412,192	523,361	597,739	346,213	478,103	258,706
789,920	478,456	258,369	468,506	786,425	346,439

- 翻打传票20页规则题型（见表6－2）。

表6－2

序号	起止页数	行次	答数
1	第1～20	（二）	
2	第21～40	（二）	
3	第41～60	（二）	
4	第61～80	（二）	
5	第81～100	（二）	

- 传票翻打20页无规则题型（见表6－3）。

表6－3

序号	起止页数	行次	答数
1	第11～30	（四）	
2	第66～85	（二）	
3	第18～37	（一）	
4	第39～58	（五）	
5	第67～86	（三）	

续表

序号	起止页数	行次	答数
6	第 15 ~ 34	(四)	
7	第 70 ~ 89	(三)	
8	第 19 ~ 38	(二)	
9	第 40 ~ 59	(五)	
10	第 68 ~ 87	(四)	

模块三　珠算和小键盘账表算操作技巧

【任务导入】

账表算又叫"表格算"或"表册算"，是指对合并在一张表格中的数据进行纵横加减计算，然后再将纵横数汇总轧平的一种运算方法。它是会计和统计人员日常结账和汇总数字的重要方法和最常见的加减运算形式，如会计和统计报表的合计、累计、分组算等，均属此类运算。其运算速度及结果准确与否，直接影响到经济业务数据的可靠性和及时性。可见，账表算是会计和统计人员日常工作中一项重要的基本功，也是全国珠算技术比赛的五个项目之一。

现以全国珠算比赛标准设计和要求为例来阐述账表算的操作方法。

一、账表算的题型

现行全国比赛办法规定，账表算的一张表格由 5 列 20 行组成，即纵式 5 个算题，横式 20 个算题。要求纵、横轧平，结出总计数。

二、账表算的运算方法

账表算中有横式算题，也有纵式算题。账表中的纵式题与珠算等级练习题相同。因此，要提高账表算的水平，在练好纵式的基础上，尤其要加强横式算题的训练。

（一）纵式题计算方法

1. 一目一行直加法。一目一行直加法是将纵栏第一笔数从高位到低位拨入算盘上（小键盘则输入键盘，以下同），再加纵栏第二笔数，如此依次类推，直至第二十笔数加完得出答案为止。

2. 一目多行简捷法。一目两行或一目三行简捷算法，是把账表放在算盘下面（小键盘运算则放在左面），左手指数，纵向两行或三行数字相加一次拨入算盘（如用小键盘或计算器则输入），每计算完一次左手把题边打边向上移动，使其计算的行数尽量与盘面的距离接近，以便快速看数，计算完最后一行数时，右手抄写答数。

（二）横式题计算方法

1. 一目一行直加法。一目一行直加法是将横栏第一笔数从高位到低位拨入盘上，再加横栏第二笔数，如此依次类推，直至第五笔数加完得出答案为止。

2. 一目多行法。

（1）一目两行法。会计人员在工作中通常采用此法，是指在掌握了一目一行法的基础上，采用心算结合一目两行运算方法，将横行相邻两数同数位上对应的数字之和，将其一次拨入盘内。

（2）一目三行法。一目三行法和一目一行法基本相同，在运算时，心算横行相邻三个数同数位上对应的数字之和，将其一次拨入盘内。

三、账表算的答题要求

1. 既可先从纵式开始计算，也可先横式开始计算，不管是先从纵式还是从横式开始计算，都要掌握一个原则，就是逐题进行计算，不得跳题运算。

2. 若某计算题计算完毕后，要把答数写在相应的合计栏中。

3. 当所有纵式题和横式题都计算完毕后，要将纵式算题和横式算题的答数加在一起作为账表总合计数，填在该账表右下角的纵横交叉合计栏内，若纵式总合计数与横式总合计数相同，则该账表为轧平。

4. 答题限时 10 分钟。

四、纵横轧平的计算方法

实际工作中的轧平方法，需将纵行合计和横行合计分别运算相等后，才能将结果填写在右下角的合计栏内；若不相等，要查找错误原因，直至合计相等为止。

提示： 比赛中的轧平方法，通常是将纵行合计数相加后直接填入到右下角的合计栏中。因比赛时间有限，一旦出现不平，很难在短时间内查找错误。

五、账表算的计分方法

每张账表算计分为：纵式 5 题，每对一题得 14 分，5 道算题计 70 分；横式 20 题，每对一题得 4 分，20 道算题计 80 分，纵横两项计算完全正确合计 150 分，如一张账表答数全部正确且轧平（即横式题答数累计数等于纵式题答数累计数），另加 50 分，即一张账表算轧平答数全对得 200 分。

提示： 轧平数另加的 50 分，只有全卷答数正确才能得分；若纵向计算无误，横向计算有误，即使轧平合计数正确，也不能给轧平数的 50 分。因此，账表算的准确性非常重要，在训练时要特别注意多练横式算题看数，横式算题不仅所占比重较大，而且直接影响运算速度和准确率，只有横式看数熟练了，整个账表算操作起来就可得心应手了。

课堂活动考评

- 在账表算中，采用一目一行、一目两行、一目三行法对表 6－4、表 6－5 进行计算，要求运用算盘和小键盘计算纵横行各题并轧平，请同学们自己练一练，看谁快而准确。

表 6 – 4

	一	二	三	四	五	合计
一	5, 897, 624	5, 489, 893	865, 793	2, 108, 971	3, 659, 874	
二	3, 548, 975	6, 325, 897	65, 874, 932	–768, 421	56, 796, 315	
三	645, 873	973, 158	4, 603, 278	596, 479	34, 605	
四	58, 789, 460	46, 058	780, 311	26, 874, 309	–879, 631	
五	97, 803	976, 034	987, 630	–250, 436	2, 876, 348	
六	976, 846	7, 684, 358	879, 648	781, 605	–867, 918	
七	798, 468	102, 487	9, 786, 130	5, 064, 908	7, 981, 634	
八	38, 194, 631	9, 816, 013	7, 191, 643	–3, 768, 461	9, 648, 052	
九	79, 186, 430	790, 634	786, 480	345, 084	798, 460	
十	7, 984, 630	78, 649, 087	78, 496, 031	879, 036	–687, 319	
十一	8, 986, 431	786, 431	7, 864, 907	–697, 804	7, 894, 637	
十二	78, 648, 573	9, 786, 431	87, 946, 508	8, 796, 458	–34, 970	
十三	7, 894, 630	879, 648	846, 021	894, 608	38, 460, 987	
十四	8, 761, 905	5, 403, 619	8, 496, 084	–978, 643	546, 038	
十五	846, 098	13, 680	4, 608, 094	54, 976, 080	–697, 436	
十六	584, 976	4, 608, 970	21, 008	679, 180	345, 082	
十七	6, 791, 802	306, 108	9, 760, 305	–647, 507	648, 037	
十八	79, 160	130, 548	643, 097	7, 163, 004	–5, 046, 973	
十九	6, 430, 518	786, 134	796, 840	643, 187	679, 314	
二十	643, 018	976, 184	64, 976, 487	679, 314	9, 763, 481	
合计						

表 6 – 5

	一	二	三	四	五	合计
一	86, 791, 643	79, 846, 431	4, 691, 287	78, 643, 184	5, 879, 463	
二	6, 430, 548	9, 678, 101	6, 794, 350	–81, 059	–876, 943	
三	73, 485, 421	7, 986, 431	9, 733, 158	387, 934	8, 973, 451	
四	9, 783, 201	978, 463	8, 973, 461	9, 786, 431	786, 004	
五	987, 304	9, 783	60, 447	–678, 049	89, 736, 450	
六	8, 793, 438	879, 643	87, 946, 587	8, 796, 431	–6, 973, 416	
七	8, 796, 431	8, 796, 431	6, 408, 097	860, 490	8, 790, 464	
八	976, 318	8, 697, 201	64, 821, 540	–876, 947	978, 647	
九	8, 769, 807	97, 618, 024	8, 799, 164	4, 795, 952	97, 612, 344	
十	7, 643, 757	6, 677, 997	85, 917	–1, 069, 572	–876, 349	
十一	8, 739, 434	79, 894, 154	679, 304	6, 797, 657	4, 725, 754	
十二	67, 576, 525	9, 487, 955	2, 854, 242	957, 445	–643, 014	
十三	9, 537, 576	8, 575, 795	6, 757, 579	4, 557, 545	6, 975, 575	
十四	8, 547, 557	85, 474, 575	82, 774, 745	857, 427	8, 857, 575	
十五	3, 195, 753	641, 287	30, 719	–68, 079	–86, 734	
十六	5, 463, 198	574, 757	659, 855	87, 783, 675	659, 797	
十七	9, 885, 479	8, 020, 047	87, 200, 427	90, 242, 100	976, 575	
十八	5, 454, 752	675, 447	434, 577	93, 047, 265	–678, 097	
十九	846, 014	19, 463, 417	7, 508, 269	–876, 341	97, 831, 164	
二十	78, 194, 649	7, 816, 431	781, 340	7, 816, 401	9, 783, 054	
合计						

课后活动考评

在账表算中，采用一目一行、一目二行、一目三行法对以下两表进行训练，要求运用算盘和小键盘及计算器计算纵横行各题并轧平，请同学们课后自己练一练，看谁快而准确。

表 6－6

	一	二	三	四	五	合计
一	86, 479, 210	796, 455	491, 747	679, 779	6, 497, 409	
二	9, 745, 775	6, 487, 306	6, 749, 780	67, 978, 130	－67, 319	
三	986, 130	36, 978, 190	469, 081	－5, 791, 643	6, 798, 031	
四	769, 080	4, 618, 071	4, 690, 784	7, 908, 460	－4, 973, 016	
五	69, 084, 705	4, 609, 817	4, 608, 109	－6, 731, 690	4, 609, 842	
六	6, 490, 874	6, 798, 021	67, 809, 445	64, 978, 031	79, 034, 480	
七	7, 809, 430	549, 730	7, 906, 490	－648, 791	－346, 197	
八	7, 609, 480	4, 609, 421	4, 609, 787	7, 809, 131	469, 081	
九	4, 697, 803	469, 080	46, 098, 112	649, 081	190, 311	
十	460, 981	643, 150	431, 684	7, 980, 316	－6, 794, 310	
十一	4, 609, 812	643, 058	978, 645	－648, 790	346, 198	
十二	6, 486, 079	796, 480	9, 784, 681	6, 498, 025	678, 512	
十三	679, 861	9, 766, 315	978, 641	906, 480	67, 498, 043	
十四	976, 481	4, 876, 190	461, 876	8, 761, 913	－4, 860, 101	
十五	781, 961	310, 897	87, 608, 796	－764, 913	450, 619	
十六	7, 816, 489	64, 806	761, 913	643, 018	－57, 907	
十七	7, 890, 316	709, 134	430, 649	7, 913, 468	6, 934, 316	
十八	4, 876, 731	460, 879	649, 761	463, 150	－87, 364	
十九	78, 894, 301	8, 760, 460	178, 164	－9, 743, 106	736, 029	
二十	467, 914	572, 031	976, 031	6, 487, 913	643, 791	
合计						

表 6－7

	一	二	三	四	五	合计
一	687, 204	6, 387, 941	3, 698, 742	685, 479	97, 456, 985	
二	78, 976, 064	46, 908	86, 978, 013	8, 497, 801	－487, 961	
三	64, 931	6, 490, 813	469, 084	－467, 951	315, 498	
四	643, 158	6, 431, 807	6, 498, 021	6, 431, 508	6, 431, 508	
五	34, 615, 187	643, 158	312, 058	－453, 104	798, 465	
六	4, 631, 205	46, 321, 508	46, 152, 087	94, 875, 004	3, 461, 520	
七	83, 312, 508	6, 793, 425	342, 015	－73, 451, 678	－4, 576, 903	
八	346, 152	876, 394	8, 764, 943	8, 764, 913	8, 469, 031	
九	6, 498, 754	643, 558	8, 796, 431	－97, 630	97, 460, 978	
十	978, 463	643, 518	86, 312, 508	8, 794, 631	－3, 461, 913	
十一	6, 487, 931	5, 487, 964	648, 191	4, 631, 250	87, 649	
十二	648, 094	6, 791, 315	4, 561, 974	6, 481, 519	4, 216, 194	
十三	136, 019	4, 316, 489	3, 461, 948	－463, 107	－769, 401	
十四	879, 465	4, 631, 649	57, 946, 879	3, 615, 497	6, 794, 821	
十五	3, 154, 261	34, 615, 487	9, 786, 431	21, 649, 780	－976, 345	
十六	65, 978, 561	3, 451, 978	3, 765, 187	－8, 769, 431	34, 615, 497	
十七	6, 491, 824	6, 451, 879	66, 579	31, 645, 789	365, 184	
十八	3, 615, 425	216, 490	3, 125, 487	3, 164, 587	49, 251, 879	
十九	59, 315, 278	4, 631, 257	6, 431, 257	－5, 643, 437	－679, 420	
二十	643, 104	4, 613, 679	7, 894, 164	4, 613, 254	4, 631, 578	
合计						

模块四　珠算和小键盘及计算器票币计算操作技巧

【任务导入】

会计工作非常烦琐，既要进行现金收、付，整点和结算，又要记好日记账，其中清点现金后的票币计算就是很重要一个环节。票币计算就是对不同面额、不同张数的票币组合，迅速计算出它们的合计金额。票币计算程序主要分为：看数、拨珠、算数、记数、清盘五个程序。票币计算的速度直接影响到会计工作的效率。

小贴士

在会计工作中，会计人员在点钞结束后，都要对不同券别票币清点出的张数进行填表，先用心算得出券别张数的金额，然后算出各券别金额的合计数，求出总金额，就是票币计算。

一、票币计算方法

1. 看数，《券别明细表》最好放在算盘下端（注：如果是小键盘或者计算器，则放在左端），以利于看数，不要将《券别明细表》放在算盘左侧边，以免影响工作效率。
2. 拨珠，右手握笔拨珠计算，按券别逐个边乘边加。
3. 算数，分券别计算金额，在算盘（小键盘或计算器）上依次累加。
4. 记数，分节号与小数点不要漏写、点错，对照算盘数字记录，确保记数准确无误。
5. 清盘，用左手清盘，右手抄写答案。

二、票币计算要求

为了做好票币计算工作，要求做到以下几个方面：

1. 人民币的各种券别有两位数或一位数不等的数量，要按照计算步骤进行训练，要反复心算出各券别张（枚）数金额，然后用算盘（小键盘或计算器）加计各券别金额数字，坚持每天进行一定数量的练习。
2. 算盘和小键盘及计算器与计算资料摆放要合理，以使计算简捷、准确、快速。
3. 运算时注意心算与计算要有机结合，特别是对于小数点的计算，避免发生错误。
4. 填写试题答案要准确、数字清晰，大小写数字要符合规范书写要求。
5. 整数部分用三位分节制，小数点后如无有效数字时，应用零补齐。

课堂活动考评

- 根据以下钱币种类，完成下列票币计算活动（见表6－8），正确填写答案。

表 6－8

券　　别	张（枚）数	张（枚）数	张（枚）数	张（枚）数	张（枚）数
100 元	37	57	78	65	32
50 元	59	39	34	75	83
20 元	92	37	58	85	36
10 元	76	59	43	97	83
5 元	54	78	62	45	74
2 元	34	54	56	38	52
1 元	76	97	35	72	34
5 角	72	23	82	68	62
2 角	45	98	79	56	98
1 角	63	43	85	75	66
5 分	42	55	48	56	58
2 分	82	79	67	48	45
1 分	53	96	83	95	76
答　　案					

课后活动考评

根据以下类型，完成表 6－9 至表 6－12 票币计算活动，正确填写答案。

表 6－9

券　　别	张（枚）数	张（枚）数	张（枚）数	张（枚）数	张（枚）数
100 元	97	87	78	69	82
50 元	58	79	58	71	89
20 元	92	97	98	85	36
10 元	76	59	43	97	84
5 元	94	28	62	48	79
2 元	36	89	56	78	87
1 元	79	67	39	86	79
5 角	62	73	82	68	92
2 角	45	98	75	56	98
1 角	63	48	85	78	68
5 分	92	59	48	56	57
2 分	87	76	67	48	95
1 分	93	92	85	97	79
答案					

表 6 - 10

券　别	张（枚）数	张（枚）数	张（枚）数	张（枚）数	张（枚）数
100 元	86	94	69	85	99
50 元	79	89	74	78	87
20 元	98	97	59	65	56
10 元	96	79	99	91	84
5 元	58	48	82	85	97
2 元	94	59	76	78	82
1 元	73	98	85	79	95
5 角	82	83	89	58	92
2 角	85	96	91	96	78
1 角	93	73	82	78	69
5 分	89	95	78	86	58
2 分	87	89	37	98	65
1 分	93	95	89	85	78
答案					

表 6 - 11

券　别	张（枚）数	张（枚）数	张（枚）数	张（枚）数	张（枚）数
100 元	65	57	78	65	37
50 元	58	39	34	75	83
20 元	92	67	58	85	26
10 元	76	59	93	98	83
5 元	54	78	62	45	75
2 元	39	74	96	68	52
1 元	76	97	35	72	64
5 角	92	23	82	68	92
2 角	45	98	78	56	83
1 角	63	43	85	75	69
5 分	79	59	49	56	58
2 分	85	78	79	98	96
1 分	59	91	85	95	57
答案					

表 6－12

券　别	张（枚）数	张（枚）数	张（枚）数	张（枚）数	张（枚）数
100 元	89	98	89	87	98
50 元	98	46	78	75	89
20 元	72	87	64	69	96
10 元	98	81	39	96	78
5 元	68	78	67	83	93
2 元	97	69	96	68	72
1 元	83	94	83	74	84
5 角	89	85	79	87	99
2 角	75	73	95	91	76
1 角	93	79	86	98	64
5 分	69	92	98	82	78
2 分	84	49	57	95	59
1 分	95	98	82	89	85
答案					

模块五　电子计算器盲打传票和账表算操作技巧

【任务导入】

在实际工作中，传票算与财表算是会计、出纳、统计等日常工作的主要业务，是珠算技术的重要组成部分，熟练掌握其具体操作技术，是做好会计核算工作的一项基本要求。

电子计算器盲打传票和账表算，就是眼睛看着传票或账表算资料上的数据，手指将数据正确输入，眼睛不看键盘的操作过程。它是使用电子计算器的最高要求，能够大大提高工作效率。我们可以用电子计算器的盲打技能进行传票、账表的计算，提高工作效率。当然要做到盲打，必须通过各种练习和刻苦训练来实现。

一、计算器盲打传票

传票盲打是指在金融核算过程中，对各种单据、发票或凭证进行汇总计算的一种盲打方法，在实际工作中一般采用加减运算，可以为金融会计核算、金融财务分析、金融报表提供及时、准确、可靠的基础数字，是金融工作者的一项基本功，并列入正式比赛项目。

传票分为两种：一种是订本式传票，在传票的左上角装订成册，一般在比赛中使用；另一种是活页式传票，在实际工作中特别是银行系统中使用较多。传票敲打，应掌握找页、翻页、数页等基本功，即需要左右手协调配合，随翻随计算，是盲打中较难的一种。

二、计算器平打账表

账表计算是计算器计算技术在实际工作中的实用操作。是根据账簿、报表、单据等记录的数字，依据一定的计算要求，核算出它们的发生额和余额。需要对账表进行纵向和横向的加减运算并且最后纵横要轧平。账表计算是日常金融工作中发生最多的一项实务计算。账表计算也是考核金融从业人员的一个基本项目。

课后活动考评

1. 借助珠算中的打百子进行指法练习：从 $1+2+3+\cdots+99+100=5,050$。
2. 可利用珠算等级试题、传票题和账表题进行电子计算器盲打指法练习。
3. 应用计算器盲打指法，对表 6－13 进行复核报表练习，并检查运算是否正确。

表 6－13

序号	一	二	三	四	五	六	七	八	九	十	合计
1	4, 092	7, 069	1, 898	3, 958	6, 503	574	193	6, 018	3, 056	5, 603	
2	18	12	12	－147	795	67	639	407	－591	354	
3	306	4, 905	347	4, 062	1, 049	38	28	913	1, 941	1, 049	
4	2, 958	50	4, 078	71	－32	8, 609	7, 062	58	64	68	
5	731	70	426	315	8, 605	41	－17	3, 806	8, 056	8, 491	
6	49	81	358	6, 084	446	6, 305	9, 601	－59	－27	－29	
7	14	234	9, 206	－508	3, 428	190	18	2, 796	2, 438	3, 846	
8	82	127	58	92	－104	73	536	104	143	27	
9	765	7, 282	3, 179	246	7, 292	748	7, 458	3, 462	729	－175	
10	6, 350	8, 536	6, 504	5, 103	138	4, 936	724	572	－380	927	
合计											

附录一

中华人民共和国人民币管理条例

第一章 总　　则

第一条 为了加强对人民币的管理，维护人民币的信誉，稳定金融秩序，根据《中华人民共和国中国人民银行法》，制定本条例。

第二条 本条例所称人民币，是指中国人民银行依法发行的货币，包括纸币和硬币。

从事人民币的设计、印制、发行、流通和回收等活动，应当遵守本条例。

第三条 中华人民共和国的法定货币是人民币。以人民币支付中华人民共和国境内的一切公共的和私人的债务，任何单位和个人不得拒收。

第四条 人民币的单位为元，人民币辅币单位为角、分。1 元等于 10 角，1 角等于 10 分。

人民币依其面额支付。

第五条 中国人民银行是国家管理人民币的主管机关，负责本条例的组织实施。

第六条 任何单位和个人都应当爱护人民币。禁止损害人民币和妨碍人民币流通。

第二章 设计和印制

第七条 新版人民币由中国人民银行组织设计，报国务院批准。

第八条 人民币由中国人民银行指定的专门企业印制。

第九条 印制人民币的企业应当按照中国人民银行制定的人民币质量标准和印制计划印制人民币。

第十条 印制人民币的企业应当将合格的人民币产品全部解缴中国人民银行人民币发行库，将不合格的人民币产品按照中国人民银行的规定全部销毁。

第十一条 印制人民币的原版、原模使用完毕后，由中国人民银行封存。

第十二条 印制人民币的特殊材料、技术、工艺、专用设备等重要事项属于国家秘密。印制人民币的企业和有关人员应当保守国家秘密；未经中国人民银行批准，任何单位和个人不得对外提供。

第十三条 除中国人民银行指定的印制人民币的企业外，任何单位和个人不得研制、仿制、引进、销售、购买和使用印制人民币所特有的防伪材料、防伪技术、防伪工艺和专用设备。有关管理办法由中国人民银行另行制定。

第十四条 人民币样币是检验人民币印制质量和鉴别人民币真伪的标准样本，由印制人民币的企业按照中国人民银行的规定印制。人民币样币上应当加印“样币”字样。

第三章 发行和回收

第十五条 人民币由中国人民银行统一发行。

第十六条 中国人民银行发行新版人民币，应当报国务院批准。

中国人民银行应当将新版人民币的发行时间、面额、图案、式样、规格、主色调、主要特征等予以公告。

中国人民银行不得在新版人民币发行公告发布前将新版人民币支付给金融机构。

第十七条 因防伪或者其他原因，需要改变人民币的印制材料、技术或者工艺的，由中国人民银行决定。

中国人民银行应当将改版后的人民币的发行时间、面额、主要特征等予以公告。

中国人民银行不得在改版人民币发行公告发布前将改版人民币支付给金融机构。

第十八条 中国人民银行可以根据需要发行纪念币。

纪念币是具有特定主题的限量发行的人民币，包括普通纪念币和贵金属纪念币。

第十九条 纪念币的主题、面额、图案、材质、式样、规格、发行数量、发行时间等由中国人民银行确定；但是，纪念币的主题涉及重大政治、历史题材的，应当报国务院批准。

中国人民银行应当将纪念币的主题、面额、图案、材质、式样、规格、发行数量、发行时间等予以公告。

中国人民银行不得在纪念币发行公告发布前将纪念币支付给金融机构。

第二十条 中国人民银行设立人民币发行库，在其分支机构设立分支库，负责保管人民币发行基金。各级人民币发行库主任由同级中国人民银行行长担任。

人民币发行基金是中国人民银行人民币发行库保存的未进入流通的人民币。

人民币发行基金的调拨，应当按照中国人民银行的规定办理。任何单位和个人不得违反规定动用人民币发行基金，不得干扰、阻碍人民币发行基金的调拨。

第二十一条 特定版别的人民币的停止流通，应当报国务院批准，并由中国人民银行公告。

办理人民币存取款业务的金融机构应当按照中国人民银行的规定，收兑停止流通的人民币，并将其交存当地中国人民银行。

中国人民银行不得将停止流通的人民币支付给金融机构，金融机构不得将停止流通的人民币对外支付。

第二十二条 办理人民币存取款业务的金融机构应当按照中国人民银行的规定，无偿为公众兑换残缺、污损的人民币，挑剔残缺、污损的人民币，并将其交存当地中国人民银行。

中国人民银行不得将残缺、污损的人民币支付给金融机构，金融机构不得将残缺、污损的人民币对外支付。

第二十三条 停止流通的人民币和残缺、污损的人民币，由中国人民银行负责回收、销毁。具体办法由中国人民银行制定。

第四章　流通和保护

第二十四条 办理人民币存取款业务的金融机构应当根据合理需要的原则，办理人民币券别调剂业务。

第二十五条 禁止非法买卖流通人民币。

纪念币的买卖，应当遵守中国人民银行的有关规定。

第二十六条 禁止下列损害人民币的行为：

（一）故意毁损人民币；

（二）制作、仿制、买卖人民币图样；

（三）未经中国人民银行批准，在宣传品、出版物或者其他商品上使用人民币图样；

（四）中国人民银行规定的其他损害人民币的行为。

前款人民币图样包括放大、缩小和同样大小的人民币图样。

第二十七条 人民币样币禁止流通。

人民币样币的管理办法，由中国人民银行制定。

第二十八条 任何单位和个人不得印制、发售代币票券，以代替人民币在市场上流通。

第二十九条 中国公民出入境、外国人入出境携带人民币实行限额管理制度，具体限额由中国人民银行规定。

第三十条 禁止伪造、变造人民币。禁止出售、购买伪造、变造的人民币。禁止走私、运输、持有、使用伪造、变造的人民币。

第三十一条 单位和个人持有伪造、变造的人民币的，应当及时上交中国人民银行、公安机关或者办理人民币存取款业务的金融机构；发现他人持有伪造、变造的人民币的，应当立即向公安机关报告。

第三十二条 中国人民银行、公安机关发现伪造、变造的人民币，应当予以没收，加盖“假币”字样的戳记，并登记造册；持有人对公安机关没收的人民币的真伪有异议的，可以向中国人民银行申请鉴定。

公安机关应当将没收的伪造、变造的人民币解缴当地中国人民银行。

第三十三条 办理人民币存取款业务的金融机构发现伪造、变造的人民币，数量较多、有新版的伪造人民币或者有其他制造贩卖伪造、变造的人民币线索的，应当立即报告公安机关；数量较少的，由该金融机构两名以上工作人员当面予以收缴，加盖“假币”字样的戳记，登记造册，向持有人出具中国人民银行统一印制的收缴凭证，并告知持有人可以向中国人民银行或者向中国人民银行授权的国有独资商业银行的业务机构申请鉴定。对伪造、变造的人民币收缴及鉴定的具体办法，由中国人民银行制定。

办理人民币存取款业务的金融机构应当将收缴的伪造、变造的人民币解缴当地中国人民银行。

第三十四条 中国人民银行和中国人民银行授权的国有独资商业银行的业务机构应当无偿提供鉴定人民币真伪的服务。

对盖有“假币”字样戳记的人民币，经鉴定为真币的，由中国人民银行或者中国人民银行授权的国有独资商业银行的业务机构按照面额予以兑换；经鉴定为假币的，由中国人民银行或者中国人民银行授权的国有独资商业银行的业务机构予以没收。

中国人民银行授权的国有独资商业银行的业务机构应当将没收的伪造、变造的人民币解缴当地中国人民银行。

第三十五条 办理人民币存取款业务的金融机构应当采取有效措施，防止以伪造、变造的人民币对外支付。

办理人民币存取款业务的金融机构应当在营业场所无偿提供鉴别人民币真伪的服务。

第三十六条 伪造、变造的人民币由中国人民银行统一销毁。

第三十七条 人民币反假鉴别仪应当按照国家规定标准生产。

人民币反假鉴别仪国家标准，由中国人民银行会同有关部门制定，并协助组织实施。

第三十八条 人民币有下列情形之一的，不得流通：

（一）不能兑换的残缺、污损的人民币；

（二）停止流通的人民币。

第五章 罚 则

第三十九条 印制人民币的企业和有关人员有下列情形之一的，由中国人民银行给予警告，没收违法所得，并处违法所得1倍以上3倍以下的罚款，没有违法所得的，处1万元以上10万元以下的罚款；对直接负责的主管人员和其他直接责任人员，依法给予纪律处分：

（一）未按照中国人民银行制定的人民币质量标准和印制计划印制人民币的；

（二）未将合格的人民币产品全部解缴中国人民银行人民币发行库的；

（三）未按照中国人民银行的规定将不合格的人民币产品全部销毁的；

（四）未经中国人民银行批准，擅自对外提供印制人民币的特殊材料、技术、工艺或者专用设备等国家秘密的。

第四十条 违反本条例第十三条规定的，由工商行政管理机关和其他有关行政执法机关给予警告，没收违法所得和非法财物，并处违法所得1倍以上3倍以下的罚款；没有违法所得的，处2万元以上20万元以下的罚款。

第四十一条 办理人民币存取款业务的金融机构违反本条例第二十一条第二款、第三款和第二十二条规定的，由中国人民银行给予警告，并处1000元以上5000元以下的罚款；对直接负责的主管人员和其他直接责任人员，依法给予纪律处分。

第四十二条 故意毁损人民币的，由公安机关给予警告，并处1万元以下的罚款。

第四十三条 违反本条例第二十五条、第二十六条第一款第二项和第四项规定的，由工商行政管理机关和其他有关行政执法机关给予警告，没收违法所得和非法财物，并处违法所得1倍以上3倍以下的罚款；没有违法所得的，处1000元以上5万元以下的罚款。

工商行政管理机关和其他有关行政执法机关应当销毁非法使用的人民币图样。

第四十四条 办理人民币存取款业务的金融机构、中国人民银行授权的国有独资商业银行的业务机构违反本条例第三十四条、第三十五条和第三十六条规定的，由中国人民银行给予警告，并处1000元以上5万元以下的罚款；对直接负责的主管人员和其他直接责任人员，依法给予纪律处分。

第四十五条 中国人民银行、公安机关、工商行政管理机关及其工作人员违反本条例有关规定的，对直接负责的主管人员和其他直接责任人员，依法给予行政处分。

第四十六条 违反本条例第二十条第三款、第二十七条第一款第三项、第二十九条和第三十一条规定的，依照《中华人民共和国中国人民银行法》的有关规定予以处罚；其中，违反本条例第三十一条规定，构成犯罪的，依法追究刑事责任。

第六章 附 则

第四十七条 本条例自2000年5月1日起施行。

附录二

中国人民银行残缺污损人民币兑换办法

第一条　为维护人民币信誉，保护国家财产安全和人民币持有人的合法权益，确保人民币正常流通，根据《中华人民共和国中国人民银行法》和《中华人民共和国人民币管理条例》，制定本办法。

第二条　本办法所称残缺、污损人民币是指票面撕裂、损缺，或因自然磨损、侵蚀，外观、质地受损，颜色变化，图案不清晰，防伪特征受损，不宜再继续流通使用的人民币。

第三条　凡办理人民币存取款业务的金融机构（以下简称金融机构）应无偿为公众兑换残缺、污损人民币，不得拒绝兑换。

第四条　残缺、污损人民币兑换分“全额”“半额”两种情况。

（一）能辨别面额，票面剩余四分之三（含四分之三）以上，其图案、文字能按原样连接的残缺、污损人民币，金融机构应向持有人按原面额全额兑换。

（二）能辨别面额，票面剩余二分之一（含二分之一）至四分之三以下，其图案、文字能按原样连接的残缺、污损人民币，金融机构应向持有人按原面额的一半兑换。

纸币呈正十字形缺少四分之一的，按原面额的一半兑换。

第五条　兑付额不足一分的，不予兑换；五分按半额兑换的，兑付二分。

第六条　金融机构在办理残缺、污损人民币兑换业务时，应向残缺、污损人民币持有人说明认定的兑换结果。不予兑换的残缺、污损人民币，应退回原持有人。

第七条　残缺、污损人民币持有人同意金融机构认定结果的，对兑换的残缺、污损人民币纸币，金融机构应当面将带有本行行名的“全额”或“半额”戳记加盖在票面上；对兑换的残缺、污损人民币硬币，金融机构应当面使用专用袋密封保管，并在袋外封签上加盖“兑换”戳记。

第八条　残缺、污损人民币持有人对金融机构认定的兑换结果有异议的，经持有人要求，金融机构应出具认定证明并退回该残缺、污损人民币。

持有人可凭认定证明到中国人民银行分支机构申请鉴定，中国人民银行应自申请日起5个工作日内做出鉴定并出具鉴定书。持有人可持中国人民银行的鉴定书及可兑换的残缺、污损人民币到金融机构进行兑换。

第九条　金融机构应按照中国人民银行的有关规定，将兑换的残缺、污损人民币交存当地中国人民银行分支机构。

第十条　中国人民银行依照本办法对残缺、污损人民币的兑换工作实施监督管理。

第十一条　违反本办法第三条规定的金融机构，由中国人民银行根据《中华人民共和国人民币管理条例》第四十二条规定，依法进行处罚。

第十二条　本办法自2004年2月1日起施行。1955年5月8日中国人民银行发布的《残缺人民币兑换办法》同时废止。

附录三

中国人民银行假币收缴、鉴定管理办法

第一章　总　　则

第一条　为规范对假币的收缴、鉴定行为，保护货币持有人的合法权益，根据《全国人民代表大会常务委员会关于惩治破坏金融秩序犯罪的决定》和《中华人民共和国人民币管理条例》制定本办法。

第二条　办理货币存取款和外币兑换业务的金融机构收缴假币、中国人民银行及其授权的鉴定机构鉴定货币真伪适用本办法。

第三条　本办法所称货币是指人民币和外币。人民币是指中国人民银行依法发行的货币，包括纸币和硬币；外币是指在我国境内（香港特别行政区、澳门特别行政区及台湾地区除外）可收兑的其他国家或地区的法定货币。

本办法所称假币是指伪造、变造的货币。

伪造的货币是指仿照真币的图案、形状、色彩等，采用各种手段制作的假币。

变造的货币是指在真币的基础上，利用挖补、揭层、涂改、拼凑、移位、重印等多种方法制作，改变真币原形态的假币。

本办法所称办理货币存取款和外币兑换业务的金融机构（以下简称“金融机构”）是指商业银行、城乡信用社、邮政储蓄的业务机构。

本办法所称中国人民银行授权的鉴定机构，是指具有货币真伪鉴定技术与条件，并经中国人民银行授权的商业银行业务机构。

第四条　金融机构收缴的假币，每季末解缴中国人民银行当地分支行，由中国人民银行统一销毁，任何部门不得自行处理。

第五条　中国人民银行及其分支机构依照本办法对假币收缴、鉴定实施监督管理。

第二章　假币的收缴

第六条　金融机构在办理业务时发现假币，由该金融机构两名以上业务人员当面予以收缴。对假人民币纸币，应当面加盖“假币”字样的戳记；对假外币纸币及各种假硬币，应当面以统一格式的专用袋加封，封口处加盖“假币”字样戳记，并在专用袋上标明币种、券别、面额、张（枚）数、冠字号码、收缴人、复核人名章等细项。收缴假币的金融机构（以下简称“收缴单位”）向持有人出具中国人民银行统一印制的《假币收缴凭证》，并告知持有人如对被收缴的货币真伪有异议，可向中国人民银行当地分支机构或中国人民银行授权的当地鉴定机构申请鉴定。收缴的假币，不得再交予持有人。

第七条　金融机构在收缴假币过程中有下列情形之一的，应当立即报告当地公安机关，提供有关线索：

（一）一次性发现假人民币20张（枚）（含20张、枚）以上、假外币10张（含10张、枚）以上的；

（二）属于利用新的造假手段制造假币的；

（三）有制造贩卖假币线索的；

（四）持有人不配合金融机构收缴行为的。

第八条 办理假币收缴业务的人员，应当取得《反假货币上岗资格证书》。《反假货币上岗资格证书》由中国人民银行印制。中国人民银行各分行、营业管理部、省会（首府）城市中心支行负责对所在省（自治区、直辖市）金融机构有关业务人员进行培训、考试和颁发《反假货币上岗资格证书》。

第九条 金融机构对收缴的假币实物进行单独管理，并建立假币收缴代保管登记簿。

第三章 假币的鉴定

第十条 持有人对被收缴货币的真伪有异议，可以自收缴之日起3个工作日内，持《假币收缴凭证》直接或通过收缴单位向中国人民银行当地分支机构或中国人民银行授权的当地鉴定机构提出书面鉴定申请。

中国人民银行分支机构和中国人民银行授权的鉴定机构应当无偿提供鉴定货币真伪的服务，鉴定后应出具中国人民银行统一印制的《货币真伪鉴定书》，并加盖货币鉴定专用章和鉴定人名章。

中国人民银行授权的鉴定机构，应当在营业场所公示授权证书。

第十一条 中国人民银行分支机构和中国人民银行授权的鉴定机构应当自收到鉴定申请之日起2个工作日内，通知收缴单位报送需要鉴定的货币。

收缴单位应当自收到鉴定单位通知之日起2个工作日内，将需要鉴定的货币送达鉴定单位。

第十二条 中国人民银行分支机构和中国人民银行授权的鉴定机构应当自受理鉴定之日起15个工作日内，出具《货币真伪鉴定书》。因情况复杂不能在规定期限内完成的，可延长至30个工作日，但必须以书面形式向申请人或申请单位说明原因。

第十三条 对盖有“假币”字样戳记的人民币纸币，经鉴定为真币的，由鉴定单位交收缴单位按照面额兑换完整券退还持有人，收回持有人的《假币收缴凭证》，盖有“假币”戳记的人民币按损伤人民币处理；经鉴定为假币的，由鉴定单位予以没收，并向收缴单位和持有人开具《货币真伪鉴定书》和《假币没收收据》。

对收缴的外币纸币和各种硬币，经鉴定为真币的，由鉴定单位交收缴单位退还持有人，并收回《假币收缴凭证》；经鉴定为假币的，由鉴定单位将假币退回收缴单位依法收缴，并向收缴单位和持有人出具《货币真伪鉴定书》。

第十四条 中国人民银行分支机构和中国人民银行授权的鉴定机构鉴定货币真伪时，应当至少有两名鉴定人员同时参与，并做出鉴定结论。

第十五条 中国人民银行各分支机构在复点清分金融机构解缴的回笼款时发现假人民币，应经鉴定后予以没收，向解缴单位开具《假币没收收据》，并要求其补足等额人民币回笼款。

第十六条 持有人对金融机构作出的有关收缴或鉴定假币的具体行政行为有异议，可在收到《假币收缴凭证》或《货币真伪鉴定书》之日起60个工作日内向直接监管该金融机构的中国人民银行分支机构申请行政复议，或依法提起行政诉讼。

持有人对中国人民银行分支机构做出的有关鉴定假币的具体行政行为有异议，可在收到《货币真伪鉴定书》之日起60个工作日内向其上一级机构申请行政复议，或依法提起行政诉讼。

第四章 罚 则

第十七条 金融机构有下列行为之一，但尚未构成犯罪的，由中国人民银行给予警告、罚款，同时，责成金融机构对相关主管人员和其他直接责任人给予相应纪律处分：

（一）发现假币而不收缴的；

（二）未按照本办法规定程序收缴假币的；

（三）应向人民银行和公安机关报告而不报告的；

（四）截留或私自处理收缴的假币，或使已收缴的假币重新流入市场的。

上述行为涉及假人民币的，对金融机构处以1000元以上5万元以下罚款；涉及假外币的，对金融机构处以1000元以下的罚款。

第十八条 中国人民银行授权的鉴定机构有下列行为之一，但尚未构成犯罪的，由中国人民银行给予警告、罚款，同时责成金融机构对相关主管人员和其他直接责任人给予相应纪律处分：

（一）拒绝受理持有人、金融机构提出的货币真伪鉴定申请的；

（二）未按照本办法规定程序鉴定假币的；

（三）截留或私自处理鉴定、收缴的假币，或使已收缴、没收的假币重新流入市场的。

上述行为涉及假人民币的，对授权的鉴定机构处以1000元以上5万元以下罚款；涉及假外币的，对授权的鉴定机构处以1000元以下的罚款。

第十九条 中国人民银行工作人员有下列行为之一，但尚未构成犯罪的，对直接负责的主管人员和其他直接责任人员，依法给予行政处分：

（一）未按照本办法规定程序鉴定假币的；

（二）拒绝受理持有人、金融机构、授权的鉴定机构提出的货币真伪鉴定或再鉴定申请的；

（三）截留或私自处理鉴定、收缴、没收的假币，或使已收缴、没收的假币重新流入市场的。

第五章 附 则

第二十条 本办法自2003年7月1日起施行。

第二十一条 本办法由中国人民银行负责解释。

附录四

全国职业院校技能大赛会计技能赛项规程

一、竞赛内容

“会计电算化”分赛项包括翻打传票比赛、点钞比赛和会计电算化操作比赛三个环节。

1. 翻打传票

每20组数据为1题，按翻打传票专用设备的程序和方法进行，题目限时10分钟，不限量，比赛成绩由系统自动生成。

2. 点钞

比赛采用佰元面额练功券，单指单张采用整把形式，多指多张采用散把形式。选手持钞采用手持式或手按式均可，多指多张和单指单张各限时5分钟，不限量。

二、竞赛规则

1. 翻打传票

（1）比赛设现场裁判若干名，计时员1名。

（2）使用组委会统一提供的传票、铁制文件夹子及爱丁数码翰林提输入设备。

（3）比赛前选手按主裁判的提示要求检查、整理传票，在翰林提系统中选择比赛题库。

（4）按主裁判的“准备”提示进入翰林提系统的传票算界面，并进行相关设置。

（5）按主裁判的“选题打本”和“页码”提示进行传票整理。

（6）按主裁判的“选题题号”提示做好准备。

（7）按主裁判的“开始”口令开始比赛。

（8）完成一题20笔数据的计算后，选手根据系统提示的起始页号和行（题号），进行下一题计算。

（9）按系统随机提示的页号、题号和数字，逐键进行录入计算，不得漏题、跳页，不得结合运用心算。

（10）比赛时间到，选手停止操作，并在裁判指导下按秩序退场。

（11）比赛前，选手在主裁判口令提示下，先按照上述程序进行5分钟时间的练习，然后再按照上述程序进行比赛。

2. 点钞

（1）比赛设现场裁判若干名，计时员1名。

（2）比赛使用组委会统一提供的比赛用佰元面额练功券、海绵缸（配甘油）、扎条、笔、印章（采用“万次章”）、记录表、点钞机等。

（3）一律采用坐姿形式进行点钞。

（4）单指单张以整把形式进行，按不少于50%的比例设置差错，每把错张不超过±4张，并在每把练功券的第一张和最后一张上写上把次编号。

（5）单指单张无设错整把（即点验数为100张的把次），必须经过起把、点数、拆把、扎把、盖章等动作。设错把次必须经过起把、点数、在把条上记录差错张数等动作（用-4，-3，-2，-1，+1，+2，+3，+4等数字记录）。起把时不用拆把，无设错整把清点后需拆把并扎把，设错整把无须拆把也无须扎把。

（6）单指单张比赛时，选手应按备用练功券序号顺序点钞，不得跳把。未经清点的把次不得作为已点把数（即不得甩把）。点钞要求一张一张点，不得一指多张，每一把必须点完最后一张，否则不计该把成绩。

（7）多指多张比赛必须经过抓把、点数、扎把、盖章等操作过程。清点的每一正确把为100张。

（8）扎把以提起任意一张不被抽出或散开为准。盖章既可点一把盖一章，也可以全部点完后一次性盖章，盖章以清晰可见为准。

（9）选手按顺序入场，待全部选手进入赛场后，在主裁判统一口令下在座位上就座，不得随意移动备点练功券和其他用具。在主裁判“请选手试点”口令下，选手可使用试点把次进行试点，在主裁判“试点时间到”口令下结束试点。

（10）在主裁判发出“请选手准备”口令后，选手可将备点练功券、把条、印章等进行检查和整理，并按个人习惯移动在合适的位置上。主裁判发出“预备”口令时，选手起第一把在手。当主裁判发令“开始”口令后，选手方可点钞。最后30秒时，由主裁判预告时间，以便选手准备结束。

（11）比赛结束前，主裁判进行五秒倒计时，主裁判发出“时间到”口令时，选手应立即停止点钞、扎把和盖章等动作，按要求填写成绩记录单，其中单指单张比赛应注明差错张数（-4，-3，-2，-1，+1，+2，+3，+4），并将已点完的钞把按顺序整理，放入筐内交裁判人员点验。

（12）裁判人员评分后，选手须签字确认后方可并离开赛场。

三、评分标准

1. 翻打传票评分标准

（1）按系统提示的连续20页同一行的20个数字累加计算，未按数字顺序录入或录错任何一位数字的，该题不得分。

（2）正确1题得分20分。

（3）对于比赛时间到但没能完成一题全部20个数据的，由系统自动根据选手实际完成的正确录入数据计算小分。

（4）总分=20×正确的题数+最后一题小分。

（5）由评分系统自动评分。

2. 点钞评分标准

（1）正确一把计10分，错误一把扣10分。单指单张最后一把未完成的不计分，多指多张最后一把已点张数按比例计分（错误时按比例扣分），最后一把得（扣）分=已点张数×0.07。

（2）单指单张未设错把次没有拆把、扎把或扎把不符合要求的每把扣 2 分；多指多张没有扎把或扎把不符合要求的每把扣 2 分。单指单张未点完最后一张的该把为“0”分。

（3）没有盖章或盖章不清楚的每把扣 1 分。

（4）主裁判发出“开始”口令前点钞（“抢点”），或者发出“时间到”口令后仍继续点钞（“超时点”）的，各扣去 10 分；未经点数扎成一把（“甩把”）的扣 10 分。

（5）单指单张得分 =（正确把数 - 错误把数）×10 - 扣分合计；多指多张得分 =（正确把数 - 错误把数）×10 + （最后一把点数 ×0.07）- 扣分合计。

（6）单指单张、多指多张最低分为 0 分。对已扣满 10 分的错误把次不再进行拆把、扎把、盖章等扣分。

（7）由裁判人员现场评分，选手签字确认。

四、总分计分方法

1. 翻打传票按最高得分选手成绩折算为总成绩的 20 分，其他选手成绩按占最高得分选手成绩的比例折算。翻打传票折算分 = 实际得分 ×20/项目最高分。

2. 点钞折算分按单指单张和多指多张分别计算，最高得分选手成绩折算为总成绩的 10 分，其他选手成绩按占最高得分选手成绩的比例折算。折算分 = 实际得分 ×10/项目最高分。选手点钞折算分 = 单指单张折算分 + 多指多张折算分。

全国职业院校技能大赛会计技能比赛

单指单张点钞比赛成绩记录表

赛场号：　　　　组号：　　　　座位号：

单指单张清点结果（由选手填写）									
01		02		03		04		05	
06		07		08		09		10	
11		12		13		14		15	
16		17		18		19		20	
填写要求：用 -4、-3、-2、-1、0、+1、+2、+3、+4 等数在相应的序号中填写差错数									

选手成绩评定（以下由裁判员填写）	
单指单张评分标准	成　绩 （得分用 + 数，扣分用 - 数）
1. 点对把得分：10 分 ×________把	
2. 点错把扣分：10 分 ×________把	
3. 没有拆把、扎把或扎把不符合要求扣分：2 分 ×________把	
4. 甩把扣分：10 分 ×________把	
5. 跳把扣分：10 分 ×________把	
6. 抢点或超时点扣分：________分	
7. 没有盖章扣分：1 分 ×________把	
单指单张成绩	

裁判签字：____________　　选手签字：____________

年　　月　　日

全国职业院校技能大赛会计技能比赛

多指多张点钞比赛成绩记录表

赛场号：　　　　　　　　　组号：　　　　　　　　座位号：

多指多张清点结果（由选手填写）	
1. 整把清点把数	
2. 最后一把已点零张张数	
选手成绩评定（以下由裁判员填写）	
多指多张评分标准	成　绩 （得分用＋数，扣分用－数）
1. 点对把得分：10 分×________ 把	
2. 最后一把已点零张张数得分：最后一把点数×0.07	
3. 点错把扣分：10 分×________把	
4. 没有扎把或扎把不符合要求扣分：2 分×________把	
5. 甩把扣分：10 分×________把	
6. 抢点或超时点扣分：________分	
7. 没有盖章扣分：1 分×________把	
8. 最后一把已点零张张数扣分：最后一把点数×0.07	
多指多张成绩	
裁判签字：____________________　　　选手签字：____________________ 年　　月　　日	

附录五

中国珠算协会珠算、珠算式心算鉴定比赛规程

第一章　总　　则

第一条　为了进一步弘扬中华民族传统文化，发展珠算事业，在普及、提高珠算技术的同时，全国各级珠算协会在少年儿童中大力推广珠算式心算（简称珠心算，下同）教育，积极开展珠算、珠心算的鉴定、比赛活动，不断提高我国珠算、珠心算技术水平。

为了加强对鉴定、比赛工作的管理，使鉴定、比赛工作进一步规范化、科学化，从而保障鉴定、比赛工作的统一性、严肃性和权威性，特制定本规程。

第二条　本规程适用于依据《中国珠算协会珠算技术等级鉴定标准》和《中国珠算协会珠算式心算鉴定标准》进行的珠算、珠心算等级（段位）鉴定和全国珠算、珠心算比赛活动。

第二章　鉴定、比赛种类

第三条　鉴定种类分珠算技术等级鉴定和珠心算鉴定。

珠算鉴定分普通级和能手级两档。普通级设六至一级，六级最低，一级最高；能手级设六至一级，六级最低，一级最高。

珠心算鉴定分等级和段位两档。等级分十至一级，十级最低，一级最高；段位设初段至十段，初段最低，十段最高。

第四条　比赛种类分团体赛、个人全能赛和个人单项赛三种。

第三章　鉴定、比赛项目

第五条　鉴定项目

一、珠算鉴定设定加减算、乘算、除算三项，必须三项均达到某一级别，才能认定该级别合格。

二、珠心算等级鉴定一至七级设加减算、乘算、除算三项，必须三项均达到某一级别，才能认定该级别合格。八至十级只设加减算一项。

三、珠心算段位鉴定设加减算、乘算、除算、账表算、传票算五项，必须五项均达到某一段位，才能认定该段位合格。

第六条　比赛项目

一、团体赛：珠算、珠心算项目相同，均可设：

1. 三项团体赛，包括加减算、乘算、除算。

2. 四项团体赛，包括加减算、乘算、除算、传票算。

3. 五项团体赛，包括加减算、乘算、除算、传票算和账表算。

二、个人全能赛：珠算、珠心算，各分为三项、四项、五项全能。项目与团体赛相同。

三、个人单项赛：珠算，暂定为加减算、乘算、除算、传票算、账表算、发票算、百张传票算、综合算八个项目。前五项为常规比赛项目，后三项为选赛项目。

珠心算，暂定为加减算、乘算、除算、传票算、账表算、柜台心算、念（听）心算七个项目。柜台心算和念（听）心算为选赛项目。

第四章 鉴定、比赛题型题量

第七条 比赛题型、题量

一、珠算、珠心算比赛加减算、乘算、除算、账表算、传票算五项题型、题量详见中珠［1999］24号关于公布执行《中国珠算协会珠算式心算鉴定标准》的通知附件3。

二、发票算，全部为连加法，没有减数。发票本为左侧胶粘装订本，规格长12厘米、宽6厘米，用52克凸版纸5号手写体印制。每本200张，正、反两面印，共400页码。（页号印在中间）每页印一行字码，每笔位数最高5位，最低2位，全系金额单位。每100页为350字。比赛时每30页（105字）为一道题，0~9数码要求均衡搭配。命题时任意选定起止页数。例如，第一题从8页至37页止，第二题从52页至81页止等。

三、百张传票算：银行系统业务竞赛常用的一种比赛形式。

（1）两行数字颠倒印制，可供两次计算。

（2）采取百页数字一次计算，在答数正确的基础上，以速度决定名次。

（3）每百页中最高九位、最低四位数，为金额单位。其中，四位数16页，五位至八位数各17页，九位数16页共650个数码。

（4）拟题时要求0~9十个数码均衡搭配。

（5）规格可采用传票本尺寸。

四、加减乘除综合算：

（1）全卷两张，共有12组题；每张6组，每组题中加减算一题，乘算、除算各两题。

（2）第1~6组题中的加减算题与单项加减算比赛项目中的15行算题同（其中纯加和加减混合各3题）；乘算题的法实合计8位、9位各一题；除算题的法商合计7位、8位各一题。

（3）第7~12组题中的加减算题与单项加减算比赛项目中的20行算题同（其中纯加与加减混合各3题）；乘算题的法实合计10位、11位各一题；除算题的法商合计9位、10位各一题。

（4）各组的乘算、除算题均要求保留两位小数，以下四舍五入。乘算、除算小数题各占50%。

五、柜台心算：全卷100题，其中，一组乘积26题，两组乘积相加27题，三组乘积相加26题，除算（求斤两）21题。前30题为1、2位数乘2、3、4位数的算题，每5题中，有3题是2个乘积和3个乘积相加的混合题；31题以后，每10题中，有3道除算题（金额÷金额=斤两），得商2、3位数。金额要求保留两位小数，以下四舍五入，数量要求保留一位小数，以下四舍五入。

六、念（听）心算

1. 加减算：

（1）全卷20题，分5组，每组4题。第一组3、4位，第二组5、6位，第三组3位4位混合、4位5位混合，第四组7、8位，第五组6位7位混合、7位8位混合。

（2）3、4、5位题和3位4位混合题、4位5位混合题等5种，每种纯加、加减混合（减号7行）各1题，计10题，每题20行。各题字数分别为：3位60字、3位4位混合70字、4位80字、4位5位混合90字、5位100字。6、7、8位题和6位7位混合题、7位8位混合题等5种，每种纯加、加减混合（减号5行）各1题，计10题，每题15行。各题字数分别为：6位90字、6位7位混合100字，7位105字、7位8位混合115字、8位120字。

（3）全部为整数题，不带角分。

（4）0～9各字码原则上要均衡出现。减号应有适当间隔，不拟倒减题。

2. 乘算、除算：

（1）全卷40题，分4组，每组10题。法实合计（除算为法商合计）。1～4组分别为8～11位。

（2）每组小数题占50%，要求保留两位小数，以下四舍五入。

（3）每组法实（法商）字数各一半，0～9各字码原则上要均衡出现。

（4）尽量避免拟适合省乘（除）法或简捷乘（除）法的赛题。

第八条　鉴定题型题量

珠算、珠心算等级鉴定题型、题量均分级别设定，详见中珠［1999］24号关于公布执行《中国珠算协会珠算式心算鉴定标准》的通知附件1、2。

珠心算段位鉴定题型、题量与比赛题型、题量相同。详见中珠［1999］24号文件附件3。

第九条　鉴于全国范围广泛开展等级鉴定活动，将会带来大量的拟题、印刷试卷工作，为减轻各级珠协组织的工作量，珠算能手级鉴定实行一套题，按完成正确题数确定六个级别。普通级虽拟定了六个级别六套题的标准，各级珠协在实施中根据具体情况可灵活掌握，亦可以采用两套题确定六个级别的办法。用一级考题鉴定1～3级，按打对题数定级。对9题为一级，对8题为二级，对6题为三级。用四级考题鉴定4～6级，对8题为四级，对7题为五级，对6题为六级。这样做既不降低按六个级别考核的题量要求，又方便群众定级，有利于调动报考人员的积极性。

珠心算等级鉴定一至六级，仍可采用珠算普通级的两套题确定六个级别的办法。七至十级由于幼儿学习珠心算由易到难，不宜采用一级定几级的方法，只能一级一套题考核。

第五章　各项拟题及试卷的共同要求

第十条　各项拟题0～9十个数码均衡出现，要达到下列要求：（以比赛题型1～5项为例，其他比赛项目及鉴定项目拟题，参照各项要求执行）。

一、加减算：0～9均衡出现，包括：（1）120字除一个字码出现11次，1个字码出现13次之外（相临两题为避免简单除以9验算，要互调一个字码），其余8个字码各出现12次。（2）同一笔数10位以内的，0～9不重复出现。（3）纵行首位数1～9均衡出现。（4）15行题尾数0最多出现两次，20行题最多出现3次。20行题尾数0～9不能都是2次。（5）纵行相临同一位上，不能重复出现同一数字。（6）位数相同的行次排列不能有规律，即将不同位数的各行错开排列。(7) 减号也要错开排列。

二、乘算：0~9 均衡出现，包括：(1) 每 20 题一组中实、法各 95 个字码，各自均衡出现。重复的 5 个字码，实、法不重复。(2) 同一题中实、法字码各自不重复。实法位数合计 11 位的，允许重复 1 个字码。(3) 每 20 题一组中，实、法首位数各自 0~9 要均衡。(4) 小数题为避免小数点与分节号难以区分，应不拟小数点后三位小数的题。(5) 各种题型要互相错开（整数、小数、四舍、五入、位数）。(6) 每 20 题中法实合计 8~11 位各 5 题，由易到难，顺序拟题。

三、除算：0~9 均衡出现包括：(1) 每 20 题一组中，法、商各 85 个字码，各自均衡出现。重复的 5 个字码，法、商不重复。(2) 同一题中，法、商字码各自不重复。(3) 每 20 题一组中，法、商首位数各自 0~9 要均衡。(4) 小数题为避免小数点与分节号难以区分，应不拟小数点后三位的小数题。(5) 能除尽的题全部为整数题，不出小数或带小数的题。(6) 各种题型要互相错开（整数，小数，四舍，五入，位数）。(7) 每 20 题中法商合计 7~10 位各 5 题，由易到难，顺序拟题。

四、账表算：横 30 字，纵 120 字各自都要均衡。其他有关要求与本文加减法相同。

五、传票算：以 1~20 页为基础，以后为该顺序页各行数字的调整。110 字均衡要求参照加减法。

六、能手级鉴定题加减法倒题放在第 10 题和 20 题，中间只出现一次倒减。答数第 10 题为正数，第 20 题为负数。

第十一条 试卷其他要求：

一、比赛题量（张数、题数）视参赛选手水平需要可增加附加题。

二、试卷用纸为 8 开纸，发票答题纸用 16 开，珠心算等级鉴定 8~10 级试卷用 16 开纸。试卷用 5 号手写体印制。

三、乘除算尾数处理，四舍和五入要求按题数各半编排，四舍包括 0、1、2、3、4，五入包括 5、6、7、8、9，均应有所体现。

第六章 鉴定、比赛方式

第十二条 鉴定均采用限时限量方式。

一、珠算鉴定能手级加减算两张试卷 20 题，限时 10 分钟，乘算、除算一张试卷，各 20 题，限时 10 分钟。三项一场鉴定限时 20 分钟。

普通级加减、乘、除三项一张试卷，每项 10 题，鉴定限时 20 分钟。

二、珠心算等级鉴定一至七级，三项一张试卷，每项 10 题，鉴定限时 10 分钟。八至十级只设加减算一项，10 题，鉴定限时 5 分钟。

三、珠心算段位鉴定：初段至十段，加减算五张试卷 50 题，乘算二级试卷 120 题，除算三张试卷 180 题，账表算四张试卷，横向 80 题，纵向 20 题，传票算 50 题。不另增加附加题。每项限时 5 分钟。

第十三条 各比赛项目除百张传票算实行“限量不限时”外，其余均采用“限时不限量”的方式进行。珠算比赛项目“限时不限量”的规定时间各为 10 分钟；珠心算比赛项目，除柜台心算规定为 10 分钟外，其余各项规定时间各为 5 分钟。

念（听）心算，一般采取淘汰制的方式进行。即由主持人念题，选手听题运算。主持人每念完一题，宣布“写答数”，选手写完立即向监场裁判亮出答案，接着主持人宣布标准答案，由监场裁判当场评定对、错，并记录在案。念题分组进行，加减算每组4题，须答对3题；乘、除算每组10题，须答对8题，方可继续参加下一组的比赛，否则即被淘汰。依次逐组比赛，直至决出名次。主持人念题速度掌握在3～5字/秒，两题间隔5秒钟。

以上所有比赛项目，一般只赛一卷，但亦可根据情况，经协商分甲、乙卷进行两场比赛，择优计分。

前五项题量与珠心算段位鉴定五项题量相同，对参赛的尖子选手在规定的时间内，如题量不足，可以在报名表中预先注明需要增加的题数。

其他项目比赛题量，视情况决定。

第七章　比赛计分标准及办法

第十四条　各项赛卷，如答数正确按以下标准计分（包括珠心算）：

加减算每题14分，乘算、除算每题4分，传票算每题15分。

账表算，每张账表纵向5题，每题14分，横向20题，每题4分；纵横轧平数正确，再加50分，共得200分。要求按顺序答题，前表不算完，后表不计分。

发票算，每题10分。

加减乘除综合算，每组题中的加减、乘、除共5题，答数正确得40分，如其中有一题错题，该组成绩为“0”分。

柜台心算，一组乘积的，每题2分；两组乘积相加的，每题4分；三组乘积相加的，每题6分；除算题，每题4分。

念（听）心算，以对题数分出名次，不计分。

个人全能赛分数，按选手参赛全部单项的分数加总计算。

第十五条　解决并列办法

一、加减算、账表算、传票算、发票算等项，当比赛规定时间已到，对尚未计算完毕的半题，按以下办法处理；加减算和账表算纵向，以打完五行（含五行）以上，在该行下划一长线，并将答数写在答数栏内。传票算翻完五页，发票算翻完八页以上，将翻完的页号及半题答数，写在该题试卷答数栏内，页号与答数应隔开以示区别。其答数正确的，在解决该项分数相同，区别并列名次时，依据半题的正确行数、页数相加的字数多少排列先后名次。如仍相同，按计算题量多少区分。在采用甲、乙卷制时，还可参考另卷上述办法及顺序区分。

二、乘算、除算、柜台心算，在遇到得分相同时，可参考其答卷正确题的积或商的总字数排列名次。如仍相同，按计算题量多少区分。在采用甲、乙卷制时，还可参考另卷上述办法及顺序区分。

三、全能总分相同，按加减、乘、除、传票、账表顺序依次比较，前项分高者列前。在采用甲、乙卷制时，还可参考另卷上述办法及顺序区分。

四、各项前三名必须分出名次，以下名次可以并列。上述各项区分办法如仍不能分出高低，则加赛解决。

第十六条　错题与扣分

一、答数必须书写清楚，凡字迹过于潦草，评分人员确定无法辨认的做错题论；一题有两个答数的做错题论。

二、更改答数必须将原答数用单线划去，重新写上新的答数。凡不用划线更正，任意涂改数字的做错题论。

三、小数点、分节号必须有明显区别，凡属小数点漏点或点错位置的做错题论；答题正确但分节号漏点或错点的每题扣 1 分。

四、乘算、除算的答数，小数该入不入，该舍不舍的做错题论。

五、空题不作或胡乱填一数字的为跳题，对跳题者每跳一题，除本题不给分外，还要多扣一题分数。账表算在同一考卷上，先作横向或纵向都可以，但同向内隔题作答算跳题。

六、比赛开场、终场时，选手抢先或拖后计算，第一题或最后一题不给分。

七、判断错题的方法适用于鉴定考核。珠心算段位鉴定既按对题数，又参照分数，计分办法与比赛同。

第八章 比赛代表队及报名办法

第十七条 全国比赛以省、自治区、直辖市、计划单列市及中央有关部委为单位派出代表队。每次比赛大会根据承办单位的接待能力，确定参赛选手具体名额。每队由领队、教练各一人，选手最少 3 人组成。承办比赛大会的东道主，可以增派一支代表队（少数民族赛同）。

第十八条 全国少数民族比赛，自治区代表队，其选手可以从全自治区范围内选拔；有自治州的省代表队，其选手可以自治州和自治县（旗）的范围内选择。

第十九条 全国比赛（含少数民族赛）一般采用五项团体赛（加减算、乘算、除算、传票算、账表算）。每名选手限报项目，根据限报人数协商确定。全国邀请赛，系统、地区比赛，可根据邀请或承办单位的具体情况，确定代表队组成名额及比赛项目内容。

各级各类珠算、珠心算比赛，根据每次具体情况，可分为成年和少年、职工和学生等层次进行比赛。

第二十条 要求每个代表队按以下办法报名：

一、参加团体赛的代表队，每名选手必须全部参加团体赛规定的项目。如放弃某项比赛，视该项比赛为“0”分。

二、参加团体赛的选手，为个人全能赛的当然选手，可全部参加个人全能赛的名次排列，也可规定个人全能赛的参赛名额。

三、个人单项赛，由于各队实力参差不齐，为避免获奖选手集中于少数优秀选手，一般采取限项报名，具体每人限报几项，每项限报几人，视情况决定。

第九章 比赛评优和奖励

第二十一条 评优与奖励办法

一、团体赛成绩，（包括少数民族赛）以代表队报名的全部参赛选手个人全能分数加计产生。

全国大型比赛一般评优报名队数的 1/3。奖品为锦旗、奖牌或奖杯。其余各队可按技术进步情况，发给技术进步奖，或根据具体情况设精神文明奖。前三名队全体颁发金、银、铜奖章及证书。

二、个人全能赛成绩，以参赛选手各单项分数加总计算。全国大型比赛一般取报名人数的 30%，其奖励等级和各等人数，视情况决定。获奖选手除发给奖状外，前三名并相应颁发金、银、铜奖章，第一名可加发奖杯一樽。

三、个人单项赛按报名人数的 30% 评优，其奖励等级和各等人数、奖励办法同个人全能赛。

四、根据比赛具体情况，各项可取部分优胜，发给优胜奖证书。具体奖励比例，视情况决定。

五、凡参加全国大型比赛的选手，一律颁发优秀选手证书。

第十章　各项须知

第二十二条　选手须知

一、遵守比赛各项规定，服从指挥，发挥良好的比赛风格。

二、在比赛期间，必须佩戴大会发给的标志，比赛场必须三号一致（选手号、卷号、桌号）。

三、各项比赛按规定时间进行，各选手须提前 20 分钟到达比赛场地，听候点名，点名不到者以弃权论。

四、参加比赛的选手，如有冒名顶替或自行更换号码者，一经查出，取消比赛资格。选手如因病或其他原因不能参加比赛，可以弃权，不得更换他人。如遇特殊情况，经大会裁判长批准，方可更换。

五、赛卷在选手入场前，由监场裁判将卷面向下发到赛桌上，选手入场后统一发令填写单位、姓名、选手号，写完坐好，在执行裁判宣布“开始”时，方可翻卷计算。

对于传票算（百张传票算、发票算除外），赛前先发传票本，给选手检查、整理传票的时间。全部检查完毕后，再将试卷卷面向下发到赛桌上，给选手填写单位、姓名、选手号的时间，在执行裁判宣布“开始”时，方可翻卷计算。

每场比赛终场前十分钟，执行裁判开始倒计数报秒（十、九、八……一、停）宣布“停”时，任何操作都应停止，全体起立退场。

六、选手除大会发给的必备用品外，只许自带算盘、票夹子和黑色或蓝色墨水笔或圆珠笔，不准携带其他计算工具。如用红笔或铅笔答数，赛卷无效。

七、如遇赛卷字迹不清难以辨认时，选手可自行更改数字，但不得改为“0”，按更改后数字计算，并应在该场比赛结束后，向监场裁判说明。

八、选手要严格遵守以下几点：（1）比赛开始后，一律不准提问。（2）运算时不得发出读数、念口诀的声音。（3）运算中不准交头接耳，互相对数或传递字条等。（4）宣布比赛开始前或停止后，不得有抢前、拖后动作。（5）每场比赛参赛选手必须坚持到终场，不得中途退场。（6）选手如有询问事宜或意见，应在比赛后报本单位领队，由领队向大会有关部门反映，不得干扰会场秩序。如违反上述各项规定视为犯规，裁判可根据不同情况采取必要措施并报请裁判长处理。

九、选手须知，适用于参加鉴定的考生。

第二十三条　鉴定员、裁判员须知

一、各代表队的教练为比赛监场裁判。

二、鉴定员、裁判员应认真学习、研究和熟悉鉴定比赛规程以及其他有关规定。

三、裁判员在总裁判长的具体指挥下，按各自分工，坚守岗位，认真负责地进行工作。

四、比赛现场由执行裁判负责指挥，其他人员不得干涉、妨碍现场指挥工作的进行。

五、试卷要严格保密，对试卷的收发，必须按项点清份数，严密交接手续，防止试卷短缺、遗失和混乱。

六、监场裁判在执行任务时，必须集中精力，注意选手和现场的动态，不能随便谈笑、议论或做其他动作，以严肃考场秩序。

七、监场裁判在执行监考过程中，如发现选手犯规行为时，应通过执行裁判作出记录，签名后交裁判长或评分组长处理。

八、计时裁判应事先对秒表进行校验与试用，以免临时发生故障；比赛时，必须集中精力，正确掌握时间。

九、评分裁判须按规定的评分纪律和细则进行工作，并要不辞辛劳，及时完成任务，以保证大会顺利进行。

十、念（听）心算主持人念题，要用普通话，在保证速度的前提下，要求口齿流利，吐字清晰。

第二十四条 拟题及监印人员须知

一、要熟悉鉴定比赛规程，特别要熟悉鉴定比赛题型结构，按标准出拟试题。电脑拟题要检验打印是否有误。

二、注意试卷的印刷质量，手工拟题要认真校对，监印员要认真负责。

三、拟题草稿及打印废稿应当众销毁，严格交接手续。印好的试卷要有专人妥善保管，严格保密。

第十一章 裁判员分工及职责

第二十五条 裁判员分工

全国珠算、珠心算比赛大会设总裁判长、副总裁判长、执行裁判（兼计时）、评分组长、评分员、试卷分发、传递员、监场裁判等裁判人员。

第二十六条 裁判员职责

一、总裁判长根据比赛规程的规定，在比赛中遇有不同意见时，有权作出最后裁决；在各项比赛中如选手严重犯规或有意阻碍他人比赛时，总裁判长有权取消其比赛资格。

副总裁判长协助总裁判长解决、处理比赛中的有关问题。

二、执行裁判负责主持比赛的现场指挥，按比赛规程的规定解决比赛现场中发生的问题。如发现选手在比赛有违章行为时，有权当场处理，当出现严重分歧时，提交总裁判长裁决。

三、计时裁判负责全部比赛项目的时间掌握，准确地计报名场比赛的时间。

四、评分组长负责全部比赛项目的成绩评定和评优工作，组织领导评分员按照比赛规程和《评分细则》的规定，认真、细致、及时地评定成绩，排列名次和公布获奖名单。

五、试卷分发员负责将试卷按要求准确、及时地发给选手，赛后负责收回，点清份数，密封装订后，交试卷传递员送评分组。

六、试卷传递员负责由大会试卷分发员处，将每场收回的试卷，按有效卷、剩余空白卷及总份数登记，逐场送交评分组，进行交接、签收。

七、监场裁判协助执行裁判搞好现场比赛，对违章犯规的选手及时做好记录，报告执行裁判处理，同时通知选手本人。

八、鉴定员职责参照有关条款执行。

第十二章　鉴定标准适用范围

第二十七条　《中国珠算协会珠算技术等级鉴定标准》，是我国考核珠算技术水平的唯一标准。该《标准》以实际运算能力考取相应等级，其不同级别的鉴定结果，可作为会计等系列专业技术职称评定的技能条件之一（财政部［85］财会字第 60 号文件规定），会计员达到该《标准》普通五级的，即为珠算技能合格；可作为某种职业、职务或岗位的技能要求之一；可作为在校学生珠算课学习成绩的考核、毕业、分配的标准之一；可作为评比、奖励集体或个人的条件之一，等等。

第二十八条　《中国珠算协会珠算式心算鉴定标准》其等级标准是我国考核幼儿及小学低年龄普及珠心算教育水平的唯一标准。其不同级别的鉴定结果，是少儿珠心算能力的标志。它是促进少儿学习珠心算的兴趣、启迪智力、检验素质教育成果的有力手段，可激励少儿奋发向上、积极进取、参与竞争的意识，是对少儿珠心算能力的褒奖。同时，又是检验学校、班级、教师普及珠心算教育成果评比的条件之一，等等。

第二十九条　《中国珠算协会珠算式心算鉴定标准》其段位标准是我国考核优秀珠心算选手技术水平的唯一标准。其不同级别的鉴定结果，是青少年珠心算水平的标志。可促进青少年奋发努力，为祖国争光的斗志。磨炼毅力勇于竞争，增长本领参加各级比赛，争取更高的荣誉。同时，又是宣传学校特色，检验素质教育成果，提高学校知名度的最好表现。

第三十条　凡机关、团体、企业、事业、部队、学校及幼儿园的干部、工人、农民、军人、学生、幼儿及城乡个人等，均可向当地珠算协会报名，参加珠算、珠心算鉴定考试，取得相应的珠算、珠心算鉴定证书。

第十三章　鉴定权限

第三十一条　珠算、珠心算等级鉴定工作，按照分级管理的原则，由各省、自治区、直辖市，计划单列市和有关系统珠算协会负责，并根据各自情况，制定具体办法，划分鉴定范围，积极开展鉴定工作。

除铁道和解放军以系统为主进行鉴定工作外，其他系统珠算协会开展鉴定工作，应征得省、自治区、直辖市和计划单列市珠算协会同意，按照块块为主、条块结合的原则，共同完成鉴定任务。

珠心算段位鉴定工作，由中国珠算协会直接负责，一般结合全国比赛或省级高水平比赛时进行。

第十四章　鉴定、比赛试卷、证书及财务管理

第三十二条　鉴定、比赛试卷管理

鉴定、比赛试卷必须符合《标准》的要求，由中国珠算协会和省、自治区、直辖市，计划单列市和有关系统珠算协会，按统一格式编拟印制。使用电脑拟题软件，必须符合

《标准》的要求。

试卷题库，应保持多品种，不断更新。试卷要严格保密、专人负责、手续完备、严防泄密。

第三十三条 鉴定证书管理

一、各种鉴定证书均由中国珠算协会统一印制，其他任何单位与个人不得翻印仿制，违者必究。

二、中国珠算协会只向省、自治区、直辖市、计划单列市（含原单列市）及有鉴定权的系统珠算协会发售证书。地、市以下珠算协会向上级珠协购买。每年年中和年底两次向中珠协提出购证计划并预付货款，中珠协在收到货款后一个月内发货。

三、鉴定证书实行计算机管理、填证。制证及管理软件由中珠协研制供应各地。

各地通过 Email（电子邮件），采用当前最新的 Internet（国际互联网），利用 Internet 最基本的功能形成全国珠算协会的通讯管理系统。通过电子邮件报送证书资料、变更修改数据，发送文件、资料，实现珠协系统的计算机管理网络。

四、证书要由专人管理，不得遗失，不准发人情证。颁证要建立完整的制度，杜绝漏洞。

第三十四条 鉴定财务管理

一、鉴定工作实行有偿服务，合理收费。其收费标准，须报请当地财政、物价主管部门批准。

二、收费项目包括“报名费、鉴定费、升级签证费、证书工本费（含包装邮寄费等）、电脑制证费等项。

三、支出项目包括：电脑主机及附属设备费（彩喷打印机、扫描仪、调制解调器、磁条读写器等）、消耗材料、管理软件费、培训费，操作员工资福利费，各种证件、表格、试卷印制（购置）费，场租费，专兼职工作人员劳务费，监考、评卷人员酬金，差旅费，上交管理费以及其他必要的支出。

四、各级珠协必须遵守财经纪律，反腐倡廉，制订财务管理制度，实行民主理财。

第十五章 鉴定程序

第三十五条 珠算、珠心算鉴定工作，可参照下列程序进行：

一、报名：报考人员须持照片填写报名单，缴纳费用，领取准考证（珠心算鉴定不办准考证），并由工作人员编好考核日期、时间、场次、场地、座号等。

二、鉴定考试：

1. 每场鉴定至少要有两名鉴定员现场主考。

2. 鉴定考试一般只考一卷，不同场次要更换试卷。

3. 考生入场后，鉴定员应宣布考场纪律，将沿虚线折好的试卷正面向下发给考生，统一发令填写姓名等项，并由鉴定员检验有关证件，与试卷填写核对无误后，方可发令“开始”，翻卷答题。

4. 由主考人兼计时员、发令员。主考人发令“停止”后，考生应立即停止计算，工作人员即刻收卷，清点数量无误后，送交评分员评卷。

三、评卷，分初评、复评，最后由鉴定员核定等级。试卷只判对或错，不打分。

四、填发珠算、珠心算鉴定证书，对考试合格的考生，应及时填发证书。证书打印填写要清晰，印章要齐全，手续要完备，底册应存盘。

第十六章　鉴定员、裁判员管理

第三十六条　根据珠算、珠心算鉴定、比赛工作需要，实行鉴定员、裁判员制度。鉴定员设壹、贰两级，裁判员设国家级、壹级、贰级三个级别。对鉴定员、裁判员的基本要求：必须努力学习珠算知识，积极钻研和熟练掌握珠算、珠心算及鉴定、比赛工作业务，认真执行《中国珠算协会珠算式心算鉴定比赛规程》和全国珠算、珠心算鉴定标准。在鉴定、比赛工作中，要坚持原则、公正无私、认真负责、一丝不苟，积极完成任务。

鉴定员、裁判员要坚决维护鉴定、比赛工作的统一性、严肃性和权威性，严格执行鉴定标准和鉴定、比赛工作规程，认真把好鉴定质量关。不徇情舞弊、不泄露试题、不弄虚作假、不发“人情证”。

对工作人员发生的违纪问题，必须严肃处理，直至取消其参与鉴定、比赛工作资格。是鉴定员、裁判员的，要吊销其证书。

第三十七条　鉴定员的职责：一级鉴定员，负责对鉴定标准规定的所有级别进行评定工作，并要求能够独立编拟鉴定试题。二级鉴定员，负责对鉴定标准规定的普通级进行评定工作。

鉴定员一般由省级珠协负责培训，经考核合格后，统一颁发鉴定员证书，持证上岗。经批准的鉴定员名单存入电脑。

第三十八条　裁判员的职责：国家级裁判员，可担任全国及省级珠算比赛的裁判长，执行裁判及评分组长等主要岗位的职务。要求熟悉组织比赛策划、拟题、现场指挥、评分、处理疑难问题、颁奖等珠算比赛全过程的业务技能。壹、贰级裁判员，可担任地、县级珠算比赛的上述职务或高一级比赛的裁判员工作。

国家级裁判员由中国珠协负责培训、考核，以省级珠协推荐为主，经中国珠协审批颁证，持证上岗，并输入中珠协电脑管理。

壹、贰级裁判员由省级珠协负责培训、考核及颁证，持证上岗，并输入省级珠协电脑管理。

第三十九条　鉴定员、裁判员证书，由中国珠算协会统一制定，鉴定员专用印章按中国珠算协会统一规格编入电脑程序，名单输入各省、自治区、直辖市，计划单列市和有关系统珠算协会电脑。

第十七章　附　　则

第四十条　各省、自治区、直辖市，计划单列市和有关系统珠算协会，应根据本规程规定，制定各自实施细则，并向中国珠算协会备案。

第四十一条　本规程自公布之日起，在全国范围内执行。原《全国珠算技术等级鉴定工作规程》和《全国珠算技术比赛规程》同时废止。凡过去有关鉴定、比赛工作的文件、规定与本规程抵触的，以本规程为准。

本规程解释权、修改权属于中国珠算协会。

主要参考文献

1. 张方镇主编：《珠算与点钞》，华东师范大学出版社2008年版。
2. 李敏主编：《会计账簿规范与记账技术》，上海财经大学出版社2001年版。
3. 李国运：《会计凭证书写规范》，《财会月刊》，1997年。